Adam Czirak / Gerko Egert (Hrsg.)

Dramaturgien des Anfangens

Adam Czirak / Gerko Egert (Hrsg.)

Dramaturgien des Anfangens

Neofelis Verlag

Fritz Thyssen Stiftung
für Wissenschaftsförderung

Gedruckt mit freundlicher Unterstützung der
Fritz Thyssen Stiftung für Wissenschaftsförderung.

Bibliografische Information der Deutschen Nationalbibliothek
Die Deutsche Nationalbibliothek verzeichnet diese Publikation in der Deutschen Nationalbibliografie; detaillierte bibliografische Daten sind im Internet über http://dnb.d-nb.de abrufbar.

Umschlaggestaltung: Marija Skara
Lektorat & Satz: Neofelis Verlag (mn/ae)
Druck: PRESSEL Digitaler Produktionsdruck, Remshalden
Gedruckt auf FSC-zertifiziertem Papier.
ISBN (Print): 978-3-95808-028-7
ISBN (PDF): 978-3-95808-088-1

Inhalt

Dramaturgien des Anfangens

Einleitung

Adam Czirak / Gerko Egert

Die emphatischen Anfangssätze, mit denen Jacques Lacan viele seiner Seminare einleitete, lassen sich als notorische Experimente lesen, die eine argumentative Rede einsetzen, aber auch die Aporien des Anfangen-Wollens eindrucksvoll vor Augen führen. Seine ‚Ansagen' sind Versprechen, deren Intention und performative Rhetorik miteinander stets in Konflikt geraten: „Ich habe die Absicht anzufangen", leitet Lacan seine Sitzung vom 17. Februar 1954 ein, „Ich habe die Absicht anzufangen, Sie in das [letztens] umrissene Gebiet zu führen. […] wir sind schon seit dem Beginn dieses Jahres auf dem Weg dahin."[1] Oder ein vergleichbarer Auftakt, der den Lacan'schen Seminaranfang als etwas Paradox-Unrealisierbares entlarvt:

> Mir fehlt heute Morgen der nötige Schwung, jedenfalls nach meinen Kriterien, um vor Ihnen mein Seminar in der gewohnten Weise zu halten – und zwar genauer was den Punkt angeht, bei dem wir angekommen sind. […] Sie werden mir also gestatten, daß ich es auf das nächste Mal verschiebe.[2]

Wie Lacan den Beginn immer wieder forciert und zugleich als etwas Unmögliches ausstellt, wird in unzähligen weiteren Eröffnungsszenarien deutlich: „Was ich heute einführen werde, ist dem Vokabular

1 Jacques Lacan: *Das Seminar. Buch I (1953–1954). Freuds technische Schriften.* Olten / Freiburg: Walter 1978, S. 83.

2 Jacques Lacan: *Das Seminar. Buch VII (1959–1960). Die Ethik der Psychoanalyse.* Weinheim / Berlin: Quadriga 1996, S. 158.

nach nichts, womit Sie nicht schon vertraut wären, leider."[3] Oder: „Ich möchte eintreten ganz behutsam in das, was ich Ihnen reserviert habe für heute, was, [...] bevor angefangen wird, mir halsbrecherisch scheint. [...] Das ist ein guter Start."[4] Oder mehr noch an einer anderen Stelle: „Die Frage, von der wir ausgehen, ist in unserem Seminar aufgetaucht."[5] Lacans verunsicherte Anfangsdramaturgie spitzt sich jedoch erst in einer Sitzung zum Semesterende zu: „Ich weiß nicht recht, bei welchem Ende ich anfangen soll, um diese Vorlesung zu beenden."[6]

Die obsessiven Behauptungen des Anfangs sind bei Lacan Eröffnungszüge eines Spiels, das schon läuft. Sie funktionieren als Setzungen und Versprechen und bringen gleichzeitig Zögerungen, Apologien oder Entschuldigungen zum Ausdruck. Sie zielen darauf, ein dramaturgisch kohärentes Seminarprogramm zu fingieren, münden jedoch in kreisenden Suchbewegungen nach einem Ansatzpunkt. Wenn man so will, handeln Lacans Anfänge von performativen Ereignissen, die ihre Wirkung auf doppelte und ambivalente Weise ausüben: Sie offenbaren immer eine produktive Absicht der Hervorbringung und sind immer auch durchwaltet von einer weniger beherrschbaren performativen Kraft des Diskurses, die den initiierenden Charakter der Rede gefährdet und aufbricht. Als würde der ständige Versuch des Anfangens lediglich das verkünden, was schon angefangen hat, oder das, was erst im Anschluss anfangen wird – ein Signum dessen, wie Lacan in seinem ganzen Œuvre dazu neigte, seine Begriffe und Thesen in permanentem Fluss zu halten. Wie man sieht, wird seine Absicht der Aufmerksamkeitsfesselungen, der inhaltlichen Ankündigungen und Ver-Sprechen stets von referenziellen Verwirrungen unterwandert, predigen doch die Satzanfänge vergebens das, was durch die Nebensätze unumgänglich revidiert wird. Lacans Anfangssätze spiegeln nichts anderes als die Rhetorik einer Zeit wider, die gegen die Behauptung von emphatischen Anfängen arbeitet.

3 Jacques Lacan: *Das Seminar. Buch XI (1964). Die vier Grundbegriffe der Psychoanalyse.* Olten / Freiburg: Walter 1980, S. 257.

4 Jacques Lacan: *Das Seminar. Buch XX (1972–1973). Encore.* Berlin: Quadriga 1991, S. 31.

5 Jacques Lacan: *Das Seminar. Buch II (1954–1955). Das Ich in der Theorie Freuds und in der Technik der Psychoanalyse.* Berlin: Quadriga 1991, S. 374.

6 Jacques Lacan: *Das Seminar. Buch III (1955–1956). Die Psychosen.* Weinheim / Berlin: Quadriga 1997, S. 365.

Wie können wir uns den Herausforderungen des Anfangens stellen? Dass der Anfang eine Herausforderung, sogar eine überaus unbehagliche Herausforderung sei, darauf verweist auch Michel Foucault. So bemerkt er gleich zu Beginn seiner Tätigkeit am Collège de France in seiner Antrittsvorlesung, dass er sich in jenen Diskurs, den er zu halten habe, viel lieber „verstohlen eingeschlichen" hätte. „Anstatt das Wort zu ergreifen", wäre er lieber „von ihm [...] umgarnt worden, um jedes Anfangens enthoben zu sein." Und er wunscht sich „eine Stimme ohne Namen[...], die immer schon im voraus war". An diese Stimme müsste er lediglich „anschließen, sie fort[...]setzen, [s]ich in ihre[...] Fugen unbemerkt einnisten", dann – so schlussfolgert er – „gäbe es keinen Anfang". Diesem „Verlangen, nicht anfangen zu müssen", antwortet die Institution auf ironische Weise, indem sie Anfänge – wie jenen der Antrittsvorlesung – feierlich gestaltet und weithin sichtbar macht: „Du brauchst vor dem Anfang keine Angst zu haben."[7] Durch den Eintritt in die Institution wird der Redner zum Urheber eines bereits wuchernden und immer weiter wuchernden Diskurses, dem er selbst nicht vorgängig ist. Anfangen ist immer auch die Produktion von etwas, das einem selbst nicht gehört.

Um welchen Preis wird die Entstehung von Neuem überhaupt denkbar, sei es eine künstlerische Setzung oder ein wissenschaftliches Postulat, wenn die Idee des Beginns in den Theoriekonzepten der letzten Jahrzehnte problematisch oder zum Teil unmöglich geworden ist? Angesichts der Annahme, dass unsere Handlungspraxis und die performativen Akte der Bedeutungsproduktion von der Logik des Iterativen abhängig sind, verlieren ‚Ursprung', ‚Anfang' oder ‚Ende' ihren erkenntnistheoretischen Status. Alltägliches, politisches und künstlerisches Handeln wird als Praktik gedacht, die auf Kontinuität und Wiederholung angelegt ist und die ohne eine Bezugnahme auf Vergangenes nicht realisierbar oder konzipierbar scheint. Im breit gefächerten Feld der Kunst- und Kulturwissenschaften lässt sich allenthalben beobachten, dass das, ‚was (der Fall) ist', nicht mehr auf einen singulären Beginn oder auf ein Ursprungsszenario zurückgeführt werden kann, da die Idee jeder Genese sich in der Kette überlieferter oder überlieferbarer, sich unter der Bedingung der Differenz

7 Michel Foucault: *Die Ordnung des Diskurses.* Frankfurt am Main: Fischer 2003, S. 9–10.

wiederholender Handlungen auflöst. Sigmund Freuds Gedanken zum Wunderblock,[8] Gérard Genettes Idee des Palimpsest,[9] Jacques Derridas Theorie von der *différance* und der Spur,[10] Judith Butlers Ausführungen zur Performativität,[11] Paul de Mans Auffassung von Rhetorizität und der Ironie der Sprache[12] oder Gilles Deleuze' Konzept von Differenz und Wiederholung[13] – und diese Reihe ließe sich ohne Mühe erweitern – sind lesbar als Anzeichen eines Zweifels an Anfangsvisionen, kontrollierbaren Unterbrechungen und menschlicher Initiationsmacht. Es ist also folgerichtig zu sagen, dass unsere Initiativen auf keinen ursprünglichen Grund zurückgeführt werden können; ihre gesellschaftliche Anerkennung und Bedeutung sind vor allem auf die Aktualisierung, Aneignung oder Relativierung tradierter Werte angewiesen.

Abgesehen von den emphatischen Bezügen zum Anfang à la Slavoj Žižek und Alain Badiou[14] gibt es wohl kaum eine poststrukturalistische Theorie, die den Beginn als einen generativen Überschreitungsakt – sei es autonom oder wie bei Žižek / Badiou weitestgehend heteronom – zu denken erlaubt. Denn zum einen würde die Behauptung einer generativen Setzungsmacht nichts anderes bedeuten, als die Fortschreibung der romantizistischen Idee selbstbestimmter Subjekte, die imstande sind, ihre Verhältnisse in der Welt selber zu organisieren. Zum anderen würde sie einhergehen mit der Reduktion unserer Geschichte auf unhintergehbare und lineare Genealogien im Sinne eines metaphysisch geprägten Denkstils.

8 Vgl. Sigmund Freud: Notiz über den ‚Wunderblock'. In: Ders.: *Studienausgabe*, Bd. III: Psychologie des Unbewußten. Frankfurt am Main 2000, S. 363–369.

9 Vgl. Gérard Genette: *Palimpseste. Die Literatur auf zweiter Stufe*. Frankfurt am Main: Suhrkamp 2008.

10 Vgl. Jacques Derrida: *Die Schrift und die Differenz*, Frankfurt am Main: Suhrkamp 1976.

11 Vgl. Judith Butler: *Das Unbehagen der Geschlechter*. Frankfurt am Main: Suhrkamp 1991; dies.: *Körper von Gewicht. Die diskursiven Grenzen des Geschlechts*. Frankfurt am Main: Suhrkamp 1997.

12 Vgl. Paul de Man: Rhetorik der Persuasion (*Nietzsche*). In: Ders.: *Allegorien des Lesens*. Frankfurt am Main: Suhrkamp 1988, S. 164–178; ders.: The Concept of Irony. In: Ders.: *Aesthetic Ideology*. Minneapolis / London: University of Minnesota Press 1997, S. 163–184.

13 Vgl. Gilles Deleuze: *Differenz und Wiederholung*. München: Fink 1992.

14 Vgl. Alain Badiou / Slavoj Žižek: *Philosophie und Aktualität – Ein Streitgespräch*, hrsg. v. Peter Engelmann. Wien: Passagen 2005.

Um diesen Problemkomplex kreisen die Beiträge des vorliegenden Bandes, diskutieren bzw. problematisieren doch die einzelnen Autorinnen und Autoren Begriffe, denen gegenüber vielerlei Ressentiments in Anschlag gebracht wurden: Revolution, Gründung, künstlerische Setzung, Ursprung oder Geburt. Wie kann das Anfangen gerade jetzt, im Anschluss an die poststrukturalistische Theoriebildung der letzten Jahrzehnte gedacht und kritisch befragt werden? Welche Rhetoriken, Praktiken und Dramaturgien des Anfangens lassen sich bestimmen oder modellieren, wenn man den Anfang *nicht* als einen ontologischen und auf anvisierte Ergebnisse ausgerichteten Akt definieren will?

Nimmt man die ausschlaggebenden Theorien des Anfangens aus dem ausgehenden 20. Jahrhundert genauer in den Blick, dann wird die Sachlage kompliziert und paradox, denn diese Positionen scheinen von einer unterschwellig, aber konsequent auftauchenden Idee der Initiation regelrecht heimgesucht. Aus diesem Grund bietet es sich an, Derridas viel zitierte Gedanken über Antonin Artauds Vision eines Theaters der zerstörten Metapher, ja eines Theaters der originären und ohne Wiederholung operierenden Repräsentation aufzugreifen. Ausgehend von Derridas Artaud-Kommentaren wurde in der Theaterwissenschaft – v. a. durch Helga Finter und Patrice Pavis[15] – häufig auf die Nicht-Realisierbarkeit des ‚Theaters der Grausamkeit' hingewiesen und Artauds Darstellungssystem als eine *geschlossene* Ordnung der Repräsentation gedeutet, ein Gefängnis, in dem keine originäre Präsenz artikulierbar und keine Schöpfung realisierbar sei.[16] In der Unmöglichkeit, den Ursprung der Repräsentation zu finden oder einen Anfang jenseits der Totalität unendlicher Rekursionen zu bestimmen, sah man den Derrida'schen Kerngedanken für die Theatersemiotik. Folglich avancierte die folgende Textstelle zu einer

15 Helga Finter expliziert und betont v. a. die utopistischen Implikationen des Artaud'schen Theaters. Vgl. Helga Finter: *Der subjektive Raum,* Bd. 2: „... der Ort, wo das Denken einen Körper finden soll". Antonin Artaud und die Utopie des Theaters. Tübingen: Narr 1990. Vgl. auch Patrice Pavis: The Classical Heritage of Postmodern Drama: The Case of Postmodern Theatre. In: *Modern Drama* 28,1 (1986), S. 1–22. Auch Dieter Mersch plädiert dafür, dass Einzigartigkeit bei Derrida keinen Platz mehr finde. Vgl. Dieter Mersch: *Was sich zeigt. Materialität, Präsenz, Ereignis.* München: Fink 2002, S. 365.

16 Vgl. Jacques Derrida: Das Theater der Grausamkeit und die Geschlossenheit der Repräsentation. In: Ders.: *Die Schrift und die Differenz,* S. 351–379, hier S. 376.

der am häufigsten zitierten Derrida-Passagen in theatertheoretischen Zusammenhängen: „[E]s gibt kein Wort, noch ganz allgemein ein Zeichen, das nicht durch die Möglichkeit seiner Wiederholung konstruiert ist. Ein Zeichen, das sich nicht wiederholt, das nicht schon durch die Wiederholung in seinem ‚ersten Mal' geteilt ist, ist kein Zeichen."[17] Doch die auf diese These aufbauende, semiotische Lesart läuft Gefahr, in der Opposition von Präsenz und Repräsentation, Ursprung und Wiederholung zu verbleiben, indem sie die nichtphänomenalen Dimensionen der Sprache aus der Derrida'schen Argumentation ausklammert. Eine genauere Lektüre des Textes zeigt jedoch, dass dieser weniger für die Geschlossenheit der Repräsentation und deren Oppositionalität zum Präsenten plädiert, sondern die kontinuierliche Wiederholung der Differenz postuliert, und zwar jenseits der Alternativen von An- und Abwesenheit, Anfang und Neuanfang, Genesis und Ewigkeit. Nicht also die Dichotomie von Repräsentationstheater und dem noch-nicht-angefangenen Theater der Grausamkeit steht hier auf dem Spiel, sondern die Idee eines sich im Modus des Wartens und Zögerns befindenden Anfangens. Ein in seinem Kommen bereits angekündigter Beginn gewinnt hier Kontur, der präsent und – wie ein Derrida'sches Ereignis – zugleich notwendig und unmöglich ist, d.h. die Konzeption der linearen Zeitvorstellung unterwandert. Diese Lesart läuft darauf hinaus, dass der Akt des Anfangens in einem „zweiten Stadium der Schöpfung"[18] zu verorten ist, ja in der *Unendlichkeit* der geschlossenen Repräsentation, als eine Wiederholung, der nichts vorausgeht.[19]

Vor diesem Hintergrund lässt sich fragen, wie man der Sklaverei der Wiederholung entkommen, wie man schöpfen, generieren, anfangen kann. Es ist kein Wunder, dass Derrida auf das Problem des Anfangens – kurz vor seinem Tod – zurückkommt und dieses wiederum im Rekurs auf Artaud im Hinblick auf Verantwortung thematisiert: „In gewisser Hinsicht wird die Verantwortung des Schreibens, beziehungsweise dessen, was man im allgemeinen als Schöpfung oder Gestaltung (*creation*) bezeichnet, immer gefühlt als eine Höhlung,

17 Derrida: Das Theater der Grausamkeit, S. 373.

18 Antonin Artaud zit. n. ebd., S. 376.

19 In den Worten Derridas: „Die Geschlossenheit ist die kreisförmige Grenze, innerhalb derer die Wiederholung der Differenz sich unbegrenzt wiederholt" (ebd., S. 379).

die von einer Leere ausgeht […], so daß letztendlich das, was es zu sagen gäbe", ja womit man anfangen könnte, „nicht vor dem *Akt* des Sagens existiert; denn, wenn der Inhalt der zu sagenden Sache vorab existierte, dann gäbe es […] keine Verantwortung zu übernehmen, kein Risiko […]."[20]

So gesehen stellt sich die Frage, wie das Einmalige, der Beginn des Neuen im Fluss des Iterativen zu bestimmen ist. Und wie kann man wiederum Verantwortung für das Anfangen übernehmen, wenn Anfänge keine souveränen Akte sind und keinem von uns allein gehören können? Diese Fragen hallen in einem einschlägigen Deleuze-Zitat wider und spitzen sich in diesem sogar zu: „Das Problem des Anfangs in der Philosophie wurde mit vollem Recht immer als äußerst heikel angesehen. Denn Anfangen heißt alle Voraussetzungen ausschließen."[21] Mit ähnlichen Argumenten wie Derrida versucht Deleuze, die Frage nach dem Anfang aus den Engpässen der Metaphysik, der linearen Zeitvorstellung und der formalen Logik zu befreien. Laut Deleuze konnten generative Anfänge in der Philosophie ausschließlich um den Preis produziert werden, dass sie ihre Voraussetzungen verschleierten oder ins Empirische verlagerten, denn auf diese Weise konnten sie den Anschein eines Anfangs erwecken. Bekanntermaßen löst Deleuze die Opposition von Differenz und Wiederholung, Anfang und Wiederanfang auf und begreift Genesis und Ursprung nicht als Kategorien des Seins, sondern des permanenten Werdens. Dementsprechend können Denken und Erneuerung für Deleuze ausschließlich – und dafür findet er eine expressive Metapher – „vor einem schwankenden Horizont"[22] konzipiert werden. Kurzum: Differenz ist der einzig denkbare Anfang,[23] insofern sich jede Sache durch die Differenz und nicht durch die Ursachen erkläre.[24] Damit ist ein Zusammenspiel von Differenz und Wiederholung gemeint, das die Entstehung von Neuem garantiert. Entsprechend wundert es nicht, dass auch Deleuze den französischen

20 Jacques Derrida: Die Stimme Artauds (die Kraft, die Form, die Furche). In: Joachim Gerstmeier / Nikolaus Müller-Schöll (Hrsg.): *Politik der Vorstellung. Theater und Theorie*. Berlin: Theater der Zeit 2006, S. 12–17, hier S. 12 (Kursiv. i. O.).

21 Deleuze: *Differenz und Wiederholung*, S. 169.

22 Ebd., S. 13.

23 Vgl. ebd., S. 169.

24 Vgl. ebd.

Theatermacher Antonin Artaud ins Spiel bringt, wenn er über Initiation schreibt: „[Artaud] weiß, daß Denken […] im Denken erzeugt werden muß. [U]nd daß das Problem nicht darin liegt, ein von Natur präexistentes Denken methodisch zu […] applizieren, sondern darin, das noch nicht Existierende zu erzeugen.“[25] Mit diesem Gedankengang fragt er danach, wie ein Denken in Gang gesetzt werden kann, das mit der Differenz beginnt, wie ein Gedanke im Denken selbst entsteht, ohne dass er kausal auf etwas Vorausliegendes folgen muss. Somit verlockt Deleuze dazu, über die Dramaturgien, die kreativen Wendungen und spielerischen Dynamiken eines prozessualen, aus der Kette von Differenzierungen entspringenden Anfangs nachzudenken.

Wenn in *The Waves* eine dunkle Linie zwischen Meer und Himmel erscheint, dann ist es diese kaum erkennbare Differenz, die in Virginia Woolf den Anfang des Tages markiert.

> Die Sonne war noch nicht aufgegangen. Meer und Himmel ließen sich nicht unterscheiden, nur daß das Meer leicht gefältelt war wie ein zerknittertes Tuch. Allmählich, während der Himmel weiß wurde, erstreckte sich eine dunkle Linie am Horizont, die das Meer vom Himmel trennte, und das graue Tuch wurde von dicken Streifen durchzogen, die sich, einer nach dem anderen, unter der Oberfläche bewegten, einander folgend, einander jagend, immerzu.[26]

Keine Einheit, keine Sonne, kein Ursprung des Morgens kennzeichnen hier den Anfang des Romans und mit ihm den Lebenslauf seiner sechs Protagonist_innen, sondern eine Differenz, die teilende Linie des Horizonts. Woolf stellt hier nicht nur jene Anfangserzählungen in Frage, die wesentlich auf der Einheit des Begonnenen sowie seiner Entstehung aus dem Nichts basieren. Woolf ruft ebenso eine der wohl bekanntesten Anfangserzählungen unserer westlichen Kultur hervor: die Entstehung der Welt, wie sie in der Genesis erzählt wird.

> Am Anfang schuf Gott Himmel und Erde. Und die Erde war wüst und leer, und es war finster auf der Tiefe; und der Geist Gottes schwebte auf dem Wasser. Und Gott sprach: Es werde Licht! und es ward Licht. Und Gott sah, dass das Licht gut war. Da schied Gott das Licht von der Finsternis und nannte das Licht Tag und die Finsternis Nacht. Da war aus Abend und Morgen der erste Tag.[27]

25 Deleuze: *Differenz und Wiederholung*, S. 192.

26 Virginia Woolf: *Die Wellen*. Frankfurt am Main: Fischer 1991, S. 7.

27 *Stuttgarter Erklärungsbibel mit Apokryphen. Lutherbibel mit Erklärungen.* Stuttgart: Deutsche Bibelgesellschaft 2005, S. 9.

Auch hier ist es die Teilung, der Akt der Differenzierung zwischen Himmel und Erde, Licht und Finsternis, Tag und Nacht, die den Anfang, ja die Entstehung der jüdisch-christlichen Welt markiert.
Zwar lässt sich auch in dieser Schöpfungsgeschichte der Anfang nicht auf einen einheitlichen oder vereinheitlichenden Akt reduzieren, er produziert jedoch eine dichotome Ordnung, ein Denken der Gegensätze, das bis heute zahlreiche religiöse und philosophische Ansätze prägt: Körper und Geist, Himmel und Erde, Licht und Finsternis.
Doch die Entstehung der Welt lässt sich nicht auf den jüdisch-christlichen Mythos reduzieren, ihr Anfang wird auf vielfältige Weise erzählt. Michael Taussig berichtet beispielweise in seinem Buch *Mimesis und Alterität* von einer gänzlich anderen Schöpfungsgeschichte, jener der *Kuna*, erzählt von dem Seefahrer Charles Slater:

> „Gott kam ganz allein aus der Erde." […] „Zu jener Zeit war die Erde ohne Gestalt und in Finsternis gehüllt." Er brauchte eine Frau. Die Erde war ohne Gestalt oder Firmament. Und Gott dachte bei sich, nimm ein Herz, weil Herz „Erinnerung an die Frau ist, und dann nahm er eine Herzschnur, die geradewegs in die Blase hinabreichte und die es den Frauen ermöglichte, aus der Gebärmutter herauszukommen, um ein Kind zu formen". Nachdem er auf diese Weise die Frau erschaffen hatte, teilte sich Gott, damit wurde seine Androgynität bezeichnet, und die Welt wurde dann aus dem Körper der Frau auf drei Arten geschaffen: aus ihrer Gebärmutter, aus ihren Körperteilen und aus ihren sehenden Seelen in verschiedenen Farben.[28]

Die Entstehung der Welt wird nicht als der Akt *einer*, sondern als die Konfiguration mannigfaltiger Teilungen erzählt: die Teilungen zwischen Gott und Frau, die androgyne Teilung des Gottes selbst sowie die Teilungen der Farben, eine Differenz, die im weiteren Verlauf der Geschichte an Wichtigkeit gewinnt. Sie alle bilden das Entstehungs- und Geburtsszenario der Dinge, der Pflanzen, der Tiere und der Menschen.
Doch nicht nur der Anfang der Welt, auch die Entstehungen von kulturellen Ordnungen, von Gemeinschaften und Völkern werden in unterschiedlichen Ursprungsmythen erzählt. Diese lassen sich dabei in den wenigsten Fällen bloß auf die Wiedergabe eines Ereignisses

28 Michael Taussig: *Mimesis und Alterität. Eine eigenwillige Geschichte der Sinne.* Hamburg: EVA 1997, S. 120; siehe auch Nele / Charles Slater / Charlie Nelson [und andere Cuna]: *Picture Writing and Other Documents, Comparative Ethnological Studies 7, Teil 2.* Göteborg: Ethnografiska Museum 1938, S. 2.

reduzieren, vielmehr erschaffen sie Szenarien, die im Augenblick der Erzählung produziert und gerechtfertigt werden.[29] In ganz unterschiedlicher Form bearbeiten sie die Frage des Anfangens, wie aus dem ‚Nichts' ‚etwas' entsteht bzw. wie das ‚Neue' in eine ‚alte' Welt kommt und diese verändert. Immer wieder sind es dabei die Widersprüche des Anfangs, jene Unvereinbarkeit von Genealogie und Ursprung, Wiederholung und Neuem, die das zentrale Problem der Erzählungen bilden. Vielleicht ließe sich hier sogar ein wesentlicher Antrieb der Produktion dieser Mythen finden: Denn dort, wo es unauflösliche Widersprüche und Paradoxien gibt, bedarf es der Götter, der Magie und des Zaubers.

Eines der wohl am meisten mit den Mythen des Anfangens verbundenen Szenarien ist die auch heute noch oftmals wirkmächtige Erzählung kolonialer Eroberung. Phantasien einer Reise zu den Ursprüngen der Welt verquicken sich darin mit den brutalen Konstruktionen eines Anfangs der Zivilisation und des kulturellen Lebens durch die Eroberer sowie der Hoffnung, dort, wo alles noch unberührt sei, auch sein eigenen Leben neu beginnen zu können. In diesen Erzählungen werden dabei nicht nur koloniale, sondern zugleich auch männliche Ursprungsphantasien wiedergegeben, die in starkem Kontrast zum Feminismus des Woolf'schen Anfangs als dem Auftreten einer Differenz stehen. Immer wieder zeigen sich in den vielfältigen Mythen und Erzählungen jene Konzepte des Anfangens, die auf souveräner Setzungsmacht, Vereinheitlichung und männlicher Schöpfungsphantasie basieren.[30]

Die eingangs aufgegriffenen Theorien der Wiederholung lassen die Frage nach dem Anfang nicht hinfällig werden, denn was obsolet scheint, sind Anfangsszenarien, die eine fundamentalontologische Geltung beanspruchen. Es bietet sich daher an, den Anfang als eine besondere Kategorie der Wiederholung zu denken und das Augenmerk weniger auf die Schleifen von Zitaten, Rezitaten und

29 Vgl. hierzu die Ausführungen von Jean-Luc Nancy: *Die undarstellbare Gemeinschaft*. Stuttgart: Ed. Schwarz 1988, darin besonders das Kapitel „Der unterbrochene Mythos", S. 93–148. „Der Mythos ist zugleich ursprünglich und stammt vom Ursprung, er führt zu einer mythischen Gründung zurück und durch dieses Zurückführen gründet er selbst (ein Bewußtsein, ein Volk, eine Erzählung)." (Ebd., S. 99.)

30 Vgl. bspw. Christina von Braun: Das Stieropfer. In: ZDF-Nachtstudio (Hrsg.): *Mensch und Tier, Geschichte einer heiklen Beziehung*. Frankfurt am Main: Suhrkamp 2001, S. 194–227, hier S. 219.

Wiedererkennungen, sondern vielmehr auf Brüche, Diskontinuitäten und Abweichungen zu legen, die bei der Entstehung von sozialer Wirklichkeit am Werk sind. Vor diesem Hintergrund lassen sich nicht nur Anfangsmythen kritisch befragen, sondern auch die Mittel der wissenschaftlichen Praxis, die Schranken tradierten Wissens zu überschreiten suchen, oder die Bedingungen künstlerischer Produktion bzw. der Umstand, dass Künstler_innen gewissermaßen gezwungen werden, in ihren jeweilige ‚Projekten' neue Orientierungen zu suchen, kurz: mit etwas Neuem, Abweichendem anzufangen. Die melancholisch gestimmte Erfahrung eines unmöglichen (Neu-)Anfangs schließt experimentelle und improvisatorische Möglichkeiten des Ideensetzens nicht aus und fordert Wissenschaftler_innen wie Künstler_innen in ihren stetigen Denk- und Schaffensprozessen immer aufs Neue heraus. Und nicht zuletzt auf der Rezipient_innenseite stellen sich ähnliche Ansprüche: das Streben nach Erfahrungen, die den gewohnten Rahmen sprengen und neue Wege der Wahrnehmung anleiten.

Jedes Buch, jeder Film, jede Performance und jedes Bild operiert auf je unterschiedliche Weise mit der Frage des Anfangens. Eines zeigt sich dabei in den letzten Jahren besonders deutlich: die Anfänge sind prekär geworden. Nicht nur wurde das Konzept eines autonomen Anfangs zunehmend fraglich, auch die zeitliche und räumliche Einheit des Anfangs mit dem vermeintlichen Beginn eines Kunstwerks ist nicht mehr als gegeben vorauszusetzen. Ein Aufbrechen linearer Narrationen führt dabei zu einer Verschiebung bzw. Vervielfältigung der Anfänge und ihrer Dramaturgien. Erwähnt seien hier Techniken eines Anfangens in *medias res*, aber auch Erzählweisen des *flashbacks* oder der multiplen bzw. der unzuverlässigen Narrationen. Wann, so ließe sich fragen, beginnt beispielsweise die Erzählung in Christopher Nolans *Memento*, einem Film, in dem die Handlung Szene für Szene rückwärts aufgerollt wird? Wo lässt sich der Anfang bzw. lassen sich die vielfältigen Anfänge in David Foster Wallaces *Infinite Jest* ausmachen, einem Roman, in dem sich nicht nur verschiedene Erzählstränge, sondern ebenso multiple Zeiten überlagern und durchkreuzen? Oder wann findet der Anfang der Performance *Super Night Shot* von Gob Squad statt, wenn die ersten Minuten der Aufführung eigentlich den Schluss eines Films bilden, der gerade gedreht wurde und den die Zuschauer_innen im Anschluss an dieses Ende zu sehen bekommen werden?

Doch nicht nur die experimentellen Formen der Dramaturgie auch das extensive bzw. exzessive Erzählen stellt die Frage nach dem Anfang neu. Wie lässt sich der Anfang eines Kunstwerks beschreiben, wenn dieses nicht mehr in Gänze, sondern immer nur fragmentarisch wahrgenommen werden kann? Gerade Kunstformen wie die Videoinstallation oder die *durational performance* verweigern sich immer wieder einer expliziten Markierung ‚ihres' Anfangs. So verbindet zum Beispiel die 24-stündige Videoinstallation *The Clock* von Christian Marclay zwar die Erfahrung des Sehens mit der je aktuellen Uhrzeit; ein Anfang ist jedoch aufgrund ihrer repetitiven Struktur nicht zu bestimmen. Betritt man die Installation um 10 Uhr morgens, ist es auch im Film 10 Uhr morgens, um 12 ist es 12, um 16 Uhr ist es 16 Uhr im Film usw. Ein Sehen ‚von Anfang an' ist unmöglich geworden, der Anfang wird verweigert bzw. verschiebt sich und bezieht nun ebenso Faktoren wie die Öffnungszeiten des Museums oder das Eintreten des Betrachters in den Vorführungsraum mit ein.

Oder aber Tino Sehgals Arbeiten, die extensive Situationen bilden, Aufführungen im Kontext des Museums, die, betritt man den Raum, immer schon begonnen haben bzw. sich durch das Eintreten jeder weiteren Besucherin bzw. jeden weiteren Besuchers im Prozess eines immer erneuten Beginnens befinden.

Weiter wären Fernsehserien wie bspw. die *Lindenstraße* zu nennen, die in ihrer Serialität über Jahrzehnte und Generationen hinweg scheinbar unendliche Erzählstränge spinnen. Eine Rezeption ‚in Gänze' ist – wenn auch nicht unmöglich – so doch äußerst ungewöhnlich und ihre narrativen Strukturen in keiner Weise darauf angelegt.

Was sich hier in der Betrachtung dieser verschiedenen Anfangsdramaturgien zeigt, ist nicht nur das Spiel mit dem Anfang eines Kunstwerkes oder einer narrativen Ordnung, vielmehr verschiebt sich der Anfang selbst, er wird ein Teil der Erfahrung. Der Anfang bildet hier keine Innerlichkeitsform mehr, er bezeichnet vielmehr den Moment des Auftauchens bzw. des Ereignisses.[31] Dieses Ereignis ist dabei weder im Kunstwerk noch im Betrachter zu verorten, auch lässt es sich nicht einfach als das Aufeinandertreffen von beiden beschreiben. Was sich hier ereignet, ist vielmehr die Verknüpfung von Empfindungen, wie sie Gilles Deleuze und Félix Guattari beschreiben, Empfindungen, die über jegliche Formen wahrgenommener Objekte oder

31 Vgl. Friedrich Balke: *Gilles Deleuze*. Frankfurt am Main: Campus 1998, S. 29.

wahrnehmender Subjekte hinausweisen[32] – was hier beginnt, ist eine Rahmung und zugleich Entrahmung, der Anfang kann dabei sowohl Ordnungs- als auch Fluchtlinie bilden.

Anfänge ereignen sich jedoch nicht nur im Mythos oder der Kunst, auch die Wissenschaft ist voller Neubeginne, voller Erfindungen und Entdeckungen. Vor allem die Wissenschaftsgeschichte hat auf vielfältige Weise die Anfänge und Konstruktionsweisen wissenschaftlicher Erkenntnis untersucht und herausgestellt, dass diese kaum auf ein Forschersubjekt zu reduzieren und stark von der Wirkmächtigkeit ihrer dramaturgischen Konstruktion abhängig sind.[33] In welcher Weise berufen sich wissenschaftliche Praktiken auf Konzepte des Anfangens und wie werden diese Anfänge konstruiert? Jene im Bereich der Kunst beschriebene Verschiebung von einer reinen Innerlichkeitslogik des Anfangs zu einem Denken des Anfangens als Ereignis lässt sich auch in den Praktiken wissenschaftlichen Forschens finden: Nehmen wir Bruno Latours berühmtes Beispiel des Milchsäureferments. Zu den Experimenten Louis Pasteurs schreibt Latour: „Da ein Experiment jedoch nun einmal gleichzeitig fabriziert und nicht fabriziert ist, steckt immer mehr darin, als hineingegeben wurde."[34] Jedes Experiment ist ein Ereignis, kein Ereignis lässt sich durch die Liste der Elemente erklären, die vor seinem Abschluss in die Situation eingingen. Alle beteiligten Elemente sind transformiert worden: „Gerade deshalb ist ein Experiment ein Ereignis und keine Entdeckung, kein Freilegen, kein Aufzwingen, kein synthetisches Urteil *a priori*, keine Aktualisierung einer Potentialität und so weiter."[35] Das Auftauchen des Milchsäureferments in Pasteurs Labor – sein Anfang in der Welt – lässt sich somit weder im Sinne einer Erfindung bzw. Konstruktion beschreiben, noch war es bereits vorher existent und wurde lediglich durch Pasteur ‚entdeckt'. Der Anfang des Milchsäureferments entzieht sich dem Dualismus von materiellen

32 „[...] ein Erfahrungsfeld, das nicht mehr im Verhältnis zu einem Ich, sondern im Verhältnis zu einem bloßen ‚es gibt...' als reale Welt angesehen wird." (Gilles Deleuze / Félix Guattari: *Was ist Philosophie?* Frankfurt am Main: Suhrkamp 2000, S. 22.)

33 Vgl. Bruno Latour / Steve Woolgar: *Laboratory Life. The Social Construction of Scientific Facts.* Beverly Hills: Sage 1979; Isabelle Stengers: *Die Erfindung der modernen Wissenschaften.* Frankfurt am Main: Campus 1997.

34 Bruno Latour: *Die Hoffnung der Pandora. Untersuchungen zur Wirklichkeit der Wissenschaft.* Frankfurt am Main: Suhrkamp 2002, S. 151, 153.

35 Ebd.

Gegebenheiten und wissenschaftlicher Konstruktion. Forschen wird hier zu einer Praktik, die nicht mehr bloß verifiziert und Bestehendes reflektiert, sondern die vielmehr Anfänge produziert, Möglichkeiten und Öffnungen schafft.

Anfänge werden in der Regel nicht von einem (forschenden) Subjekt vollzogen; vielmehr schließen sie mehrere Akteure ein und setzen diese miteinander in Beziehung. Seien es Konstellationen der Produktion und Rezeption oder Formate der Kollaboration: Anfangsszenarien sind nicht autonom und singulär, sondern heteronom und variabel. Auch wenn sie nie voraussetzungslos aus dem Nichts in Erscheinung treten, folgen ihre Realisierungen nicht den Intentionen eines einzigen Individuums. Was mit Anfängen – wie diversifiziert auch immer – in Szene gesetzt wird, sind demnach In(ter)ventionen, Experimente oder Gesten der Differenzierung, deren Folgen sich im Modus des gemeinsamen Tuns, im ‚ursprünglich' griechischen Sinne der *praxis* offenbaren.

Wenn der Anfang nicht mehr als innerliche Grenzmarkierung – einer kulturellen oder politischen Ordnung, eines Kunstwerks, eines Prozesses oder einer wissenschaftlichen Erkenntnis – fungiert, sondern zu einem Ereignis wird, dann lässt sich dieses auch nicht mehr bloß *einer* Erzählung, *einem* Objekt oder *einer* Erfahrung zuordnen. Das Ereignis des Anfangs ist immer relational, es ist ein Nexus, ein Knotenpunkt von Kräften. Weder in seiner zeitlichen noch in seiner räumlichen bzw. zeit-räumlichen Dimension ist es von seiner Umwelt zu trennen: Der Anfang existiert nicht ohne sein Milieu, in jenem Sinne wie Deleuze und Guattari diesen Begriff verwenden: *Milieu* – franz.: die Mitte und die Umgebung.[36] Dort wo mannigfaltige Kräfte aufeinander wirken, kristallisiert sich etwas, ein metastabiler Zustand[37] entsteht, ein Anfang, voller Potentialität zur Veränderung und für

36 In Bezug auf den Philosophen Eugéne Dupréel beschreiben Deleuze und Guattari den Anfang im Modus der *Konsolidierung*: In der Konsolidierung „gibt es keinen Anfang mehr, aus dem sich eine lineare Folge entwickelt, sondern Verdichtungen, Intensivierungen, Verstärkungen, Injektionen, Aufpropfungen, wie lauter dazwischen geschaltete Handlungen […]. Die Konsolidierung findet allerdings nicht erst im Nachhinein statt, sie ist kreativ. Weil der Beginn immer nur dazwischen beginnt: Intermezzo." (Gilles Deleuze / Félix Guattari: *Tausend Plateaus. Kapitalismus und Schizophrenie 2*. Berlin: Merve 1992, S. 448–449.)

37 Vgl. zur Metastabilität Gilbert Simondon: Das Individuum und seine Genese. Einleitung. In: Claudia Blümle / Armin Schäfer (Hrsg.): *Struktur, Figur, Kontur. Abstraktion in Kunst und Lebenswissenschaften*. Zürich / Berlin: Diaphanes 2007, S. 29–45, bes. S. 32–33.

Neues. Um es mit Brian Massumi zu formulieren: „In a word, you have to give the precept of beginning in the middle a topological twist.“[38] Der Anfang wird hier zu einer Topologie des Werdens und der Relationalität.

Dramaturgien des Anfangens sind – so hat sich mehrfach gezeigt – relational, sie schaffen Verbindungen und je spezifische Assemblagen. Dass diese Gefüge dabei niemals frei von Macht sind, ja dass das Anfangen nicht einfach als eine Unterbrechung oder gar ein Ausweg aus den bestehenden Verhältnissen gesehen werden kann, sondern selbst je spezifische Regime der Macht bildet, beschreibt bereits Deleuze in Bezug auf Foucault: Es ist die Disziplinargesellschaft, in der wir – so Deleuze – niemals aufhören können, anzufangen: „von der Schule in die Kaserne, von der Kaserne in die Fabrik“[39].

Anfangen bildet somit kein moralisches Konzept, es ist kein per se widerständiger Akt, Anfangen ist zunächst einmal die Eröffnung eines Prozesses. Wie können wir anfangen, ohne mit ‚etwas‘ anzufangen?[40]

Dem Anfangen wohnt darüber hinaus – wie Hannah Arendt nachdrücklich gezeigt hat[41] – ein politischer Aspekt inne, insofern es

38 Brian Massumi: Prelude. In: Erin Manning: *Always More Than One. Individuation's Dance*. Durham / London: Duke UP 2013, S. ix–xxiii, hier S. xii.

39 Gilles Deleuze: Postskriptum zur Kontrollgesellschaft. In: Ders.: *Unterhandlungen. 1972–1990*. Frankfurt am Main: Suhrkamp 1993, S. 254–262, hier S. 257.

40 Ein Anfangen ohne Setzung wird zentral im Kontext von Walter Benjamins Ausführungen zum Problem der Zweck-Mittel-Relationen rechtsetzender Gewalt verhandelt: Der Generalstreik bzw. die „reine Gewalt“ sei – so Benjamin – jene Kraft, die die Zweckgerichtetheit der Gewalt suspendiert und damit die Möglichkeit eines Anfangs eröffnet, ohne diese mittels einer zielgerichteten Setzung erneut zu schließen. Vgl. Walter Benjamin: Zur Kritik der Gewalt. In: Ders.: *Gesammelte Schriften*, Bd. II.1, hrsg. v. Hermann Schweppenhäuser / Rolf Tiedemann. Frankfurt am Main: Suhrkamp 1977, S. 179–203. Mit dem Konzept des Afformativ hat Werner Hamacher diese eröffnende Geste aufgenommen und als jenen Moment beschrieben, der dem Performativ und der Form vorausgehe, ohne diese zu negieren: „*Afformativ* ist nicht aformativ, nicht die Negation des Formativen; *Afformanz* ‚ist‘ das selbst formlose Ereignis der Formierung, dem alle Formen und alle performativen Akte ausgesetzt bleiben. (Das lateinische Präfix ad- markiert die Eröffnung einer Handlung, und zwar einer Handlung der Eröffnung, wie, passenderweise, in *affor*, anreden, ansprechen, zum Beispiel beim Abschied. – In *afformativ* muß freilich auch ein von ihm her verstandenes *aformativ* mitgehört werden.)“ (Werner Hamacher: Afformativ, Streik. In: Christiaan L. Hart Nibbrig (Hrsg.): *Was heißt „Darstellen“?* Frankfurt am Main: Suhrkamp 1994, S. 340–371, hier S. 360.)

41 Vgl. Hannah Arendt: *Vita Activa oder Vom tätigen Leben*. München / Zürich: Piper 1987, S. 234–239.

seinen Sinn nie in sich oder in der Hervorbringung von etwas Vorgeplantem (gar Utopischem) hat. Anfänge gewinnen ihre Bedeutung nicht von ihren Ursprüngen und Ergebnissen oder von ihrer Originalität und Abschließbarkeit her. Sie sind in ihren Folgen nicht vollkommen absehbar und beziehen ihre Relevanz vielmehr daraus, dass sie Erfahrungs- oder Sinnhorizonte eröffnen, die stets das, was auf der Hand zu liegen scheint, auf- oder unterbrechen. Entsprechend sind Anfänge in diesem politischen Sinne imstande, Versuche des Kalküls und der Planung zu unterlaufen und ihr schöpferisches Potenzial selbst dann zu bezeugen, wenn etablierte Referenzrelationen im Schwinden begriffen sind.

Der vorliegende Band versammelt ganz unterschiedliche Analysen, die die mannigfaltigen Situationen und Techniken des Anfangens, d.h. ihre *Dramaturgien* aufzeigen und befragen. Mit Hilfe des Dramaturgiebegriffs und der damit akzentuierten Prozessualität wird in den Buchbeiträgen die Einsicht zutage treten, dass wir dann, wenn wir mit etwas beginnen, uns nicht *am* Anfang, sondern *im* Anfang befinden.[42] Ein Anfang erweist sich nie als der erste Schritt in einer Kausalkette, vielmehr aber als ein kreativer Differenzierungsprozess und als Intervall, in dem sich das Problem des Anfangens immer wieder neu stellt, als solches nie überwunden wird. Entsprechend zeichnen sich die Dramaturgien des Anfangens durch eine doppelte Dynamik aus: Sie sind Szenen der Initiierung und Hervorbringung und gleichzeitig weisen sie eine kontingente, nicht beherrschbare Seite auf, die die Geste der Invention mit Risiken und Potenzialitäten füllt. Szenarien des Anfangens rücken also Handlungen in den Blick, die die Subjekte eines Anfangens erst konstituieren – *und nicht umgekehrt*: Subjekte *im* und nicht *am* Anfang.

42 Vgl. Günter Zöller: Am Anfang war… die Tat. Der Primat des Praktischen und das Faktum der reinen Vernunft in der Philosophie Kants. In: Inka Mülder-Bach / Eckhard Schumacher (Hrsg.): *Am Anfang war… Ursprungsfiguren und Anfangskonstruktionen der Moderne.* München: Fink 2008, S. 91–105.

Aller Anfang ist dividuell

Gerald Raunig

Wie ein beliebiges Buch seine Autorschaft teilt, wie unser Denken immer schon auf den Schultern von einzelnen Riesen steht, die aber ihrerseits wieder ganzen Strömen von Zwergen verpflichtet sind, wie ein Text nur im Verkehr gewoben, ein Intellekt von vielen Geistern bewohnt wird, immer transversal und singulär, nie individuell, so beginnt alles in der reißenden Mitte des Dividuellen.

Die Mitte ist reißend, weil in ihr die Dinge Geschwindigkeit aufnehmen, ein Strom, der in alle Richtungen überfließt, das Gegenteil von reguliertem Mainstream, Mittelmaß und Vermittlung. Die Mitte liegt nicht einfach auf dem Weg zwischen einem Anfang und einem Ende, in ihren Strudeln geraten Linearität und Ursprungsmythen ins Stocken. Die Mitte ist dividuell, weil sie ein Teilen der Teile impliziert. Selbst wenn hier ein Ich spricht, so wird dieses Ich nie ganz allein gewesen sein. Geteilt und teilend, teilt dieses instituierende Ich sein Werden mit den vielen Instanzen des Anfangs.

Die reißende Mitte des Dividuellen betrifft nicht nur das Schreiben und Sprechen, die Textmaschinen, die akademischen Maschinen, die literarischen Wunschmaschinen. Auch die Körpermaschinen, die sozialen Maschinen, die abstrakten Maschinen und ihre gegenseitigen Kon- und Disjunktionen treffen sich, reiben sich, ereignen sich in der dividuellen Mitte.

Anfangen in der Mitte, nicht an einem Punkt, sondern auf einer alinearen Linie, inmitten eines Stroms. An den vier Typen des Schreibens, die ich in diesem Vortrag skizzieren möchte, soll klar werden, dass der Anfang nicht nur des Schreibens in der Mitte liegt. So wie auch im Fall des Kalle Ypsilon.

[*Regieanweisung: Isabell Lorey tritt rechts hinter den Sprecher und spricht die beiden folgenden Absätze ohne abzulesen auswendig und lippensynchron mit.*]

Im Januar 2008 tritt die Kandidatin nach gewonnener Wahl im Landtag vor die Presse, bedankt sich und erklärt, die Sozialdemokratie sei wieder da. Rechts hinter ihr steht Kalle Ypsilon in der Reihe der Unterstützer_innen, als ihr Lebenspartner und nächster Berater, etwas verschwitzt und mit gelöstem Krawattenknoten, und ist vollkommen im Bann des Moments. Maschinisch spricht er die Worte der Kandidatin mit, zunächst verhalten, dann mit immer mehr Verve, jede Betonung mitphrasierend, sogar die Wellen des Beifalls antizipierend. Wort für Wort, in vollendeter Zusammenstimmung, lippensynchron mit der Kandidatin stemmt er den Text dem Jubel entgegen. Er steht so nah an der Kandidatin in der doppelten Helligkeit von Blitzlichtgewitter und Scheinwerferlicht, dass es wohl allen auffällt – den Pressefotograf_innen, den Journalist_innen, allen Anwesenden, aber auch und vor allem den vielen Fernsehenden, die live den ersten Auftritt der Wahlsiegerin verfolgen wollen. Nur Kalle Ypsilon merkt es nicht und bleibt dabei, hochkonzentriert, weniger geistesabwesend als be-geistert – von allen Geistern nicht verlassen, sondern besessen – mit-sprechend.

Als erster von vier Typen des Schreibens fußt das *autoritäre* Schreiben auf einem Paradox, das uns gerade wegen seiner Allgegenwärtigkeit nicht offen zutage liegt. Einerseits setzt das autoritäre Schreiben einen Anfang, einen Beginn, der am Anfang stehen möchte. Die subjektive Figur dieses Anfangs ist das Autor-Individuum. Um den Anfang als absolut simulieren zu können, hat dieses Individuum die Vielheit ausgelöscht, von der es kommt, seine molekulare Mannigfaltigkeit, die vielen Teile, die es geteilt hat, bevor es sich als ungeteilt und unteilbar setzt.
Zugleich erschafft sich das auktoriale Individuum in genau abgestimmten Verweisen, Referenzen und Zitaten eine Stammlinie, eine vertikale Verbindung zu den Vorvätern, zurück an einen Ursprung, der weit vor allem Werden scheint, das hier und jetzt sich ausbreitet. Die Filiation, die Bezugnahme des Sohns auf den Vater in einer abgestuften Abfolge ist nichts als eine molare Parodie auf die ausgelöschte

Vielheit. Die Stammlinie soll den Mythos des auktorialen Individuums stärken, und sie ist paradoxerweise auch Beweis dafür, dass die Autorität nicht nur ein Anfang ist, sondern gleichsam immer schon da, ‚natürliche Autorität'. Diese ‚natürliche Autorität' als Stamm- und Ursprungslinie setzt sich neben und über den Anfang der individuellen Urheberschaft als *auctoritas*. Sie beansprucht Autorität implizit oder explizit als hierarchische Positionierung, molare Reterritorialisierung, vertikale Linearität.

Effekt von Filiation und ‚natürlicher Autorität' ist im akademischen Schreiben eine zunehmend grausige Domestizierung der Textproduktion, radikale Reduzierung der inhaltlichen wie formalen Möglichkeiten, zwanghafte Rasterung der Schreibweisen. In der immer engeren Schnürung der Karriere-Korsetts von Peer-reviewed Journals, Forschungsberichten und Verlagskonventionen erstickt auch noch das letzte Begehren nach einem anderen Text.

An seine Stelle getreten ist ein Begehren nach Namen und Gesichtern. Name und Gesicht sind zentrale Funktionen des autoritären Schreibens, die den Text selbst unterordnen. Dem Autor-Subjekt stehen scheinbar klar umrissene Begriffs-Objekte und mit ihnen verbundene Ausdrucksformen gegenüber, eine Tool-Box, aus der man sich nur zu bedienen hat. Das autoritäre Schreiben gründet auf dem instrumentellen Gebrauch dieser Werkzeugkiste, auf dem Fetisch des Namens, auf der Inwertsetzung des Gesichts.

In der Logik des autoritären Schreibens scheitert die sozialdemokratische Kandidatin nicht an irgendwelchen falschen politischen Allianzen, sondern daran, dass sie es nicht schafft, eine unterscheidbare, individuelle Autorschaft zu etablieren. Die sie rief, die Geister der Wahlkampfmaschine, wird sie nun nicht los. Wo der Autor nicht unterscheidbar ist, wird das Begehren umso grösser, ein ungeteiltes Autor-Subjekt zu produzieren, und sei es in der Rezeption. Die Frage nach dem Gesicht hinter den Masken, nach der Identität hinter den vielen Schichten ist eine Wiederholung der Frage nach dem Vater hinter dem Sohn. Wo die Produktion nicht den Namen offenlegt, arbeitet die Rezeption an der Konstruktion der Stammlinie.

Der zunächst verhinderte, deplatzierte, unsichtbare Autor Kalle Ypsilon, Souffleur, Schattenmann, Einflüsterer, menschlicher Teleprompter, tritt nur scheinbar im falschen Moment und an der falschen Stelle ins grelle Licht der Scheinwerfer. Kalle Ypsilon ist aus

der Perspektive des autoritären Schreibens der wahre Autor, derjenige, der – ohne es zu wollen – seine Autorschaft als Ghost Writer offenlegt, die Autorität des Mannes hinter der Frau. Und nur zu leicht fällt es dann auch anderen ungerufenen Geistern, den Kommentaren der Mainstreammedien und nach ihnen den vielen Postings in Social Media, über die Kandidatin herzufallen, sie als Politikerin hinzustellen, die nicht die einfachsten Polit-Stehsätze alleine zustande gebracht habe. Diese Lesart insinuiert: „Die Frau kann gar nicht reden, aber neben ihr steht ein Kerl, und der sagt ihr, wie's geht." Bauchrednerpuppe, Marionette, Dummy, all diese sexistischen Bilder sind in ihrer Geschlechter-Asymmetrie eine besonders gegenderte Variante des Prinzips der Stammlinie, die sich der molekularen Mannigfaltigkeit bemächtigt hat.
In der Logik des autoritären Schreibens kann es nur einen Autor geben, möglichst markant unterscheidbar, und der hat in diesem Fall den Namen Kalle Ypsilon. Auch wenn er nicht Herr im Haus seiner Geister ist, unsouveräner Tollpatsch, scheinbar Individuum zwar, aber ganz und gar nicht autonom, wird Kalles Auftritt im Zeichen des autoritären Schreibens gelesen. Dort, wo die ungeteilte Autor-Funktion nicht ist, wird sie medial und diskursiv hergestellt.

Der zweite Typus ist das *kommunitäre* Schreiben. Als spiegelbildliches Gegenüber des individuell-auktorialen Schreibens betont es die gemeinschaftliche Autorschaft. Gegen die liberale Ideologie des Individuums und dessen molare Verstümmelung der Kollektivität in der Stammlinie will es den General Intellect hervorheben, die gemeinsame Autorschaft, die kollektive Kooperation, in der nicht nur Wissens- und Textproduktion ihren Ausgang nehmen. Hier ist es die Gemeinschaft, die am Anfang steht, das kommunitär-kollektive Schreiben gegen das individuell-autoritäre.
Doch kom-munitäres Schreiben muss ein *munus*, eine Abgabe leisten, ein Opfer bringen, um das autoritäre Individuum gemeinschaftlich zu überwinden. Es geht etwas verloren in der Aufhebung des Autors in der Gemeinschaft. Dem individuellen Autor droht hier ein ganz spezifischer Tod, ein anderer Tod auch, als ihn Michel Foucault und Roland Barthes vor 40, 50 Jahren vorgesehen haben. Während die poststrukturalen Interpretationen der Spätmoderne Vielstimmigkeit, Vermehrung der Stimmen, Proliferation von Autorschaft affirmieren,

geht der Autor des kommunitären Schreibens in der Ganzheit, Einheit, Einheitlichkeit des Kollektivs unter. Das *munus* des kommunitären Schreibens versenkt das ungeteilt-unteilbare Individuum im All-Einen.
Zum kommunitären Schreiben gehören gesetzesartige Texte, politische Verlautbarungen, Solidaritätsaufrufe, aber auch komplexere Textformate, die das Ganze, das All-Eine nicht nur anrufen, sondern auch in der Form reproduzieren. Das Kind mit dem Bade ausschütten, bedeutet hier, mit der Preisgabe des Individuell-Einen zugunsten des All-Einen auch des Singulär-Einzigen verlustig zu gehen. Das kommunitäre Schreiben will die Individualität überwinden und läuft dabei Gefahr, die vielfältigen Singularitäten der Stile, den Eigensinn, die spezifischen Feinheiten theoretischer und poetischer Architekturen zu schwächen. Der kollektiv-kommunitäre Typus des Schreibens gibt Anlass zu Ungenauigkeiten, Verallgemeinerungen und Vereinheitlichungen. Die Gemeinschaft als Anfang wie als Ziel verschlingt nicht nur das autoritäre Individuum, sondern auch die Singularitäten.
Und am Ende ist das Kommunitäre vielleicht genauso autoritär wie das Individuelle, in der Setzung der Gemeinschaft als Anfang, in der Filiation der Gemeinschaft in Bezug auf die Konstruktion ihrer Vorgeschichte, in der Inwertsetzung des Namens, nunmehr eines Brands, eines kollektiven Namens.

Vor diesem Hintergrund der spiegelbildlichen Problematik des autoritär-individuellen und des kommunitären Schreibens stellt sich die Frage nach einem anderen Paradigma, das weder die molekulare Mannigfaltigkeit auslöscht noch die spezifischen Singularitäten. Wäre es nicht möglich und fürs erste auch logisch argumentierbar, dem Individuum weniger das Kommunitäre, das Kollektivistische, die Gemeinschaft gegenüberzustellen als vielmehr das Positiv jenes Negativs, welches sprachlich durch den Begriff In-Dividuum abgebildet wird?
Um auf der Suche nach dem *dividuellen* Schreiben zunächst seine dunkle Seite zu problematisieren, komme ich nun zum dritten Typus, den ich als Typus des *interaktiven* und *aktivierenden* Schreibens benennen möchte.
Vor dem Hintergrund der zeitgenössischen Entstehung eines maschinischen Kapitalismus muss ein Prozess der zunehmenden

Verpflichtung und Selbstverpflichtung zur Teilnahme der Teile benannt werden. Dieser Imperativ der Partizipation prägt immer mehr unsere Realität, die eine der Verstrickung und umfassenden Inwertsetzung ist, ohne klare Grenzen zwischen Rezeption und Produktion.

Betrachten wir dennoch zunächst die scheinbar rein rezeptive Seite der Textproduktion, die produktiven Potenziale der Leserin als Konsumentin im digitalen Zeitalter des Buchs. In elektronischen Lesemaschinen, E-Books und E-Readern erhalten die technischen Plattformen – und vermittelt auch die Verlage – ausgedehnte Auskünfte über Verhaltensweisen der Leser_innen in Bezug auf individuelle Lektüre und Leseweisen. Diese Daten sind für ein Kontinuum der Verwertung von der anonymen Datensammlung bis zur personalisierten Werbung von Bedeutung. Sie können aber auch auf die Produktion von Büchern, von Texten überhaupt rückwirken. Zum Beispiel ist es möglich, die gesammelten Daten über die besonders oft in den E-Books angezeichneten Stellen auszuwerten oder umgekehrt über Ausstiegspunkte aus der Lektüre.

Auf der Produktionsseite könnte das z. B. dazu führen, dass nicht einfach nur schlecht verkaufte Bücher nicht mehr aufgelegt werden, sondern die Autor_innen aufgefordert, die Bücher an den nun durch Datenakkumulation nachgewiesen problematischen Stellen zu kürzen oder gar umzuschreiben. Und *das* im Prinzip in einer unendlichen Feedback-Schleife und Kette von immer neuen Versionen, die das Buch als auf ewig unabgeschlossenes Werk von seiner negativsten Seite erscheinen lassen. Sisyphos lässt grüßen. Der Slogan vom offenen Kunstwerk wird zum Alptraum des nunmehr gezwungenermaßen interaktiven Autors, der eine neue Form von maschinischer Indienstnahme erfährt. Immerzu angeschlossen an die Maschine regiert das anonyme Datenvolk über das interaktive Schreiben.

Zugleich können die Konsument_innen über diese Verwertungsmechanismen hinaus aktiviert und in die Mitte des prozessualen Mitschreibens einbezogen werden. Experimentelle Schreibprozesse versuchen schon jetzt, das Potenzial der mitschreibenden Leser_innen im Netz auszuloten. Elektronische Abstimmungen über die Zukunft der Protagonist_innen von Büchern und Drehbüchern sind nur die Spitze eines Eisbergs, der potenziell auch das interaktive Zwischen des Produktionsstroms, die Mitte, der Verwertung zugänglich macht. Wie im Fall der Quantified-Self-Bewegung die einzelnen Körper ebenso gemessen werden wie die Datenakkumulation, so werden auch in den Kombinationen des durchgehend überwachten interaktiven Lesens mit dem die Crowd aktivierenden Schreiben sowohl die einzelnen Positionen als auch die gesammelten Daten in Wert gesetzt.

Das Ziel könnte man als Umkehrung des alten Stegreiftheaters imaginieren: Es sind nicht mehr die wenigen Akteur_innen auf der Bühne, die auf spontane Stichwörter aus dem Publikum aktiv werden, sondern die Funktion der Autor-Akteur_innen beschränkt sich darauf, die Vielen zu animieren, in ihrer Selbstführung zu führen und zu verwerten. Auf der Basis dieser Inwertsetzung des Schwarms fällt das Surplus der Sichtbarkeit am Ende wieder auf den individuellen Autor, der noch dazu das Lob abbekommt, den Schwarm, die Meute, die Vielen gebändigt zu haben.

[*Regieanweisung: Die Vielen umstellen den Sprecher. Incipit Excursus über die Verkettung von revolutionären Maschinen und Textmaschinen.*]

Im maschinischen Kapitalismus betrifft die Indienstnahme und Inwertsetzung der Vielen nicht nur das Schreiben, sondern alle Bereiche des Lebens. Genau vor diesem Hintergrund einer verallgemeinerten partizipativen Verpflichtung zum Aktiv-Werden stellt sich die Frage, ob und wie die Vielen im maschinischen Kapitalismus aufs Neue ungefügig werden. Die Textmaschinen sind für dieses Problem nicht einfach Mittel zum Zweck, Propaganda-Tools, Objekte revolutionärer Subjekte. Text und Revolution, kritische Diskursivität und soziale Kämpfe, die Text-Maschinen und die revolutionären Maschinen müssen nicht als einander äußerlich und ausschließend verstanden werden. Im Kampf gegen ihre Indienstnahme sind die Vielen Komponenten zugleich der Textmaschinen und der revolutionären Maschinen. Wenn die Beziehung zum Text das Gesetz des Gesetzes aussetzt, entstehen dabei neue soziale Maschinen. Wenn im Ungehorsam gegen den maschinischen Kapitalismus eine neue soziale Zusammensetzung entsteht, kommt es auch zu einer Neuzusammensetzung der Texte; die neue soziale Organisationsform der Verkettung geht mit einer neuen Verkettung von Begriffs- und Textkomponenten zusammen.

Diese Verkettungen erfahren allerdings Verschiebungen in ihren unterschiedlichen historischen und geopolitischen Kontexten. Die okzidentale mittelalterliche Verkettung von Textkritik und sozialer Maschine etwa erfolgte zweifellos in einem anderen Modus als das Gegenüber einer schwer greifbaren ökonomischen Macht wie jener des industriellen Kapitalismus im 19. Jahrhundert. Der öffentliche Intellektuelle des späten 19. und des 20. Jahrhunderts ist heute nichts mehr als eine Funktion der Medien, belächeltes Überbleibsel der Idee des autoritären Individuums, das sich heute fein säuberlich dem jeweiligen medialen Rahmen fügt, sobald es auf die öffentliche Bühne tritt. Immer neue *nouveaux philosophes* in immer neuen Posen der spektakelhaften Provokation und Selbstinszenierung.

Wenn wir heute dagegen die Stellung des General Intellect, einer massenhaften, mannigfaltigen und kämpferischen Intellektualität verhandeln, bedeutet das neue Herausforderungen. Der Intellekt, der sich nicht in das individuelle Autor-Individuum verschließt, der Intellekt, der die Flüsse des gesellschaftlichen Wissens nicht in einer generellen, universellen Einheit aufhebt, der Intellekt, der sich nicht einer solchen Unteilbarkeit und Einheit verdankt und von ihr abheben will, muss als ein transversaler Intellekt erfunden werden. Transversal ist dieser Intellekt, weil er in der Durchquerung der Singularitäten des Denkens, Sprechens, Schreibens, Wissen Fabrizierens entsteht: ein maschinisch-dividueller Strom des Denkens, der sich quer zur Dichotomie von Individuum und Gemeinschaft bewegt, der die Individuen und die Kollektive durchzieht, die Räume zwischen ihnen bevölkert, und neue Formen des Ungehorsams entstehen lässt, neue unfügsame Ungefüge.

In unserer Typologie des Schreibens kommen wir damit zum vierten und letzten Typus, zum *dividuellen* Schreiben. Sein Anfang liegt in der Mitte, und egal wie sehr es auch als einsamer Prozess erscheinen mag, die Schreiberin ist nie ganz allein.

Zunächst ist da der erwähnte Effekt des ‚auf den Schultern von Riesen Stehens', die Tatsache, dass wir Kon- und Disjunktionen von genealogischen Linien betreiben, wenn wir schreiben. Das muss nicht immer gleich Filiation bedeuten, den differenzlosen Bezug auf die Väter, die Auslöschung der molekularen Mannigfaltigkeit durch die molare Autorität der Stammlinie. Es kann einfach in aller Ruhe und Bescheidenheit meinen, dass wir unsere Anfänge in eine Mitte setzen, die nie eine leere Mitte war. Dies ist keine Leere, keine leere Mitte, kein neutrales Gefäß, sondern eine Mitte, in der zugleich herrschaftliche Hierarchisierungen ebenso stattfinden wie horizontale Ermächtigungen, eine Mitte, in der die verstreuten Singularitäten ihre Verkettung suchen.

Immer schon ist eine synchrone Mitautorschaft von Vielen im sozialen Kontext die Basis jeden Schreibens. Nicht nur der reale Austausch zwischen Schreibenden spielt hier eine Rolle, das gegenseitige Lesen, Kommentieren, Diskutieren, die kollegiale Kritik, sondern auch der nicht oder *noch* nicht vollzogene Austausch, die Wunschproduktion, das Begehren nach dem Werden der Vielheit, nach einem Verkehr mit spezifischen Singularitäten.

Vor dem Hintergrund der extremen Inwertsetzung von Wissensproduktion und der Aktivierung auch des Schreibens im maschinischen Kapitalismus besteht die Frage also heute nicht mehr einfach nur darin, wie der Mythos der geniehaften, individuellen *auctoritas* als Anfang dekonstruiert werden kann, sondern vor allem, wie sich der nunmehr transversale Intellekt, oder spezifischer: Schreiben als dividuelle Praxis, als emanzipatorische, nicht *so* regierte, nicht *so* in Wert gesetzte Kooperation entwickeln kann.

„Mein Zustand", schreibt Franz Kafka mitten in einer Schreibkrise in einem Tagebucheintrag Anfang 1910,

> ist nicht Unglück, aber er ist auch nicht Glück, nicht Gleichgültigkeit, nicht Schwäche, nicht Ermüdung, nicht anderes Interesse, also was ist er denn? Daß ich das nicht weiß, hängt wohl mit meiner Unfähigkeit zu schreiben zusammen. Und diese glaube ich zu verstehn, ohne ihren Grund zu kennen. Alle Dinge nämlich, die mir einfallen, fallen mir nicht von der Wurzel aus ein, sondern erst irgendwo gegen ihre Mitte. Versuche sie dann jemand zu halten, versuche jemand ein Gras und sich an ihm zu halten, das erst in der Mitte des Stengels zu wachsen anfängt. Das können wohl einzelne, zum Beispiel japanische Gaukler, die auf einer Leiter klettern, die nicht auf dem Boden aufliegt, sondern auf den emporgehaltenen Sohlen eines halb Liegenden, und die nicht an der Wand lehnt, sondern nur in die Luft hinaufgeht. Ich kann es nicht, abgesehen davon, dass meiner Leiter nicht einmal jene Sohlen zur Verfügung stehn.[1]

Solange in der Schreibkrise die dividuelle Maschine Kafka sich als individuell isoliert imaginiert, wird sie unfähig bleiben zu schreiben.

1 Franz Kafka: Tagebücher. In: Ders.: *Schriften, Tagebücher, Briefe. Kritische Ausgabe.* Frankfurt am Main: Fischer 1990, S. 14.

Erst die Erschaffung einer Mitte, in der Leiter und Sohlen, die Körper der Gaukler, die vielen Komponenten der Maschine auseinander- und zusammenstimmen, lässt das Gras von der Mitte des Stängels her wachsen. Eine dividuelle Maschine also, geteilt und teilbar. Dort, in der reißenden Mitte des Dividuellen, braucht es keinen Grund, keine Wurzel, keine Wände, die Leitern halten, dort verketten sich die Körpermaschinen, die sozialen Maschinen, die revolutionären Maschinen, die abstrakten Maschinen mit den Textmaschinen.

[*Regieanweisung: Anschwellender Chor der Textmaschinen und revolutionären Maschinen spricht die letzten beiden Absätze.*]

Warum ich meinen Namen beibehalten habe? Nicht nur aus Gewohnheit, bloßer Gewohnheit, nicht nur um mich bis zur Unkenntlichkeit kenntlich zu machen, nicht nur um es belanglos zu machen, ob ich Ich sage oder nicht. Bei aller Problematik der molaren Aspekte einer Keynote und ihrer repräsentativen Logik: Das Ich, das hier spricht, will eine Linie sein, die die Mannigfaltigkeit teilt, von der sie herkommt, und die sie zugleich affirmiert. Keine Auslöschung, sondern Wiederholung der Mannigfaltigkeit. Pseudonyme, multiple Namen, Anonymisierungen, Verästelungen des Ichs, Condividuen, alles kann vorkommen, solange das Ich nicht den Fetisch des Namens bedient.

„Maschinisch spricht er die Worte der Kandidatin mit". Maschinisches Mit-sprechen, Mit-teilen, Mitsein, Mithängen. Kalle Ypsilon ist kein Autor-Individuum, sondern Komponente einer dividuellen Maschine. Und die sozialdemokratische Kandidatin ist ebenso wenig Marionette am Faden Kalles wie Kalle nicht zwangsläufig professioneller Ghost-Writer ist oder patriarchaler Geist, der über den Körper der Kandidatin wacht. Ein Marionettentheater, das seinen Strippenzieher verloren hat, Maschine ohne Maschinisten. Kalle und die Kandidatin teilen nicht nur den familiären Alltag und einen materiellen Haushalt, beides durchzogen von den ausufernden Notwendigkeiten eines professionell-politischen Berufslebens. Sie haben auch Teil an einem Haus mit vielen ‚Geistern'. Geteilte, teilbare, teilende Condividualität, die das Materielle wie das Immaterielle durchzieht und die Teile, die Geister affirmiert und verkettet, anstatt sie zu vereinzeln und zu vereinen. Niemand beherrscht die Vielheit der Geister, kein Heiliger Geist kontrolliert die vielen Stimmen, kein Vater regiert die Söhne.

[*Regieanweisung und Nachwort: Mit Isabell Lorey gemeinsam hab ich den Auftritt der Kandidatin im Fernsehen gesehen, habe Kalles Mitsprache bestaunt, gelacht und mich gleichzeitig geärgert, es nicht fassen können, hab die medialen Kommentare diskutiert – und zwischendurch, 5 Jahre danach, hab ich ihr gegenüber meine ersten Schritte der Uminterpretation des medial Erfahrenen verbalisiert, mit ihr die problematischen Aspekte der ganzen Geschichte diskutiert, und es nutzt rein gar nichts, dass ich ihr diesen Text nicht vorher zu lesen gab, sie ist Teil dieser dividuellen Maschine, genauso wie einige andere. Es sind ganze Chöre von Zwergen, riesige Horden aller möglichen Geschlechter involviert, die sich gegenseitig plagiieren, abschreiben, umschreiben, weiterschreiben und sich und die Maschine zu bedienen beginnen in der reißenden Mitte des Dividuellen.*][2]

2 Dieser Text ist zuerst erschienen in Gerald Raunig: *DIVIDUUM. Maschinischer Kapitalismus und molekulare Revolution*, Bd. 1. Wien: Transversal Texts 2015, S. 11–26.

Rousseau und der Anfang des Theaters

Jörn Etzold

Dramaturgien des Anfangens (Aristoteles: *Poetik*)

Die Frage nach den ‚Dramaturgien des Anfangens' ist nicht die Frage nach dem Anfang schlechthin. Sie suggeriert bereits, dass Anfänge etwas mit dem Theater zu tun haben könnten. Der Anfang, nach dem gefragt wird, wurde in Szene gesetzt, gebaut oder konstruiert: Er ist das Resultat einer Dramaturgie. Aber ist er dann noch ein Anfang? Geht ihm dann nicht selbst etwas voraus, nämlich das dramaturgische Kalkül? Dann stellte sich die Frage, womit wiederum dieses Kalkül anfängt. Oder kann man erst dann von einem Anfang sprechen, sobald es ein dramaturgisches Kalkül gibt?

Eine der berühmtesten Definitionen des Anfangs steht ganz unmittelbar im Zusammenhang mit dem Theater; sogar – und hier wird es bereits paradox – mit dem Anfang des Theaters, zumindest des europäischen; und sie erklärt den Anfang unumwunden zu einem wesentlichen Element des dramaturgischen Kalküls, das auf Wirkungen aus ist. Sie stammt aus der *Poetik* des Aristoteles und ist nur auf den ersten Blick einfach und unstrittig. Aristoteles definiert in ihr denjenigen ‚Teil' der Tragödie, den er den *mythos* nennt. Bekanntlich ist die Tragödie für Aristoteles eine Zusammenfügung aus sechs Teilen, zu denen neben dem *mythos* – den man heute ‚Fabel' oder Plot nennen würde – noch „Charaktere [*ethe*], Sprache [*lexis*], Erkenntnisfähigkeit [*dianoia*], Inszenierung [*opsis*] und Melodik [*melotoiia*]"[1] gehören. Die Teile sind in dieser Aufzählung – bis auf die letzten beiden, die vertauscht wurden – hierarchisch geordnet: Der *mythos* ist „das Ziel [*telos*]

1 Aristoteles: *Poetik. Griechisch / Deutsch*, aus d. Griech. v. Manfred Fuhrmann. Stuttgart: Reclam 1994, S. 21 (1450a).

der Tragödie; das Ziel aber ist das Wichtigste von allem"[2]. Die Inszenierung jedoch ist „das Kunstlose und hat am wenigsten etwas mit der Dichtung zu tun. Denn die Wirkung der Tragödie kommt auch ohne Aufführung und Schauspieler zustande."[3]

Denn diese ‚Wirkung', die im Zentrum der aristotelischen Tragödientheorie steht, hängt am *mythos*. Er ist das „Fundament und gewissermaßen die Seele [*ethos*] der Tragödie"[4]. Aristoteles bestimmt ihn als die „Zusammensetzung der Geschehnisse [*systhesin ton pragmaton*]"[5]. Im Mythos werden die Geschehnisse auf eine bestimme Weise aneinander gefügt, so dass die ‚Wirkung' möglich wird. Jene aber ist nichts anderes als die ‚Reinigung' (*katharsis*). Nach Aristoteles' ebenso kanonischer wie rätselhafter Bestimmung ist die Tragödie die „Nachahmung von Handelnden und nicht durch Bericht, die Jammer und Schaudern hervorruft und eine Reinigung [*katharsis*] von derartigen Erregungszuständen [*pathemata*] bewirkt"[6]. Ein gut zusammengefügter Mythos kann das Jammern und das Schaudern auslösen und somit von ihnen und ähnlichen Zuständen reinigen (oder auch *durch* jene Zustände; der Satz ist nicht eindeutig). Die Tragödie aber – so beginnt die eben zitierte Definition – „ist Nachahmung einer guten und in sich geschlossenen Handlung von bestimmter Größe"[7]. Der *mythos* muss beiden Anforderungen genügen: Die Handlung, die in ihm dargestellt wird, muss in sich geschlossen sein; und sie muss eine gewisse Größe haben. Er muss, in einem Wort, ein ‚Ganzes' von einer bestimmten Größe sein. Nun die Definition des ‚Ganzen':

> Ein Ganzes ist, was Anfang, Mitte und Ende hat. Ein Anfang ist, was selbst nicht mit Notwendigkeit auf etwas anderes folgt, nach dem jedoch natürlicherweise etwas anderes eintritt oder entsteht. Ein Ende ist umgekehrt, was selbst natürlicherweise auf etwas anderes folgt, und zwar notwendigerweise oder in der Regel, während nach ihm nichts anderes mehr eintritt. Eine Mitte ist, was sowohl selbst auf etwas anderes folgt als auch etwas anderes nach sich zieht. Demnach müssen Handlungen, wenn sie gut zusammengefügt sein sollen, nicht an beliebiger Stelle einsetzen noch an beliebiger Stelle enden, sondern sie müssen sich an die genannten Grundsätze halten.[8]

2 Aristoteles: *Poetik*, S. 21 (1450a).
3 Ebd., S. 25 (1450b).
4 Ebd., S. 23 (1450a).
5 Ebd., S. 19 (1450a).
6 Ebd.
7 Ebd.
8 Ebd., S. 25 (1450b).

Im Anfang ist also das Gesetz der Kausalität außer Kraft gesetzt. Sicher geht dem Anfang bereits etwas voraus, aber eben nichts, was ihn *notwendig* aus sich hervorgehen ließe. Erst der Anfang setzt vielmehr selbst eine Kette von Handlungen in Gang, die bis zum Ende hin fortgehen; und aus diesem Ende wiederum folgt nichts mehr.
Ein solcher Anfang aber ist für Aristoteles etwas, was der Tragödiendichter erst produzieren muss; den Anfang zu finden, gehört zu seinen wesentlichen dramaturgischen Fähigkeiten. Denn die Mythen, aus denen die griechische Tragödie ihre Stoffe nimmt, kennen keinen klaren Anfang. Die Anfänge, von denen sie erzählen, sind unklar und vieldeutig; vor den Göttern noch, die das menschliche Schicksal bestimmen, lebten die Titanen, von denen nur Spuren geblieben sind; Menschen wuchsen wie die Vorfahren des Ödipus aus der Erde oder wurden auf monströse Weise von Göttern und Tieren gezeugt. Die Epen, von denen die meisten verloren gegangen sind, erzählen die Mythen auf verschiedene Weisen, kennen viele Anfänge in vielen Variationen; und die Tragödiendichter nehmen sich einige Freiheiten in der Darstellung der jeweiligen Konstellationen, die sie den Mythen entnehmen. Damit es aber so etwas wie *einen* Anfang geben kann, muss aus diesen vielen und nicht einsinnigen *Mythen* der *mythos* der Tragödie geformt werden.
Um dies zu bewerkstelligen, verwendet der Tragödiendichter die noch relativ junge Kulturtechnik der phonetischen *Schrift*: Er schreibt eine bestimmte Darstellung des Mythos auf, die einen Anfang und ein Ende hat. Alle Formen der griechischen Dichtung – Epik, Chorlyrik, Tragödie – sind für den öffentlichen Vortrag bestimmt; ‚Poesie' ist für die Griechen grundsätzlich eine ‚performing art' in einer oralen Kultur.[9] Die Tragödie aber ist jene Form der Dichtung, die den ausführlichsten Gebrauch von der Schrift macht: Die idiosynkratischen Rhythmen der Sprache der Protagonisten entsprechen nicht mehr den für die mündliche Überlieferung geeigneten Metren der Epen; und das Schüren und Auflösen des Knotens, die Dramaturgie aus Auftritten und Abgängen, aus Geschehen auf und hinter der Bühne, lassen sich nur schriftlich festlegen.[10] Die Tragödie wurde

9 Vgl. John Herington: *Poetry into Drama. Early Tragedy and the Greek Poetic Tradition.* Berkeley u.a.: University of California Press 1985.

10 Vgl. Jennifer Wise: *Dionysos Writes. The Invention of Theatre in Ancient Greece.* Ithaka / London: Cornell UP 1998.

vielfach als eine Befreiung aus der Unentrinnbarkeit der mythischen Welt gesehen. Doch ist diese Befreiung in gewisser Weise dialektisch: Denn erst in der Tragödie wird der Mythos zu einer wirklich unentrinnbaren Macht, da das Geschehen, das auf der Bühne gezeigt wird, von Anfang bis zum Ende aufgeschrieben wurde: „Die spezifische Weise [...], in der eine dramatische Person ein Schicksal hat, besteht darin, daß sie in einen Text verstrickt, daß ihr Schicksal von einem Text hervorgebracht und bestimmt ist“[11], so Christoph Menke. Der Schauspieler aber widersetze sich dieser Unausweichlichkeit durch sein Spiel.

Die schriftliche Fixierung der Tragödie setzt inmitten der vielen mündlich überlieferten mythischen Stoffe einen Anfang und ein Ende, zwischen denen sich die Handlung entwickelt. Die Tragödie *fängt an*: Ödipus tritt aus dem Palast vor das pestkranke Volk; Antigone wendet sich an ihre Schwester. Doch bereits in diesen beiden Szenen wird offensichtlich, dass die Definition des Aristoteles in mehrfacher Hinsicht fragwürdig ist. Die Handlung der Tragödien könnte sich gar nicht entfalten, wenn nicht vor dem Anfang schon einiges geschehen wäre: Eteokles und Polyneikes sind bereits tot, und Kreon hat sein Bestattungsverbot bereits ausgesprochen; Ödipus hat seinen Vater bereits getötet. Und auch dies ist nicht der Anfang: Das Orakel hatte den Mord vorausgesagt, denn auf Ödipus Familie, die aus der Erde gewachsen ist, liegt schon seit jeher ein Fluch. Aristoteles' zentrale These, dass der *mythos* am entscheidenden Punkt zur Wiedererkennung (*anagnorisis*) führe, die idealerweise mit der Umkehr (*peripeteia*) zusammenfalle, verweist selbst darauf, dass dem Anfang etwas vorausgehen muss, was plötzlich wiedererkannt wird: ein verdrängtes Wissen, das plötzlich offenbar wird. Auch fangen die Tragödien im klassischen Zeitalter (anders als zu Aristoteles' Zeit) nicht mit dem Anfang des Stücks an; ihnen gehen die festlich-politischen Dithyramben voraus, dargeboten von 50-köpfigen Stadtteilchören, sowie die Einholung des Bildnisses des Dionysos in die Stadt und zahlreiche Vorbereitungen, die die politische Funktion der Tragödie für die *polis* betonen. Der Anfang der Tragödie ist aus vielem hervorgegangen.

11 Christoph Menke: *Die Gegenwart der Tragödie. Versuch über Urteil und Spiel.* Frankfurt am Main: Suhrkamp 2005, S. 52–53.

Und doch muss, so Aristoteles, der Anfang gesetzt werden als etwas, „was selbst nicht mit Notwendigkeit auf etwas anderes folgt". Antigones Entscheidung muss nicht notwendig lauten, Kreons Verbot zu brechen; Ödipus muss – dies wäre Hölderlins Lesart – nicht notwendig aus dem Orakelspruch auf einen Täter schließen, von dem die Stadt zu ‚reinigen' wäre. Der Anfang aber ist vor allem deswegen nötig, weil nur so der *mythos* ein Ganzes werden kann; und an diesem Ganzen von bestimmter Größe hängt die *katharsis* und somit die, um es in modernen Begriffen zu sagen, politische und soziale Funktion des Theaters. Der *mythos* muss ein Ganzes sein, „man muß das Werk von Anfang bis Ende überblicken können"[12]; andernfalls sind *anagnorisis* und *peripeteia* und die gesamte tragische Wirkung nicht möglich. Bekanntlich schreibt Aristoteles seine *Poetik* auch als Antwort auf die Ablehnung der Tragödie durch seinen Lehrer Plato, der eine mimetische Ansteckung durch das Theater fürchtet, welche die Ordnung der *polis* durcheinanderbringen kann. „Um diesem Verdikt entgegenzuwirken", so Samuel Weber, „versucht Aristoteles in seiner *Poetik* die Mimesis zu verteidigen, indem er ihre pädagogische Funktion als unverzichtbare Lernerfahrung betont, welche eher kultiviert als verdammt werden sollte."[13] Er will zeigen, dass die Tragödie doch zu etwas gut ist – zu einer Reinigung von übermäßigen Affekten. Dies aber kann sie nur leisten, wenn sie anfängt und auch wieder aufhört und somit eine in sich geschlossene Geschichte vorführt. Indem der Umschlag „vom Glück ins Unglück [...] wegen eines großen Fehlers"[14] durch den Mythos eine *mimesis* erfährt, kann von den Gefühlszuständen, die diese Darstellung auslöst, gereinigt werden. Wäre der Mythos unübersichtlich, aus vielen kleineren Todesfällen, unklaren Fehlern, Zufällen und bloßen Effekten konstruiert, so bliebe diese Reinigung, so lässt sich folgern, aus. Für den Aristoteles der *Poetik* ist der Anfang somit etwas, was nur als Effekt einer Dramaturgie existieren kann; mehr noch: Er ist etwas, was dadurch entsteht, dass die Mythen auf eine bestimmte Weise aufgeschrieben werden. Der Anfang ist ein Theatereffekt und ein Effekt der Schrift. Nur so aber ermöglicht er

12 Aristoteles: *Poetik*, S. 81 (1459b).

13 Samuel Weber: „Die virtuelle Realität des Theaters": Antonin Artaud. In: Joachim Gerstmeier / Nikolaus Müller-Schöll (Hrsg.): *Politik der Vorstellung. Theater und Theorie*. Berlin: Theater der Zeit 2006, S. 46–65, hier S. 50.

14 Aristoteles: *Poetik*, S. 41 (1453a).

eine politische und soziale Nützlichkeit des Theaters, die Plato jenem abgesprochen hatte.

Aristoteles definiert den Anfang somit zweifach: Als Unterbrechung der Kausalität, als eröffnende Setzung, die der Tragödienschreiber leistet; aber auch als Element eines Kalküls, das ein *Ganzes* hervorbringen soll, von dessen Existenz der Effekt der *katharsis* abhängt, der tragischen Wirkung, durch deren Postulierung Aristoteles zeigen will, dass das Theater doch nützlich für jene *polis* sein kann, die sein Lehrer sich nur frei von Theater denken konnte: Wo ein Anfang ist, da muss somit auch ein Ende sein. „Durch ihre narrative Anordnung in einer Fabel werden Ereignisse und Handlungen zusammengebracht, um ein bedeutsames und verständliches Ganzes zu formen.“[15] Die Tragödie muss irgendwann vorbei sein – sonst ist die *katharsis* unmöglich.

Diese beiden Aspekte des Aristotelischen Denkens des Anfangs werden viele Jahrhunderte später, wie in einem Zwiegespräch jenseits der Zeit, wieder aufgenommen: von Jean-Jacques Rousseau. Rousseau ist ein Denker des Anfangs: Er versteht den Anfang wie Aristoteles als etwas, „was selbst nicht mit Notwendigkeit auf etwas anderes folgt.“ Die Menschwerdung des Menschen ist für Rousseau ein solcher Anfang; und dass jener nicht mit Notwendigkeit auf etwas anderes folgt, ist letztlich der Nukleus der revolutionären Energie Rousseaus und seiner Schriften: Ein Anfang, der nicht notwendig ist, hätte anders vor sich gehen und andere Folgen haben können. Zugleich aber führt Rousseau mit Aristoteles über die Köpfe von Jean Racine, Pierre Corneille und des Abbé d'Aubignac hinweg einen erbitterten Disput über die tragische Wirkung des Theaters, an die er nicht glauben möchte: „Ich weiß, dass die Poetik des Theaters behauptet […], die Leidenschaften zu reinigen, indem sie sie hervorruft; aber ich habe Mühe, diese Regel zu verstehen. Muss man also, um gemäßigt und weise zu werden, damit anfangen, wütend und verrückt zu sein?“[16] Auch hier geht es um einen Anfang – um

15 Weber: „Die virtuelle Realität des Theaters“, S. 53.

16 „Je sais que la Pöetique du Théatre prétend […] purger les passions en les excitant: mais j'ai peine à bien concevoir cette régle. Seroit-ce pour devenir tempérant et sage, il faut commencer par être furieux et fou ?“ (Jean-Jacques Rousseau: J. J. ROUSSEAU, CITOYEN DE GENÈVE, À M. D'ALEMBERT, *De l'Académie françaíse, de l'Académie Royale des Sciences de Paris, de celle de Prusse, de la Société Royale de Londres, de l'Académie Royale des Belles-Lettres de Suède, et de l'Institut de Bologne* : Sur son Article GENÈVE *Dans le*

den Anfang der Reinigung, der, so Rousseaus polemische Darstellung, den Theoretikern der Tragödie zufolge im Wahnsinn bestehen müsse. Rousseau aber glaubt nicht an die Reinigung, weil er nicht an die Abgeschlossenheit des Mythos glaubt: Der Wahnsinn, der einmal begonnen hat, endet nicht; die Geschichte wird nicht zu einem abgeschlossenen Ganzen und kann somit auch keine Reinigung hervorrufen: „Weiß man denn nicht, dass alle Leidenschaften Geschwister sind, dass eine einzige reicht, um tausende hervorzurufen, und dass dadurch, dass man die eine durch die andere bekämpfen lässt, nur das Herz für alle empfänglicher wird?“[17] Wenn es aber kein Ende gibt, dann gibt es auch kein Ganzes und somit keine *katharsis*. Wie aber sind Rousseaus Denken des Anfangs und seine Zweifel an der *katharsis* miteinander verbunden – und welches andere Theater wird durch dieses Denken eröffnet?

Der Anfang des Menschen (Rousseau: *Second Discours*)

Vielleicht mehr als jede andere Gestalt an der Schwelle zur Moderne ist Rousseau eine Figur des Anfangs. Vieles fängt mit ihm an: Die Entdeckung der Kindheit (also des Anfangs des Lebens), die Pädagogik; die Geschichte der modernen Revolutionen und der Demokratie; die Anthropologie als Frage, was der Mensch sei. Rousseau steht am Anfang einer Zeit, die wohl in vielem noch die unsere ist. Doch der Name ‚Rousseau‘ steht nicht nur für den Anfang der Moderne (bzw. der Moderne als Antimoderne, als fundamental in sich gespaltener und krisenhafter Epoche); er ist selbst auch ein Denker des Anfangs. Dass Rousseau eine Figur des Anfangs ist, liegt eben auch daran, dass er nach dem Anfang *fragt*. Mit der Frage nach dem Anfang fängt auch immer etwas anderes an, weil die Frage danach, wie etwas angefangen hat, den, der fragt, immer von dem, was bloß gegeben ist, distanziert. Auch die Tragödie distanziert sich, schon indem sie einen Anfang setzt, von der mythischen Welt, in der Götter und Menschen in einer

*VIIe Volume de l'*ENCYCLOPÉDIE, ET PARTICULIÈREMENT, *sur le projet d'établir un* THÉÂTRE DE COMÉDIE *en cette Ville.* In: Ders.: *Œuvres complètes*, Bd. V. Paris: Gallimard 1995, S. 11–124, hier S. 19.)

17 „Ne sait-on pas que toutes les passions sont sœurs, qu'une seule suffit pour en exciter mille, et que les combattre l'une par l'autre n'est qu'un moyen de rendre le cœur plus sensible à toutes ?“ (Ebd., S. 20.)

Zeit miteinander verwoben sind, die Claude Lévi-Strauss als synchronisch und diachronisch zugleich bezeichnet.[18]

Im Zentrum von Rousseaus Denken aber steht die Frage: Wann und wie und mit welchen Mitteln fing der Mensch an, Mensch zu sein? Und wie wir sehen werden, hat dieser Anfang mit dem Theater zu tun. Der Mensch wird zum Menschen, indem er täuscht, indem er schauspielert, also: indem er eine erste Form von Theater macht. Der Anfang des Menschen ist der Anfang des Theaters. Der Schauspieler aber ist für Rousseau verwerflich; und auch das Theater des Schauspielers, wie es Rousseau als Kunstform begegnete, scheint ihm verwerflich. Die oben zitierte Verwerfung der *katharsis* stammt natürlich aus dem berühmten 200-seitigen Brief an Jean le Rond d'Alembert, in dem Rousseau heftig gegen dessen in der *Encyclopédie* vorgebrachten Vorschlag angeht, ein Theater in seiner Heimatstadt Genf zu errichten. Ein solches Theater der (Berufs-)Schauspieler, so Rousseau letztlich, gefährdet die Republik der Gleichen.[19]

Wie Lévi-Strauss in der *Strukturalen Anthropologie* behauptet, ist Rousseau der Erfinder der Anthropologie.[20] Das heißt: Er stellt als erster die Frage: Was ist der Mensch? Und damit auch: Wann und vor allem wie fing der Mensch an? Im *Discours sur l'origine et les fondements de l'inégalité*, auch *Second Discours* genannt, und dann, systematisiert, im *Contrat social* wundert Rousseau sich, dass der Mensch überhaupt zu einem Gesellschaftswesen geworden ist. Im *Second Discours* imaginiert er bekanntlich einen ‚Naturzustand' der Freiheit, Gleichheit und Autonomie, in dem der Mensch allein durch die Wälder streift und seine Sozialkontakte auf gelegentliche *one night stands* beschränkt.[21]

18 Vgl. Claude Lévi-Strauss: Die Struktur der Mythen. In: Ders.: *Strukturale Anthropologie I.* Frankfurt am Main: Suhrkamp 1991, S. 226–254.

19 Siehe dazu und zum komplizierten Verhältnis des Briefes zu Platos *Politeia* Jörn Etzold: Armes Theater. In: Maud Meyzaud (Hrsg.): *Arme Gemeinschaft. Die Moderne Rousseaus.* Berlin: b_books 2015, S. 50–74. Jener Aufsatz und der hier vorliegende sind komplementäre und nahezu gleichzeitig verfasste Texte, die von zwei verschiedenen Blickwinkeln aus – von jenem der Armut und von jenem des Anfangs – Rousseaus Denken des Theaters untersuchen.

20 Vgl. Claude Lévi-Strauss: Jean-Jacques Rousseau, der Erfinder der Wissenschaften vom Menschen. In: Ders.: *Strukturale Anthropologie II.* Frankfurt am Main: Suhrkamp 1992, S. 45–56.

21 Diese Vorstellung ist eine Obsession Rousseaus: „les mâles, et les femelles s'unissoient fortuitement selon la rencontre, l'occasion, et le desir, sans que la parole fût un interprête fort nécessaire des choses qu'ils avoient à se dire : Ils se quittoient

Denn für Rousseau werden die Geselligkeit und die Gesellschaften des Menschen zum Problem. Sie sind nicht einfach gegeben, sondern wurden selbst vom Menschen geschaffen. Anders gesagt: Sie sind, wie alles, was den Menschen umgibt, keineswegs natürlich. Wenn Rousseau in seinen „hypothetischen und konditionellen Überlegungen"[22] einen Menschen im Naturzustand imaginiert, dann sind dessen Beschreibungen, die in den Fußnoten mit Berichten über die ‚Hottentotten' und die ‚Kariben' belegt werden, sicher nicht frei von Nostalgie und Exotismus: Doch angetrieben wird die *investigation* – wie Jean Starobinski betont, ist dies ein Neologismus Rousseaus[23] – durch die Erkenntnis, dass der Mensch, wie wir ihn heute vorfinden, von Institutionen bestimmt wird, die er selbst erschaffen hat. Starobinski fasst dies wie folgt zusammen:

> Alles, was sich von der idealen Armut des ursprünglichen Zustands unterscheidet, muss als menschliche Erfindung gelten, als Sache der Kultur, als Modifikation des Menschen durch ihn selbst. So können wir wissen, wo der Mensch der Natur aufhört und der *Mensch des Menschen* beginnt. So präsentiert Rousseau, durch einen Verantwortungstransfer, dessen Bedeutung man vielleicht nicht genug betont hat, all dasjenige, was die Tradition als ursprüngliche Gabe der Natur oder Gottes definiert hatte, als ein menschliches *Werk*.[24]

Und Starobinski zählt diese Werke auf: die Sprache, die Ehe, die Gesellschaft, das Eigentum, Recht und Moral. All dies entfernt den Menschen vom Zustand der Armut und bringt ihn in selbst erschaffene Beziehungen, an denen nichts gottgegeben oder natürlich ist. Zu ihnen gehört auch all das, was man heute als *gender* bezeichnen würde,

avec la même facilité [...]" (Rousseau: Discours sur l'origine et les fondements de l'inégalité parmi les hommes par Jean Jacques Rousseau, citoyen de Genève. In: Ders.: *Œuvres complètes*, Bd. III. Paris: Gallimard 2003, S. 109–223, hier S. 147); „il [le Sauvage] écoute uniquement le temperament qu'il a reçu de la Nature, et non le goût qu'il n'a pu acquerir, et toute femme est bonne pour lui" (ebd., S. 158); „chacun attend paisiblement l'impulsion de la Nature, s'y livre sans choix avec plus de plaisir que de fureur, et le besoin satisfait, tout le désir est éteint" (ebd.).

22 Ebd., S. 133.

23 Jean Starobinski: Introduction: Discours sur l'origine et le fondemens de l'inégalié. In: Rousseau: *Œuvres complètes*, Bd. III, S. XLIII–LXXI, hier S. LI.

24 „Tout ce qui diffère de la pauvreté idéale de l'état primitif doit être tenu pour invention humaine, fait de culture, modification de l'homme par lui-même. Ainsi pouvons-nous savoir où cesse l'homme de la nature, et où commence *l'homme de l'homme*. Ainsi, par un transfert de responsabilité dont on n'a peut-être pas assez souligné l'importance, Rousseau présente comme un *œuvre* humaine ce que la tradition définissait comme un don originel de la nature ou de Dieu." (Ebd., S. LVII.)

als soziale Codierung der Geschlechter: Denn im Naturzustand, betont Rousseau, leben beide Geschlechter auf gleiche Weise, ihre Unterschiede sind einzig geschichtlich und gesellschaftlich bedingt.[25] Noch der Körper des Menschen ist den von ihm verursachten Veränderungen unterworfen – ebenso wie die Natur des Menschen selbst. Im *Contrat social* heißt es: „Wer ein Volk zu errichten wagt, muss sich imstande fühlen, sozusagen die menschliche Natur zu ändern."[26]
Was aber löst diesen Wandel in der menschlichen Natur aus? Was bewirkt, dass der Mensch sich in die Gesellschaft begibt und beginnt, alles, was ihn umgibt und definiert, selbst zu schaffen? Warum ändert er seine eigene Natur und fängt an, ein Mensch zu sein? Es ist offensichtlich, dass alle Antworten, die Rousseau auf diese Frage gibt, nur paradox sein können: Denn wenn der Mensch von Natur aus in der Lage ist, seine Natur zu ändern, dann ist jede Unterscheidung zwischen seiner Natur und seiner Kultur bereits hinfällig. Philippe Lacoue-Labarthe bringt dies auf den Punkt: „Die Natur des Menschen besteht darin, keine Natur zu haben. Oder, wenn man will: Der Mensch ist kein Naturwesen, sondern ein Wesen, dem ursprünglich die Natur fehlt."[27] Man könnte hinzufügen: Weit davon entfernt, ein gegebenes und unveränderliches Faktum zu bezeichnen, ist ‚Natur' bei Rousseau vor allem ein strategisch verwendetes Konzept, um gegen die Naturalisierung dessen vorzugehen, was eigentlich sozial ist. Denn wenn Rousseau argumentiert, dass der Mensch von Natur frei geboren sei, dann um die Annahme zu widerlegen, dass Sklaverei je ‚natürlich' sein könnte. Letztlich werden nur zwei Begriffe von Rousseau mit der Natur des Menschen verbunden: Alle Menschen werden *frei* und *gleich* geboren.

25 „Chaque famille devint une petite Société d'autant mieux unie que l'attachement réciproque et la liberté en étoient les seuls liens; et ce fut alors que s'établit la première différence dans la manière de vivre des deux Sèxes, qui jusqu'ici n'en avoient eu qu'une." (Rousseau: Discours sur l'origine de l'inégalité, S. 168.) Diese revolutionäre Behauptung erscheint mir durchaus gewichtiger als die wieder und wieder vorgebrachte Beobachtung, dass Rousseau in vielem den *gender*-Codierungen seiner Zeit recht gibt.

26 „Celui qui ose entreprendre d'instituer un peuple doit se sentir en état de changer, pour ainsi dire, la nature humaine" (Rousseau: Du Contrat social; ou, principes du droit politique. In: Ders.: *Œuvres complètes*, Bd. III, S. 347–470, hier S. 381).

27 Philippe Lacoue-Labarthe: *Poetik der Geschichte*. Berlin: Diaphanes 2004, S. 36.

Rousseau setzt jedoch einen Akt, mit dem der Mensch aus seiner Natur heraustritt und überhaupt erst zum Menschen wird. Dadurch tritt er in Beziehungen ein, in denen Freiheit und Gleichheit künstlich, mit Mitteln der *techné*, wiederhergestellt werden müssen. Dieser Akt aber ist unauflöslich aporetisch; er markiert den Hiatus, der den Menschen von jedem möglichen ‚Ursprung' trennt und aus dem ‚Ursprung' einen ‚Ur-Sprung' macht.[28] Er ist, wie bei Aristoteles, das Resultat einer schriftlich niedergelegten Dramaturgie. Rousseau beschreibt im *Second Discours* mehrere Urszenen des Austritts – Szenen, in der die Spaltung des Menschen von sich ebenso bereits vorausgesetzt wird, wie sich erst vollzieht. Es sind Theaterszenen. Wenn Rousseau somit aber einen Moment setzt, an dem der Mensch aus dem Naturzustand heraustritt – an dem er *anfängt* –, dann wird dadurch eine Frage eröffnet, die wohl mit Recht als die geschichtsphilosophisch folgenreichste Frage der Moderne bezeichnet werden kann. Sie lautet: Wird durch diesen Austritt ein aristotelischer *mythos* begonnen, eine Geschichte mit Anfang, Mitte und Ende eröffnet, die mit einem Blick überschaut werden kann – und wird am Ende dieser Geschichte eine ‚Reinigung' möglich sein? Gibt es einen Durchgang durch die Trennung – die sich im hegelianisch-marxistischen Vokabular als ‚Entfremdung' bezeichnen lässt – und eine höhere Vereinigung am Ende? Wird der Mensch, der aus dem Naturzustand herausgetreten ist, sich letztlich seine Natur durch seine Kunst (*tekhné*) auf eine wie auch immer zu denkende höhere Weise wieder aneignen? „Der Weg, den die modernen Dichter gehen", postuliert Friedrich Schiller in *Ueber naive und sentimentalische Dichtung*, „ist übrigens derselbe, den der Mensch überhaupt sowohl im Einzelnen als im Ganzen einschlagen muß. Die Natur macht ihn mit sich Eins, die Kunst trennt und entzweyet ihn, durch das Ideal kehrt er zur Einheit zurück."[29] In Georg Wilhelm Friedrich Hegels System wiederum wird das absolute Wissen das Äußere durchdringen und in sich aufnehmen: „In dem Wissen hat also der Geist die Bewegung seines Gestaltens beschlossen, insofern

28 Lacoue-Labarthe hat eindringlich gezeigt, dass Heidegger, der für Rousseau ebenfalls nicht viel mehr übrig hatte als die üblichen Floskeln aus der deutschen Tradition des 19. Jahrhunderts, sein Denken des ‚Ur-Sprungs' als ursprünglichen Hiatus eben dort hätte vorformuliert finden können – hätte er Rousseau denn lesen gewollt. Doch: „Das hat er offensichtlich nicht *gewollt*." (Ebd., S. 54.)

29 Friedrich Schiller: Ueber naive und sentimentalische Dichtung. In: Ders.: *Nationalausgabe*, Bd. 20. Weimar: Böhlaus Nachfolger 2001, S. 413–503, hier S. 438.

dasselbe mit dem unüberwundenen Unterschiede des Bewusstseins behaftet ist."[30] Und Karl Marx wird das Proletariat als Klasse definieren, „welche mit einem Wort der *völlige Verlust* des Menschen ist, also nur durch die *völlige Wiedergewinnung des Menschen* sich selbst gewinnen kann"[31]. Was diesen verschieden formulierten Konzepten gemein ist, ist eine Dynamik, die durch Steigerung zum Umschlag der Entfremdung, Veräußerlichung, Technisierung führt: Technik, Kunst, Philosophie, Ökonomie führen am Ende zu einer Wiederaneignung der Natur, der Welt, des Menschen – aus der Trennung und durch die Trennung. Am Ende der Geschichte wartet eine *katharsis* all des Leids, das die Trennung hervorgebracht hat; dann, wenn das Stück vorbei ist und, so Hegels unnachahmliche Definition, der Begriff „die Zeit tilgt"[32]. Wo ein Anfang ist, muss auch ein Ende sein: Der Austritt aus der Natur wird zu einer geläuterten Versöhnung führen. Dies wird die Wette sein, die vor allem die deutsche Philosophie nach Rousseau aufnehmen wird.[33]

Bei Rousseau gibt es zunächst den Hiatus, den Austritt, den Anfang. Aber gibt es auch ein Ende? Lacoue-Labarthe verweist auf eine zentrale Stelle im *Second Discours*, in der Starobinski die Geburt der dialektischen Bewegung erkannt hat:

> Indem ich also all die wissenschaftlichen Bücher beiseite lasse, die uns nur beibringen, die Menschen so zu sehen, wie sie selbst sich gemacht haben, und über die ersten und einfachsten Regungen der menschlichen Seele nachdenke, glaube ich dort zwei der Vernunft vorgängige Prinzipien zu finden, deren eines uns brennend um unser Wohlergehen und um die Selbsterhaltung besorgt sein lässt, deren anderes uns aber einen natürlichen Widerwillen dagegen einflößt, ein anderes empfindsames und uns prinzipiell gleiches Wesen leiden zu sehen. Eben aus dem Zusammenwirken und der Kombination, die unser Geist aus diesen beiden Prinzipien herzustellen vermag, ohne dass notwendigerweise jenes der Geselligkeit hinzu kommen muss, scheinen mir alle Regeln des Naturrechts zu

30 Georg Wilhelm Friedrich Hegel: *Phänomenologie des Geistes. Werke*, Bd. 3. Frankfurt am Main: Suhrkamp 2001, S. 588.

31 Karl Marx: Einleitung zur Kritik der Hegelschen Rechtsphilosophie. In: Ders. / Friedrich Engels: *Werke*, Bd. 1. Berlin: Dietz 1976, S. 378–391, hier S. 390. Zum Echo des aristotelischen Denkens des *mythos* in Hegels und Marx' Begriff von Geschichte vgl. auch Jörn Etzold: Revolution ohne Szene. Marx' *Der Achtzehnte Brumaire des Louis Bonaparte*. In: Gabriele Brandstetter / Stefanie Diekmann / Christopher Wild (Hrsg.): *Theaterfeindlichkeit*. Paderborn: Fink 2012, S. 173–192.

32 Hegel: *Phänomenologie des Geistes*, S. 584.

33 Siehe dazu auch Lacoue-Labarthe: *Poetik der Geschichte*, S. 115 u. passim.

> entspringen; Regeln, welche die Vernunft dann auf anderen Grundlagen neu zu errichten gezwungen ist, sobald sie es durch ihre fortschreitenden Entwicklungen fertig gebracht hat, die Natur zu ersticken.[34]

Die Vernunft muss selbst die Prinzipien wiedererrichten, welche die Natur kannte: Sie muss durch *tekhné* zu jenen grundsätzlichen ‚Regungen' zurückkehren, die den Naturmenschen definieren, noch bevor er sich in eine Gesellschaft begibt. Dies wäre auch eine Geschichte mit Anfang, Mittelteil und Ende. Lacoue-Labarthe geht jedoch noch einen Schritt über Starobinski hinaus, um Rousseau an Aristoteles anzuschließen. Denn in den zwei ‚Regungen', die Rousseau hier beschreibt, entdeckt er zwei alte Bekannte: „Furcht und Mitleid [...]. Man erkennt hier die beiden *pathemata* wieder, welche nach Aristoteles die Tragödie die Funktion hat zu *kathairein*, zu reinigen [*purifier*] oder zu läutern [*purger*]."[35] Und daher sieht Lacoue-Labarthe bereits in den Beschreibungen, die Rousseau von den beiden grundlegenden Regungen des Naturmenschen gibt, kleine Szenen des Theaters oder der *mimesis*: Das Mitleid beruhe darauf, dass „das zuschauende Tier sich mit dem leidenden Tier innig identifiziert", und die Selbstliebe beschreibt Rousseau mit den Worten, dass der ‚Wilde' „durch jedes neue Schauspiel [*spectacle*] jedes Mal erschreckt wird"[36]. Daher folgert Lacoue-Labarthe: „Die Onto-Technologie, so wie Rousseau sie begründet, die die Möglichkeit für ein Denken der Geschichtlichkeit eröffnet, setzt also ein *Theater* voraus."[37]

Es ist jedoch die Aufgabe der Vernunft, ein Naturrecht zu bilden, das die beiden grundlegenden *pathemata*, die schon den Naturmenschen

34 „Laissant donc tous les livres scientifiques qui ne nous apprennent qu'à voir les hommes telles qu'ils se sont faits, et méditant sur les premiéres et plus simples opérations de l'Ame humaine, j'y crois appercevoir deux principes antérieurs à la raison, dont l'un nous intéresse ardemment à nôtre bien-être et à la conservation de nous mêmes, et l'autre nous inspire une répugnance naturelle à voir perir ou souffrir tout être sensible et principalement nos semblables. C'est du concours et de la combinaison que nôtre esprit est en état de faire des ces deux Principes, sans qu'il soit nécessaire d'y faire entrer celui de la sociabilité, que me paroissent découler toutes les régles du droit naturel; régles que la raison est ensuite forcée de rétablir sur d'autres fondemens, quand par ses développemens successifs elle est venue à bout d'étouffer la nature." (Rousseau: Discours sur l'origine de l'inégalité, S. 125–126, zit. bei Lacoue-Labarthe: *Poetik der Geschichte*, S. 45.)

35 Ebd., S. 47–48.

36 Zit. ebd., S. 50. Übersetzung modifiziert.

37 Ebd., S. 50.

kennzeichneten, auf eine neue Basis stellt, reinigt und läutert. Denn nach Lacoue-Labarthe vereinigt die Theorie des Aristoteles mit jenen beiden *pathemata* die „transzendentalen (und antinomischen) Affekte der Sozialität [...] den Affekt der Assoziation oder der Verbindung (das Mitleid) und den der Dissoziation oder der Auflösung": Die Aufgabe bestehe darin, „den möglichen Exzess [dieser Affekte] zu regulieren oder ‚abzumildern'"[38]. Die *katharsis* wäre somit eine Form der Mäßigung oder der Regulierung.[39] Bei Aristoteles aber hängt sie, wie wir gesehen haben, nicht nur an der *mimesis*, die für Lacoue-Labarthe von großer Bedeutung ist: Denn er erkennt schon in der Hegel'schen Philosophie eine fatale Tendenz, eine *katharsis* ohne *mimesis* zu konzipieren, die dann in der deutschen Geschichte in reale Reinigungsphantasien umschlägt. Die *katharsis* hängt bei Aristoteles eben auch am Mythos und somit an der Möglichkeit der Zuschauer, im Gesehenen – in den Szenen der Furcht und des Mitleids – ein Ganzes mit Anfang, Mitte und Ende zu sehen.

Rousseau aber scheint hier unentschieden zu sein; er scheint nicht immer an ein solches Ganzes – und somit an eine Wiederaneignung der Natur durch *tekhné* – zu glauben. Und die Mäßigung und Regulierung der grundlegenden ‚Regungen' oder ‚Prinzipien' scheint eben durch den Eintritt in die Gesellschaft schwierig zu werden: Eben dies begründet seine Ablehnung des Schauspielertheaters. Denn was macht den Menschen aus, sobald er aus dem Naturzustand herausgetreten ist? Er kann *täuschen*; seine Affekte sind also nicht mehr natürlich und offenbar. Diese Fähigkeit kommt nach Rousseau erst mit der Sesshaftigkeit, der Bildung von Familien und dem Ackerbau in die Welt: „Um seines Vorteils willen musste man sich anders zeigen, als man tatsächlich war. Sein und Schein wurden zwei vollkommen

38 Lacoue-Labarthe: *Poetik der Geschichte*, S. 48.

39 Die Lektüre, die Wolfgang Schadewaldt vom Begriff des *eleos* als Mitleid macht, ließe freilich die, so scheint es, etwas christlich eingefärbte Deutung Lacoue-Labarthes nicht vollumfänglich zu: Nach Schadewaldt bezeichnet *eleos* einen Affekt, den er in der Formel auf den Punkt bringt: „Nein, daß gerade dieser junge, schöne, tüchtige Mensch auf so elende Weise umkommen musste!" Und er fügt hinzu: „Dies ist, wie wohl ohne weiteres einsichtig ist, die Sprache allein des Jammers und der Rührung, niemals aber des Mitleids, das nach jenem Missverhältnis nicht im geringsten fragt, sondern nur nach dem Leid, das einen Menschenbruder oder die Mitkreatur betrifft." (Wolfgang Schadewaldt: Furcht und Mitleid? Zur Deutung des aristotelischen Tragödiensatzes. In: Ders.: *Antike und Gegenwart. Über die Tragödie.* München: dtv 1966, S. 16–60, hier S. 28.)

verschiedene Dinge, und aus dieser Unterscheidung entstanden der imposante Prunk, die trügerische List und alle die Laster in ihrem Gefolge."[40] Der Mensch beginnt also, etwas vorzuspielen. Der Mensch wird zum Menschen, indem er vorgeben kann, ein anderer zu sein, als er ist: „Der Mensch ist also ursprünglich ein Schauspieler."[41]

Im *Second discours* gibt es dabei einen Menschen, der ganz besonders von dieser Fähigkeit profitiert, und es gibt eine besondere Szene, in der er auftritt – eine der Urszenen der Gesellschaft, die Rousseau entwirft. Jener Schauspieler *par excellence* ist jener ‚Reiche', der als erster die Idee der menschlichen Gesellschaft hat. Dieser Reiche hat sich durch seine Arbeitskraft ein Eigentum erschaffen; die anderen wollen dies nicht akzeptieren, da doch die Früchte der Erde für alle da seien. Der Reiche aber möchte behalten, was er sich angeeignet hat; er sagt jedoch nicht dies, sondern erfindet „Scheingründe, um sie [die anderen] zu seinem Ziel zu führen". Er sagt:

> Vereinigen wir uns [...], um die Schwachen vor Unterdrückung zu schützen, die Ehrgeizigen im Zaum zu halten und jedem den Besitz dessen zu sichern, was ihm gehört: Lasst uns Vorschriften für Gerechtigkeit und Frieden einführen, nach denen alle verpflichtet sind sich zu richten [...].[42]

Auf diese Szene eines Auftritts in betrügerischer Absicht gründet sich die Gesellschaft: Es ist ein Auftritt des einzelnen, der heraustritt, sich vor die anderen stellt und seine Gründe und Forderungen nennt: der Auftritt eines Schauspielers vor den Vielen.

Somit lässt sich zweierlei feststellen: Zum einen, dass für Rousseau der Mensch in dem Maße zum Menschen wird, indem er aus sich heraustritt, indem er seine Natur ändert – also: indem er lernt, Theater zu spielen, zum Schauspieler zu werden. Erst in diesem Moment begibt er sich in Gesellschaft. Der Anfang des Menschen ist der Anfang des Schauspiels und somit zugleich der Anfang der Täuschung. Und

40 „Il falut pour son avantage se montrer autre que ce qu'on étoit en effet. Etre et paroître devinrent deux choses tout à fait différentes, et de cette distinction sortirent le faste imposant, la ruse trompeuse, et tous les vices qui en sont le cortége." (Rousseau: Discours sur l'origine de l'inégalité, S. 174.)

41 Lacoue-Labarthe: *Poetik der Geschichte*, S. 44.

42 „[I]l inventa aisément des raisons spécieuses pour les amener à son but". „Unissons-nous [...], pour garantir de l'oppression les foibles, contenir les ambitieux, et assûrer à chacun la possession de ce qui lui appartient: Instituons des réglemens de Justice et de paix auxquels tous soient obligés de se conformer [...]" (Rousseau: Discours sur l'origine de l'inégalité, S. 177).

eben deswegen wird es schwierig, mithilfe der Vernunft ein Gesetz zu erlassen, das die ‚Prinzipien' des Selbsterhaltungstriebs und des Unwillens, ein anderes Wesen leiden zu sehen, auf andere Weise neu errichtet. Denn wenn Rousseau sich in der *Lettre à M. d'Alembert* vehement gegen das Konzept der *katharsis* stellt, dann deswegen, weil das Schauspiel, die Täuschung und die Leidenschaften von nun an kein Ende mehr finden werden: Es wird kein Ende, keine Erfüllung des Schauspiels geben – und somit auch keine *katharsis.* Die Gesellschaft, die sich hierdurch gründet, ist – um es mit dem Rousseau-Leser Guy Debord zu sagen – eine ‚Gesellschaft des Spektakels'. Sie wird bestimmt durch neue Leidenschaften, die immer nur weitere Leidenschaften erzeugen und nie zur Ruhe kommen. In einer der langen Fußnoten zum *Second Discours* verweist Rousseau auf den Zusammenhang von Gesellschaft und *passions*:

> [A]m sonderbarsten aber ist folgendes: Je weniger natürlich und dringend die Bedürfnisse sind, umso mehr steigern sich die Leidenschaften und, schlimmer noch, die Mittel, sie zu befriedigen; so dass mein Held nach langem Wohlstand, nachdem er so manche Schätze verprasst und so manche Menschen enttäuscht hat, am Ende alle erwürgen wird, um der einzige Herrscher des Universums zu sein.[43]

So spricht Rousseau zwar hier auch von einem Ende; doch es ist, gegenüber den Enden der Tragödien, ein gleichsam umgekehrtes: Nur der Held ist noch am Leben, alle anderen sind tot; und von den Leidenschaften ist keine gereinigt.

Rousseau geht in seiner Erzählung vom Anfang des Menschen zunächst also so vor, wie Aristoteles es vorschreibt. In dem *mythos*, dem *plot*, den Rousseau erzählt, ist der Anfang tatsächlich etwas, „was nicht mit Notwendigkeit auf etwas anderes folgt": Er ist ein Sprung, ein Bruch, eine Zäsur. Diese Zäsur ist *eröffnend*: Ist der Mensch zum Menschen geworden, hat er all seine Institutionen selbst erfunden, dann ist nichts von dem, was ihn umgibt, natürlich. Rousseaus unauslöschliche revolutionäre Energie hat präzise in der Kraft ihren Ursprung, mit der er einen Anfang setzt, Kausalketten

43 „[C]e qu'il y a de plus singulier, c'est que moins les besoins sont naturels et pressans, plus les passions augmentent, et, qui pis est, le pouvoir de les satisfaire ; de sorte qu'après de longues prospérités, après avoir englouti bien des trésors et desolé bien des hommes, mon Héros finira par tout égorger jusqu'à ce qu'il soit l'unique maître de l'Univers." (Ebd., S. 203.)

durchschneidet, welche gegebene Institutionen auf einen vermeintlichen natürlichen Ursprung zurückführen, und einen Bruch inszeniert, der „ganz und gar schwindelerregend“[44] ist. Es ist Rousseau, der in seinen Schriften diese Zäsur inszeniert. Der Anfang des Menschen – unauffindbar verloren in der Vorgeschichte – wird durch eine Dramaturgie beschrieben (die dann durch experimentelle und ethnologische Untersuchungen gestützt wird)[45]: Und wie bei Aristoteles ist dieser Anfang gesetzt, sobald der Schauspieler auf die Bühne tritt. In diesem Moment beginnt die Geschichte.

Dieser Anfang aber ist für Rousseau verwerflich – und die gesamte Geschichte, die auf ihn folgt, wird eine Geschichte der Akkumulation von Fähigkeiten, Reichtümern, Wissen, aber letztlich eine Geschichte des Niedergangs sein. Denn alles Schauspiel ist verwerflich; und vor allem alles Schauspiel, das von Schauspielern gemacht ist. Sobald der Mensch „Mensch des Menschen“ wird, wie Starobinski es nennt, beginnt, was später dann ‚Entfremdung‘ genannt werden wird. Somit wäre der *mythos* in aristotelischer Hinsicht unbefriedigend: Am Beginn wird der Mensch zum Schauspieler – und am Ende hat er alle anderen umgebracht, die Erde leer gegessen – und ist allein. „Alles todt“[46]: So könnte man mit Georg Büchner die Idee des Endes bezeichnen, die Rousseau hier skizziert. Eine *katharsis* aber kann es an diesem Ende, anders als in der aristotelischen Theorie der Tragödie, nicht geben.

Vor dem Anfang (Rousseau: *Lettre à M. d'Alembert*)

Lacoue-Labarthe argumentiert in *Poetik der Geschichte*, dass Rousseaus Ablehnung der *katharsis* kategorialen Fehlern unterliege: Die Tragödie sei nach Aristoteles „Wiedergabe einer Handlung, nicht der ‚Leidenschaften‘“[47]; jene, so kann man hinzufügen, sollen nicht gezeigt, sondern vielmehr hervorgerufen werden (was vielleicht der Aristotelischen Definition entspricht, aber nicht unbedingt dem Geschehen in den Tragödien, die aus langen Passagen der Klage bestehen, vor

44 Lacoue-Labarthe: *Poetik der Geschichte*, S. 35.

45 Vgl. dazu Stephan Gregory: Rousseaus Experimente: Wie man zur Natur zurückkehrt. In: Meyzaud (Hrsg.): *Arme Gemeinschaft*, S. 20–48.

46 Georg Büchner: Woyzeck. In: Ders.: *Dichtungen*. Frankfurt am Main: Deutscher Klassiker Verlag, S. 143–219, hier S. 185.

47 Lacoue-Labarthe: *Poetik der Geschichte*, S. 76.

allem in den *kommoi*, die dem „*Drama* im eigentlichen Sinn“[48], das für Aristoteles wie für Laocue-Labarthe im Zentrum steht, wenig hinzufügen). Wolle man aber, so Lacoue-Labarthe, die *pathemata* des Aristoteles dennoch als ‚Leidenschaften‘ (*passions*) übersetzen, dann müsse betont werden, dass es sich einzig um „‚die Furcht und das Mitleid‘ (oder Affekte der selben Art)“[49] handle.[50] Diese *pathemata* aber seien zudem nicht die amourösen Leidenschaften der französischen Klassik, sondern ausschließlich „peinvolle Affekte [...], das Gegenteil zur Freude oder zum Vergnügen“[51]. Zuletzt würde Rousseau einer medizinischen Fehldeutung der *katharsis* unterliegen, „die wenigstens bis Bernay und Freud Verwüstungen anrichten wird“[52].

Es ist hier nicht der Ort, um Lacoue-Labarthes Argument im Einzelnen zu verfolgen. Es wird freilich deutlich, dass es sich zu einem gewissen Teil einer nur halb bewussten Überblendung der aristotelischen Poetik aus dem vierten Jahrhundert mit den Tragödien des fünften Jahrhunderts verdankt – und somit einen Begriff des Dramas verabsolutiert, der die Tragödien selbst nicht vollständig beschreiben kann. Lacoue-Labarthe möchte den aristotelischen, an eine in sich geschlossene dramatische Handlung gekoppelten Begriff der *katharsis* – als politisch-soziale Mäßigung – gegen die Kritik Rousseaus retten, der an dieser Stelle eher platonisch argumentiert und im Theater das Epizentrum einer viralen Vervielfältigung von Affekten sieht, die sich, einmal freigesetzt, durch nichts mehr einhegen lassen. Rousseau schwant, am Anfang der Moderne, somit auch eine Geschichte, die am Ende keinen Sinn ergeben wird; er imaginiert eine Gesellschaft der extremen Affekte, die sich hyperbolisch steigern.

Doch bleibt es im *Brief an d'Alembert* nicht bloß bei der Verwerfung eines Theaters, das in Rousseaus Beschreibung nach Ulrike Haß alle Zeichen des zu seiner Zeit aufkommenden bürgerlichen Trauerspiels

48 Lacoue-Labarthe: *Poetik der Geschichte*, S. 76.

49 Ebd.

50 Der rätselhafte Zusatz, der durchaus das Potential hat, Lacoue-Labarthes Argument in Frage zu stellen, stammt aus der *Poetik* selbst; Aristoteles spricht, wie zitiert, davon, dass die Tragödie *eleos* und *phobos* hervorrufe und somit von „Gefühlszuständen dieser Art“ reinige.

51 Lacoue-Labarthe: *Poetik der Geschichte*, S. 77.

52 Ebd.

trägt.[53] Rousseau entwirft auch ein anderes Theater. Jenes aber greift auf einen Anfang zurück, der nicht nur vor dem bürgerlichen Trauerspiel, sondern zugleich vor der aristotelischen Deutung der Tragödie liegt – was auch Lacoue-Labarthe feststellt, ohne dass er die enge Kopplung der Tragödie an ihre aristotelische Deutung deswegen lösen würde. Es greift auf einen Anfang vor dem Anfang zurück und somit auf eine letztlich anfangslose und ontische Gegebenheit, die man vielleicht *Existenz* oder *Mitsein* nennen kann.

Zu diesem anderen Anfang des Theaters gelangt Rousseau eher unvermittelt, indem er sich über die Verwerflichkeit der Schauspieler ereifert. Inmitten seiner Kaskaden beginnt er plötzlich von einer Ausnahme zu reden; er erwähnt eine Kultur, in der die Schauspieler nicht geächtet wurden: Es ist das antike Griechenland. Zum einen argumentiert Rousseau, dass die Schauspieler noch gar nicht verachtet werden konnten, da die Tragödie „bei den Griechen erfunden" wurde, „und ebenso die Komödie"[54]. Rousseau erwähnt, dass die Tragödie „in ihren Ursprüngen etwas Heiliges hatte", so dass die Schauspieler „eher als Priester denn als Possenreißer"[55] gesehen wurden; zudem seien sie weniger als „Leute, die eine Fabel vorspielen" denn als „gelehrte Bürger" zu verstehen, „die ihren Mitbürgern die Geschichte des Landes vorstellen"[56]. So folgert Lacoue-Labarthe: „Das Theater der Griechen belehrte, denn es war *mimesis* (Präsentation) des griechischen *ethos*. Es war ‚nützlich'. Und der Grund dafür ist ein sehr einfacher: *es war nicht reines Theater.*"[57] Die Tragödie war ein

53 Es ist ein Theater, dessen Bühne er als „Gemälde der menschlichen Leidenschaften" bezeichnet („tableau des passions humaines", Rousseau: Lettre à M. d'Alembert, S. 17), welche immer nur weitere Leidenschaften hervorrufen und auf der Schauspieler und vor allem Schauspielerinnen agieren, die sich ebenfalls in ein begehrenswertes Bild verwandeln. Ein solches Theater der Leidenschaften, fügt Rousseau hinzu, sei einzig am Aktuellen interessiert, so dass Sophokles auf den Bühnen seiner Zeit durchfallen würde. Vgl. Ulrike Haß: Warum Genf kein Theater braucht. Erinnerung an Rousseau. In: *Schauplatz Ruhr. Jahrbuch zum Theater im Ruhrgebiet* (2013), S. 36–38.

54 „La Tragedie ayant été inventée chez les Grecs, aussi bien que al Comedie […]" (Rousseau: Lettre à M. d'Alembert, S. 71).

55 „Comme la Tragedie avoit quelque chose de sacré dans son origine, d'abord ses acteurs furent plustôt regardés comme des Prêtres que comme des Baladins." (Ebd., S. 71.)

56 „[M]oins des gens qui jouoient des fables, que des Citoyens instruits qui répresentoient aux yeux de leurs compatriotes l'histoire de leur pays." (Ebd.)

57 Ebd., S. 95.

soziales und politisches Ereignis. Sie war ein Theater *vor* dem Theater, ein anfängliches Theater, das erst zu dem Theater *wurde*, das wir heute kennen und das sich noch bis Bertolt Brecht und Antonin Artaud auf die eine oder die andere Weise auf Aristoteles bezogen hat.
Im *Zweiten Diskurs* haben wir gelernt, dass der Mensch zum Menschen wird, indem er zu schauspielern beginnt. Hier aber begegnet uns ein Theater, das noch nicht vollständig jenes der Schauspieler ist – einem Anfang vor dem Anfang. Auf dieses Theater aber möchte Rousseau zurückgreifen; und indem er dies tut, entwirft er selbst etwas Neues in der Geschichte des Theaters. Die griechische Tragödie wird Modell sein für eine neue, der Republik gemäße Theaterform, die Rousseau imaginiert: für die viel verspotteten, viel kritisierten, aber dennoch epochal wichtigen republikanischen Feste am Ufer des Genfer Sees. Man kann sie vielleicht mit Lacoue-Labarthe als Aufhebung oder Reinigung der Schauspiele verstehen; doch kennen sie keinen *mythos* und somit keine Helden, keinen Anfang, keine Mitte und kein Ende:

> Was werden also die Gegenstände dieser Schauspiele sein? Was wird man zeigen. Nichts, wenn man so will. [...] Pflanzt in der Mitte eines Platzes einen mit Blumen gekrönten Pfahl, versammelt dort das Volk, und schon habt ihr ein Fest. Macht es noch besser: stellt die Zuschauer zur Schau, macht sie selbst zu Schauspielern und Handelnden; richtet es so ein, dass jeder sich im anderen sieht und liebt, auf dass alle besser vereint seien.[58]

Rousseau redet hier nicht vom Theater der Protagonisten. Vielmehr evoziert er, so Ulrike Haß, einen anderen Körper des Theaters, der ihm zunächst vorausging und es, obwohl er zeitweilig unsichtbar war, bis heute begleitet: „Auf diese Weise entdeckt Rousseau in den flüchtigen Konfigurationen der republikanischen Feste den Chor – den Chor und sein anderes, vom Theater der Protagonisten vergessenes Schauspiel."[59] Rousseaus Fest imitiert nicht die Stoffe der griechischen Tragödie, so wie Schauspieler sie imitieren; vielmehr erinnert es an die aus vielen gebildete Figur des Chores, aus dem die Schauspieler einst hervorgetreten sind, bevor jener dann, schon bei Euripides,

58 „Mais quels seront enfin les objets de ces spectacles ? Qu'y montrera-t-on ? Rien, si l'on veut. [...] Plantez au milieu d'une place un piquet couronné de fleurs, rassemblez-y le peuple, et vous aurez une fête. Faites mieux encore : donnez les Spectateurs en Spectacle ; rendez-les acteurs eux-mêmes ; faites que chacun se voye et s'aime dans les autres, afin que tous en soient mieux unis." (Ebd., S. 115.)

59 Haß: Warum Genf kein Theater braucht, S. 38.

schrittweise aus dem Theater verjagt wurde. In den Festen am Genfer See soll ein Theater wiederbelebt werden, das vor jenen Moment zurückgeht, an dem die maskierten Schauspieler aus dem Chor traten. Für Lacoue-Labarthe ist Rousseaus Fest daher die Idee einer Wiederbelebung der griechischen Tragödie ohne die Bühne:

> Man erkennt es ohne Schwierigkeit: der Himmel, draußen, der Sonnenschein, die Verherrlichung (um nicht zu sagen: „der Kult") der Freiheit, der verallgemeinerte *agōn* (Wettkampf und Wettbewerb, Wettstreit, Triumph der Besten), usw.; all das ist die griechische Tragödie, aber die griechische Tragödie *abzüglich der Szene*, d. h. abzüglich *jener* Keimelemente dessen, was zu „Theater" wird – oder „Oper": Bühne und Orchestra, Schauspiel und Zuschauer.[60]

Doch weil Lacoue-Labarthe das Theater nur als Theater der Schauspieler denken kann, kommt er nicht zu dem Schluss, dass ein Theater abzüglich der Szene der *Chor* wäre: Mit jenem Wort wurde zuerst der Tanzplatz bezeichnet, den auch Rousseau beschreibt, und dann eine Gruppe, die tanzt und singt.
Dieses Theater vor dem Theater, das Rousseau entdeckt oder erfindet, ist selbst ein Anfang. Für Lacoue-Labarthe liegt hier, in der Idee eines Archi-Theaters diesseits der *mimesis*, auch der Keim eines letztlich fatalen deutschen Denkens, welches die *katharsis* aus der aristotelischen Verknüpfung mit der *mimesis* löst; in sehr knappen Lektüren von Friedrich Wilhelm Schelling und Hegel am Ende der *Poetik der Geschichte* wird skizziert, dass eine *katharsis* ohne *mimesis* in den Schrecken – den Terror – führt. Rousseau stünde so auch am Anfang einer fatalen Geschichte der politischen Moderne, die vor allem in Deutschland spielt – einer Geschichte der Reinigung als Kategorie der Politik. Es liegt auf der Hand, dass in dem republikanischen Fest auch immer wieder eine totalitäre Phantasie gesehen wurde. Zudem kann Rousseaus Idee, wie dies auch schon Jacques Derrida getan hat, als eine frühe Artikulation von Theateravantgarden gesehen werden – Derrida vergleicht explizit Rousseau und Artaud in der Suche nach einem der Repräsentation vorgängigen Theater;[61] die Folgen sind bis in die 1960er Jahre und darüber hinaus zu bemerken und die Probleme, Momente der gemeinsamen Präsenz zu inszenieren, suchen auch die

60 Lacoue-Labarthe: *Poetik der Geschichte*, S. 109. Übersetzung korrigiert.

61 Vgl. Jacques Derrida: Das Theater der Grausamkeit und die Geschlossenheit der Repräsentation. In: Ders.: *Die Schrift und die Differenz*. Frankfurt am Main: Suhrkamp 1997, S. 351–379, hier S. 371.

Arbeiten des Living Theatre und anderer ‚rousseauistischer Gruppen' heim.

Doch geht es im Fest wirklich um die Idee einer Aufhebung oder *katharsis* ohne *mimesis*? In Rousseaus Beschreibung der Feste ist von einer Reinigung nicht die Rede; statt dessen benutzt er auffällig oft den Plural; und dem Fest fehlt grundsätzlich der *mythos*, an dem für Aristoteles die *katharsis* hängt, ebenso wie der Held, der einen Fehler begeht. Weder seine Handlung noch sein nach außen unbegrenzter Schauplatz können auf einen Blick überschaut werden. So wäre das unmögliche Fest vielleicht eher eine Aktualisierung der unmöglichen Gemeinschaft als Existenz. Roberto Esposito versteht sie wie folgt:

> Wenn die Individualität die Modalität des erhaltenden Lebens – des aufgeschobenen Todes – ist, dann ist die Gemeinschaft jene der vitalen Existenz. Des Lebens als reiner Existenz. Man könnte noch mehr sagen: die Gemeinschaft ist nichts anderes als die Existenz, wenn diese, als *ex-sistentia*, ein Sich-Ausstrecken des Lebens des Individuums ins Außersich ist, ein Jenseits-seiner-selbst-stehen, eine Konsistenz, die immerzu über den eigenen Ort hinausragt.[62]

Und auch für Lacoue-Labarthe wäre das Fest vielleicht auch „außerzeitlich die aufgehobene Zeit des Genusses seiner selbst [...] und des reinen Existierens, in innerer Differenz und Ohnmacht, in ‚Extimität', wie Lacan sagt, im innersten Außer-sich-selbst"[63].

Das Außen des Individuums, der Raum, in den es hineinragt, wird jedoch in der antiken Tragödie durch den Chor bestimmt, durch eine Mehrzahl von Sängern und Tänzern, die unter freiem Himmel, vor dem Meer, den Protagonisten einen Raum einräumen. Geht es somit aber in den so oft zitierten und verspotteten Passagen über die Feste am Ufer des Sees vielleicht um die Wiederentdeckung des Chores (eines Chores als Existenz, und somit eines Chores der Vielen, aus dem viele Einzelne für die je anderen heraustreten), dann kann jene wiederum angebunden werden an die Dramaturgie vom Anfang des Menschen, die Rousseau im *Second Discours* darlegt. Der Chor ist bereits da, bevor der Schauspieler aus ihm heraustritt – denn obgleich Aristoteles sagt, dass man ihn „ebenso einbeziehen [muss] wie einen

62 Roberto Esposito: *Communitas. Ursprung und Wege der Gemeinschaft.* Berlin: Diaphanes 2004, S. 89.

63 Lacoue-Labarthe: *Poetik der Geschichte*, S. 112.

der Schauspieler"[64], macht er den Auftritt der Schauspieler erst möglich.[65] Doch ebenso waren, bevor der Mensch zum Menschen wurde, bereits die anderen da. Vor dem Auftritt des Menschen auf der Bühne der Geschichte schweiften keine Einzelgänger durch die Wälder; vielmehr gab es, diesseits jedes ‚Gesellschaftsvertrags' und jedes Gründungsaktes, eine unterschwellige, eigentümliche Gemeinschaft der Existenz. In den Fußnoten zum *Second Discours* zitiert Rousseau aus Abbé Antoine-François Prévosts *Histoire générale des Voyages* die Berichte über den *Pongo*, der vielleicht der Gorilla ist:

> Die Neger, die durch die Wälder streifen, haben die Gewohnheit, nachts Feuer anzuzünden. Sie bemerkten, daß am Morgen, sobald sie aufbrechen, die Pongos ihre Plätze rund um das Feuer einnehmen und sich erst zurückziehen, wenn es erloschen ist [...]. Wenn eines dieser Tiere stirbt, bedecken die anderen seinen Körper mit einem Haufen Zweige oder Laub.[66]

Das Fest ist keine Rückkehr in den Wald, keine Rückkehr zu einer originären Feuerstätte, und es geht Rousseau auch nicht darum, dass die Menschen wieder lernen müssten, auf vier Beinen zu laufen. Doch im Fest wird eine Bedingung der Existenz aktualisiert, ein Mit-Sein vor jeder Gründung, vor jedem Vertrag; ein Mit-Sein, dessen Anfang sich ebenso im Unvordenklichen verliert wie die Mythen, aus denen der Tragödiendichter seine Geschichte mit Anfang, Mitte und Ende formt. Je näher Rousseau in den ethnologischen Berichten dem Naturmenschen zu kommen scheint, desto mehr verschiebt sich der Anfang ins Ungewisse; er wird zu einer unbestimmten Zone des Übergangs, die immer schon von Vielen bevölkert war. Auch im Auftritt des Menschen auf die Bühne verlässt er diese Zone nicht ganz. Und so wird auch das Theater immer wieder von dem fehlenden Chor heimgesucht werden, aus dem es einst entstand; er wird in seinem Fehlen ausgestellt; in Hölderlins *Empedokles* wird er herbeigesehnt und kann die Bühne nicht betreten; in den Stimmen, die der

64 Aristoteles: *Poetik*, S. 59 (1456a).

65 Vgl. dazu Ulrike Haß: Die zwei Körper des Theaters. Protagonist und Chor. In: Marita Tatari (Hrsg.): *Orte des Unermesslichen. Theater nach der Geschichtsteleologie.* Zürich / Berlin: Diaphanes 2014, S. 139–159.

66 „L'usage des Nègres qui traversent les forêts, est d'y allumer des feux pendant la nuit. Ils remarquent que le matin à leur départ les Pongos prennent leur place autour du feu, et ne se retirent pas qu'il ne soit éteint [...]. [...] [L]orsqu'un de ces Animaux meurt, les autres couvrent son corps d'un Amas de branches ou de feuillages." (Rousseau: Discours sur l'origine de l'inégalité, S. 209.)

gottverlassene Woyzeck hört, findet er ein fernes Echo. Im 20. Jahrhundert tritt er immer wieder auf die Bühne, als Zeichen, das auf sein Fehlen verweist. Der Chor ist abwesend, unauffindbar; und als solcher in jedem Moment gegenwärtig – als Existenz der Vielen vor jedem Anfang.

Fall in den Zeitkristall

Choreographien des Anfangens und Weitermachens

Karin Harrasser

Etwas hat mich getroffen. Es sitzt auf der Schwelle zwischen Wahrnehmung und Reflexion. Wird es wichtig gewesen sein? Wird aus der Aufwühlung ein Anfang geworden sein? Oder alltäglicher: Ich muss jetzt wirklich anfangen, damit ich diesen Text rechtzeitig zu Ende bekomme. Aber der Anfang kommt nicht. Ich fange mit dem Schreiben in der Mitte an und hoffe, dass sich der Anfang noch einstellt. Das Anfangen ist selbst für den Einzelnen ein rätselhafter Vorgang, der sich hinterher wie ein Zeitpunkt anfühlt, in dem sich jedoch mehrere Zeitebenen verschichten und verkanten: der Anfang, ein verdichteter Augenblick, der Vergangenheiten und Zukünfte umfasst und einkapselt. Noch obskurer und dramatischer wird es, wenn das Anfangen seine Kreise zu ziehen beginnt. Wenn es nicht nur eine/n Einzelne/n betrifft, wenn in die Transformationsbewegung andere und anderes hineingezogen werden, wenn sich die Wirklichkeit vieler verwirbelt. Der Vorgang des Anfangens ist dann einer des Veröffentlichens bis dato unwahrnehmbarer Wirklichkeitsanteile, er zeigt uns Wirklichkeit in ihrer Geschichtlichkeit/Geschichtetheit: Wenn etwas anfängt, teilen wir die Zeit in ein davor und ein danach. Retrospektiv stellen diejenigen, die den Anfang teilen, fest, dass sich der Festigkeitsgrad dessen, was sich bis dato als alternativlos und undurchdringlich vorgestellt hat, verändert hat. Die Wand der Wirklichkeit hat Löcher bekommen.

Wenn Geschichte, wie Eric Hobsbawm sagt,[1] die Wissenschaft von der Singularität von Ereignissen ist, lohnt es sich über das Anfangen als eine Kategorie des Historischen nachzudenken. Geschichte meint dann nicht einfach eine abgelaufene Vergangenheit, sondern auch das Potential gegenwärtiger Geschehnisse, in Zukunft wichtig gewesen zu sein. Es geht mir also um Geschichtlichkeit im Futur II. Wie wird aus einem *je ne sais quoi* des Anfangens etwas, das in Hinblick auf das Denken und Handeln transformativ ist? Muss dieses etwas besonders beschaffen sein, um bedeutsam werden zu können? Wie wird etwas zu einem Ereignis, auf das sich ein ästhetischer, sozialer, politischer Wandlungsprozess beziehen kann? Was mich interessiert, sind die Zeitlichkeit und die Wirkungsräume des Anfangens. Da immer erst retrospektiv gewusst oder vielmehr erahnt werden kann, dass ‚da und da', an diesem Ort, zu diesem Zeitpunkt etwas angefangen hat, macht es dann überhaupt Sinn, das Anfangen künstlerisch gestalten zu wollen? Wenn man, wie dieser Band, nach Dramaturgien des Anfangens fragt, also nach medialen und ästhetischen Konfigurationen, die einen Anfang machen können, muss man die Frage, ob sich eine solche Provokation der Wirklichkeit überhaupt planvoll herstellen lässt, in aller Schärfe stellen. Ist es nicht eher so, dass sich ein Anfang als Provokation der Wirklichkeit, als Ereignis, als Widerfahrnis einstellt? Was mich trifft, provoziert und transformiert, tut das in der Regel ganz unabhängig von einer Instanz der Intentionalität. Im Extremfall weiß der *agent provocateur* – etwa in der Liebe, aber auch in der Kunst – nicht, dass seine schiere Existenz mein Leben grade umkrempelt. Vielleicht lässt sich die Herstellung eines Kunstwerks weniger als das planvolle Herstellen einer Provokation begreifen denn als eine Praxis des Anlockens eines Ereignisses. Mit Siegfried Kracauer gesprochen: Nicht die heiße Erwartung einer anderen Welt, sondern das „zögernde Geöffnetsein"[2] auf etwas (noch) nicht Aktualisiertes hin ist das Interventionsfeld der Künste.

Im Hintergrund meiner Ausführungen läuft deshalb eine Art ‚schwacher Messianismus' mit, der Vergangenheit und Zukunft nicht über eine dezisionistische, wahrheitsschaffende retroaktive Geste

1 Vgl. Eric Hobsbawm: Looking Forward: History and the Future. In: *New Left Review* I,125 (1981), S. 3–19, hier S. 7.

2 Siegfried Kracauer: Die Wartenden. In: Ders.: *Das Ornament der Masse. Essays.* Frankfurt am Main: Suhrkamp 1977, S. 106–119, hier S. 116.

verknüpft, sondern mittels einer gesteigerten Aufmerksamkeit für anwesende, aber noch nicht ergriffene Möglichkeiten in der Gegenwart. Geschichte und Film untersuche ich als Methoden zur Schärfung der Aufmerksamkeit für die Übergänge zwischen Virtuellem und Aktuellem. Für Kracauer sind Historiographie und Film analog in ihrer Zeitstruktur und in ihrer Wirklichkeitsauffassung: Beide bewegten sich im „Vorraum der letzten Dinge vor den letzten"[3]. Sie besaßen eine Art von Wirklichkeitstreue, die auch das Nichtaktuelle miteinschließt. Ich werde vor dieser Analogie meine Argumente aus drei Filmen gewinnen, in denen das Anfangen als Thema nicht gleich evident ist, die aber auf der Ebene der Bildorganisation (Werner Herzogs *Herz aus Glas*), auf der Ebene der Kamera-Choreographie (Pier Paolo Pasolinis *Teorema*) oder auf der Ebene der Narration (Pasolinis *Kleine Vögel, große Vögel*) Anfänge im Futur II thematisch werden lassen. Kracauers Anwaltschaft für den vermittelnden Charakter von Geschichtsschreibung und Film ist aber auch deshalb von Interesse, weil sie den medialen Charakter allen Anfangens betont. Das Anfangen mag kontingent sein, aber es ist nicht zufällig. Es findet je in einer medialen Konstellation, in einem ästhetischen Milieu statt, es hat eine gerichtete Aufmerksamkeit zur Bedingung. Mit Blick auf den Film kann man von einer spekulativen Choreographie der Blicklenkung sprechen, von einer Kamera, die suggeriert: Jetzt, hier könnte es passieren. Insofern kann man den Film als Instanz beschreiben, die Infrastrukturen für eine bestimmte Erwartungshaltung bereitstellt.

Der Begriff des Zeitkristalls stammt aus Gilles Deleuze' *Kino 2*, aus seinen Ausführungen zum Zeit-Bild. Der Begriff charakterisiert die Zeitlichkeit des postklassischen Films.[4] Die Zeitkristalle, von denen bei Deleuze die Rede ist, waren für mich immer *looking glasses*. Wenn Deleuze von den Kreisläufen zwischen Erinnerungsbildern, Traumbildern und Weltbildern in den Zeitkristallen schreibt, hatte ich stets eine Wahrsagerin auf einem Jahrmarkt mit ihrer Kristallkugel vor Augen, eine Wahrsagerin mit ihrer Kunstfertigkeit, aus dem Hoffen

3 Die Wendung paraphrasiert sowohl den Titel als auch das berühmte achte Kapitel („Vorraum") von Siegfried Kracauer: *Geschichte. Vor den letzten Dingen*, aus d. Amerikan. v. Karsten Witte. Frankfurt am Main: Suhrkamp 1971. Seine historiographische Reflexion erschien posthum und wurde von Oskar Kristeller zusammengestellt.

4 Vgl. Gilles Deleuze: *Das Zeit-Bild. Kino 2*, aus d. Franz. v. Klaus Englert. Frankfurt am Main: Suhrkamp 1997, insbes. Kap. 4 „Die Zeitkristalle", S. 95–131.

und Träumen ihres Gegenübers eine Zukunftsvision herzustellen. Dass sie dazu eine Glaskugel als Grenzobjekt verwendet, scheint mir alles andere als zufällig zu sein. Zum einen ist die Glaskugel ein spezieller Spiegel. Schon der einfache Spiegel, so Deleuze, sei ein Objekt, in dem sich die doppelte Natur der Bilder zeige: Spiegelbilder sind gleichzeitig aktuell und virtuell, in der Gegenwart und außerhalb der Gegenwart. Das Spiegelbild ist in Relation zum konkreten Körper virtuell, unkörperlich, nachträglich. Es ist jedoch gleichzeitig *aktuell als Bild*, als dasjenige, was sich gerade jetzt zeigt. Die Kristallkugel zeigt zudem ein Zerrbild: Es transformiert den Blickenden/die Blickende in eine/einen andere/n: Ich sehe mich und gleichzeitig nicht mich. Medienästhetisch gesprochen: Die Kristallkugel exponiert den Umstand der Nichtidentität von Bild und Spiegelbild. Zweitens ist Glas eine sehr spezielle, nämlich eine amorphe Substanz. In der Chemie wird Glas als gefrorene, unterkühlte Flüssigkeit bezeichnet. Glas ist eine Flüssigkeit, weil sich im Prozess der Erstarrung des Glasplasmas zwar Kristallkeime bilden, für einen kompletten Kristallisationsprozess jedoch nicht genügend Zeit bleibt. Glas erkaltet zu schnell, um komplett zu kristallisieren. Und es wird noch verwirrender: Trotz ihres nicht definierten Schmelzpunkts und ihres flüssigen Charakters sind Gläser Festkörper, genauer: nichtergodische Festkörper. Die molekulare Struktur von Glas befindet sich nicht im thermodynamischen Gleichgewicht, sie verändert sich andauernd. In Verarbeitung und Gebrauch scheint aber zunächst keine dieser höchst verstörenden Grenzeigenschaften von Bedeutung zu sein. Glas ist als eine durchsichtige, wasserfeste, bei hohen Temperaturen formbare Substanz einer der ältesten und bekanntesten Werkstoffe überhaupt. Auch im täglichen Gebrauch lassen wir uns nicht von kategorialen Verwirrspielen beeindrucken. Wir schauen andauernd auf Bildschirme, durch Fenster und manchmal: zu tief ins Glas, das so freundlich ist, stets zuhanden zu sein. Dazu kommt freilich, dass Glas nicht nur Teil unserer *material culture* ist, sondern auch an Prozessen der Semiose teilhat. Glas ist ein Kristallisationskern der Imagination: Sein göttlicher Glanz wird angebetet. Zerbrechendes Glas als Metapher für die Fragilität des Liebesgefühls ist mehr als überstrapaziert. Wir kennen Märchen über Glassplitter, die in Augen von Knaben landen und diese langsam emotional erstarren lassen. Für wahrnehmungs- und medientheoretische Betrachtungen ist das

Zusammenspiel von Durchsichtigkeit und Undurchlässigkeit von Interesse: Glas lässt Strahlen durch, Festes jedoch nicht. Es ist ein Medium, das die Fernsinne durchdringen lässt, die Nahsinne aber blockiert. Ich möchte am Übergang vom heißen, opaken Glasplasma zum kalten, durchsichtigen Glasobjekt den Verwicklungen von materiellen Eigenschaften, Wahrnehmung und Symbolisierung ein wenig weiter nachspüren. Genauer: Welche Imaginationen von Transformation und Übergang – das sind die Themen, die mich interessieren – speisen sich aus diesem Bild einer Verlangsamung? Denn auf molekularer Ebene findet genau das statt: Ein Zustand, in dem Moleküle wild durcheinanderwirbeln (heiß), geht in eine geometrische Anordnung, in einen etwas stabileren Zustand über (kalt).

Ergreifung in der Zeit: *Herz aus Glas* (BRD 1976)

Über Werner Herzogs *Herz aus Glas* schreibt Gilles Deleuze in *Das Zeit-Bild*, jener habe in diesem Film die „großartigsten Kristall-Bilder in der Geschichte des Films entwickelt“[5]. Das ist die tiefst mögliche Verneigung, sind doch die Kristall-Bilder die Essenz des Films als einem Zeitmedium. Der Film gilt Deleuze als jene Kunstform, welche Zeit als Seinsbestimmung wahrnehmbar macht. Der Film habe die Musik darin beerbt und überflügelt, eine direkte Darstellung der Zeit zu bewerkstelligen. Genauer: Während der klassische Film als Erbe der mechanistischen Physik die linearen Abfolgen von Bewegungen zum Inhalt hatte – ein indirektes Bild der Zeit anfertigte, das Bild einer normalisierten Zeit, die von einer Gegenwart zur nächsten vorrückt –, gelänge es dem postklassischen Kino, eine weitreichendere Idee von Zeit zur Ansicht zu stellen: Bilder einer Zeit, die *erstens* strikt historisch im bereits erläuterten Sinn ist, die *zweitens* springt und holpert und die *drittens* das Sein selbst enthält, „Kronos – nicht aber Chronos“[6] ist. Es geht Deleuze um Zeitlichkeit als den Nexus eines vollen Kosmos, eines Kosmos der Selbsthervorbringung und der unendlichen Transformation.

Worum geht es in Werner Herzogs Film? In einem bayerischen Dorf wird im 19. Jahrhundert in einer Glashütte das wertvolle ‚Rubinglas‘ gefertigt. Mit dem Tod des Glasbläsermeisters geht das Geheimnis

5 Deleuze: *Das Zeit-Bild*, S. 104.

6 Ebd., S. 112.

zur Herstellung dieses besonderen Glases verloren und das Dorf verfällt zunehmend dem Wahnsinn. Die Dorfbewohner erscheinen wie in Trance. Der Hüttenbesitzer ruft einen Hellseher aus den Bergen, um das Produktionsverfahren für das Rubinglas aus dem Reich der Toten zurückzuholen, eine seltsame Verkehrung von Zeitlichkeit, sollen doch Hellseher üblicherweise in die Zukunft sehen. Dieser empfängt vor Ort nur entsetzliche apokalyptische Visionen von Zerstörung und von der Verkehrung jeglicher sozialer Ordnung. Was interessiert Deleuze daran neben der invertierten Zeitstruktur der Zukunftsvision? Zum einen die materialen Qualitäten von Herzogs Bildern, zum anderen das Verhältnis von Virtuellem und Aktuellem.

Das Verhältnis von Virtuellem und Aktuellem muss man sich bei Deleuze vorstellen wie zwei Zustände, zwei Modalitäten, die in jedem Epiphänomen Rücken an Rücken stehen. Als Gegenvorschlag zu den die Geschichte der abendländischen Philosophie prägenden Dichotomien Materie und Idee, Ding und Wort, Konkretion und Bild sind Virtualität und Aktualität als zwei Serien konzipiert, die sich auf zwei Bahnen bewegen. Die beiden Bahnen haben aber – im Unterschied zu den platonischen Gegensätzen – keinen Ursprung und kein *telos*. Sie fallen nicht zusammen, können aber auch nicht getrennt werden, bilden vielmehr ein spannungsreiches Paar, etwa wie zwei Tennisspieler. Das Spiel kann nur stattfinden, wenn die beiden mittels des Balls in Beziehung bleiben. Deleuze laboriert an einer agonalen Spannung zwischen dem, was den Sinnen zugänglich ist, und der Realität und Effektivität des Unstofflichen. Es geht ihm darum, die materielle Welt und nichtstoffliche Artikulationen gleich wichtig zu nehmen, gleich weltbildend zu denken. Als Expression dieser Komplementarität formieren sich gleichermaßen Dinge, Begriffe, Bilder, Körper, Lebewesen, Texte. Und in dieser spannungsgeladenen Wirklichkeit sind – wie bei Kracauer auch – stets Vergangenheiten und unausgeschöpfte Potentiale präsent. Wie im aktuell angespielten Ton die Obertöne mitschwingen, aber nicht zwingend hörbar sind, ist in jeder Konkretion eine andere, virtuelle Welt anwesend.

Deleuze umspielt in seinem Kommentar zu *Herz aus Glas* den Moment der Aktualisierung eines Aggregats aus Virtuellem und Materiellem als Gegenwart, als Schwelle zwischen Vergangenheit und Zukunft. Dabei kommt erneut die chemische Beschaffenheit von Glas ins Spiel: Nur während das Glasplasma abkühlt, kann es geformt werden.

Selbstverständlich werden viele Varianten des Prozesses der Kristallisation gezeigt: Glas in allen thermischen Zuständen, vom glühenden, undurchsichtigen Plasma, über biegsames, halbdurchsichtiges Arbeitsmaterial bis hin zum erkalteten, filigranen Endprodukt. Die Schwelle zwischen potentieller Form und konkreter Gestalt ist eine Gegenwart des Machens. Die Glasbläser sind Demiurgen:

> Die Suche nach dem Herzen und nach dem alchimistischen Geheimnis, dem roten Kristall, ist untrennbar von der Suche nach den kosmischen Grenzen, der höchsten Anspannung des Geistes und dem tiefsten Grund der Wirklichkeit.[7]

Das Bildmaterial Herzogs ist einer solchen Spannung ausgesetzt. Anstatt für den ganzen Film eine gleichmäßige Bildoberfläche zu bestimmen, Bilder an Bilder zu reihen, das Medium gleichsam durchsichtig zu machen, verwendet Herzog ganz unterschiedliche Häute: glatte, perfekt ausgeleuchtete *tableaus*, die wie Gemälde wirken, und körnige Landschaftsaufnahmen wechseln einander rhythmisch ab. In den Aufnahmen aus der Glasbläserei trüben bisweilen Lichtreflexionen auf dem Kameraglas den Blick auf das Geschehen. Viele Sequenzen des Films sind als Suchbewegungen nach Mustern im Amorphen lesbar: Zu Beginn schälen sich zur obertonreichen Musik von Popol Vuh Figuren (Kühe, der Seher Hias) aus dem Nebel, dann folgen Bilder von reißenden Wasserfällen, dann wieder Nebel, der über einem Tannenwald schwebt. Diese Bilder machen etwas mit der Wahrnehmung und thematisieren mittels des Glas-Motivs, dass sie es tun: Überflutung der Sinne einerseits, Zuspitzung der Wahrnehmung andererseits. Der ‚Fall in den Zeitkristall' wäre hier eine Ergreifung durch Bilder *in der Zeit*, gleichzeitig die Schaffung *von Zeit* in Form einer Schwelle, auf der aktualisierte und nicht-aktualisierte Welten koexistieren, eine Häufung von Zeit, wenn man so will.

Ich habe absichtlich mit *Herz aus Glas* begonnen, weil hier Ereignisse nicht zwingend von menschlichen Akteuren abhängen, diese wirken eher wie geträumte Anhängsel von Materialereignissen. Auch ist hier nicht das Anfangen topisch, wohl aber eine Bildstruktur, die eine Erwartungshaltung, dass etwas beginnen könnte, erzeugt. Mit Deleuze' Überlegungen zum Zeitkristall sind aber auch solche Anfänge denkbar, die traditionell zur menschlichen Sphäre gerechnet werden.

7 Deleuze: *Das Zeit-Bild*, S. 103.

Aller Anfang ist vermittelt: *Teorema* (I 1968)

Im Zentrum von Pasolinis *Teorema* steht eine wohlsituierte Familie aus Mailand, ein Haushalt, der aus fünf Personen besteht: Vater, Mutter, Sohn, Tochter, die Haushälterin Emilia. Eines Tages wird ein Besuch angekündigt. Dem stillen Besucher, der Rimbaud liest, erliegen nach und nach alle Mitglieder des *oikos*. Emilia macht den Anfang, der Vater ist der letzte, der dem ‚zögernden Geöffnetsein' des Besuchers verfällt. Das ist die Ereignisserie 1, die auf die Ankunft dieser messianischen Figur folgt. Ereignisserie 2 folgt auf seinen Weggang. Allen fünf Personen wird klar, dass sie nach dem, was geschehen ist, nicht einfach weitermachen können, erst der Weggang katalysiert die Unmöglichkeit des Weitermachens. Alle sind dazu gezwungen, neu anzufangen, sie können ihren bis dahin gültigen Lebensentwurf, die Theorie ihres Lebens – daher der Filmtitel – nicht aufrechterhalten. Emilia wird zu einer levitierenden Heiligen, der Sohn wird Künstler und kann damit das Problem des Anfangens auf Dauer stellen, professionalisieren, die Tochter fällt in Paralyse und wird zur Psychiatriebewohnerin, die pflichtbewusste Mutter kann nicht mehr aufhören, mit jungen Männern zu schlafen (auch das ist eine Methode, mit dem Anfangen nicht mehr aufzuhören). Die Konsequenz des *pater familias* ist diejenige mit der größten politischen Sprengkraft: Er verschenkt seine Fabrik an die Arbeiter und geht nackt in die Wüste. Heilig-werden, Verrückt-werden, Künstler-werden, Ding-werden, Tier-werden – eine Serie von (un)möglichen Lösungen des Problems des Anfangens.

Die narrative Rahmung des Films ermöglicht jedoch eine weitergehende Lesart: *Teorema* beginnt mit einer quasi-dokumentarischen Einstellung, in der ein Reporter die Arbeiter fragt, was sie denn davon hielten, dass ihnen die Fabrik nun gehöre. Der Reporter stellt direkt die Frage, ob sie eine Möglichkeit sähen, die Fabrik nun ‚anders' zu verwalten als der frühere Eigentümer, oder ob die neuen Besitzverhältnisse bedeuteten, dass sie alle kleine Kapitalisten würden. Und jemand antwortet: Ich glaube nicht, dass alle automatisch Kleinbürger und Kapitalisten werden. Das Problem des individuellen Anfangens wird also gerahmt von der Frage nach der Begründung neuer Besitzverhältnisse, nach der Möglichkeit eines neuen Sozialen. Wird es möglich sein, Arbeiter zu bleiben und mit der Fabrik neu anzufangen, oder wird die Fabrik als Milieu die Identität der Arbeiter verändern? Wird der Umsturz der Produktionsbedingungen ein Neuanfang sein (der die Werte der Arbeiter realisiert, aktualisiert) oder wird die schlechte Unendlichkeit der kapitalistischen Produktionsweise persistieren?

Teorema ist in meinen Augen insgesamt ein hoch optimistischer Film. Ganz im Gegensatz zu Filmkritiken, die den tragischen Zerfall der Familie in den Mittelpunkt stellen, sehe ich hier den Aufbau einer Versuchsanordnung, die testet, wie Anfangen gehen könnte. Dass Anfangen schwer ist und immer auch mit Gewalt zu tun hat, wird dabei nirgendwo verschwiegen, ebenso wenig wie der mediale Charakter des Anfangens. Die Szenen rund um die Ankunft und Abreise des Verführers stellen diesen medialen Charakter des Anfangens aus und zeigen uns eine Choreographie des Beginnens.

Erstens: Das Anfangen muss angekündigt und vertreten werden. Mittels eines Telegramms kündigt der Postbote namens Angelo, mit wunderbarer Leichtigkeit von Ninetto Davoli dargestellt, Kommen und Abreise des Gasts an. In beiden Fällen muss der Bote den Raum zwischen Gartentür und Haustür tänzerisch durchqueren. Er geht oder läuft nicht einfach von der Pforte zur Haustüre, sondern erfüllt den Schwellenraum mit einem Tanz, macht dadurch das Telegramm interessanter, gibt ihm mehr Gewicht. Er ist zudem eine clowneske Vor-Version, ein *preview*, des Verführers: Er möchte ein Küsschen von Emilia, einen Kuss, den später der Gast bekommt.

Zweitens: Der Auftritt des Erlösers, das Ereignis selbst, ist völlig unauffällig. Er ist plötzlich auf einer Party anwesend. Die Fleischwerdung des Worts ‚komme morgen' erfolgt ohne die Inszenierung eines Auftritts. Das musikalische Motiv von Angelino dem Postboten spielt im Hintergrund, die übrige Arbeit besorgt die Kamera, die die Blicke der im Raum Anwesenden auf die Figur im Hintergrund dirigiert.

Drittens: Der Akt der Verführung der einzelnen Personen ist ebenfalls hochgradig unspektakulär: Kein elaboriertes Spiel der Attraktion, kein bedeutungsvolles Blicken oder Agieren. Der Gast ist einfach nur da, ist insgesamt mehr reaktiv als aktiv. Er ist ein Kristallkern des Begehrens, nichts weiter als ein „Nexus der Prehensionen"[8], dasjenige,

8 Gilles Deleuze: *Die Falte. Leibniz und der Barock*, aus d. Franz. v. Ulrich Johannes Schneider. Frankfurt am Main: Suhrkamp 2000, S. 129.

auf das sich die Wahrnehmung der Bewohner/innen des Haushalts richtet, diese konzentriert und einfängt.

Nicht nur ist sein Auftritt mediatisiert, der Verführer selbst ist ein Medium: Er verbindet und trennt die Mitglieder des *oikos*, er ist das unscheinbare Bindeglied, durch das sich die anderen als neu erfahren. Und wenn der Gast das Medium ist, so fungiert der Postbote als ‚Vorstrom', als ‚dunkler Bote', der eine Differenzierungsbewegung einleitet, der aus lediglich Disparatem Differenziertes macht.[9] Die Präsenz des Verführers verbindet und differenziert die Familienmitglieder, die bis dahin unverbunden und gleichgültig nebeneinanderher lebten. In der Abschiedsszene wird dies besonders deutlich. Er berührt alle nacheinander, vertritt den Kontakt untereinander und reicht ihn weiter. Und es ist Emilia, die Angestellte, also selbst eine unauffällige Vermittlerin zwischen den Dingen des Hauses und den Personen, die ihm dabei hilft, den Schwellenraum zwischen Haustür und Gartentür zu überwinden, indem sie mit ihm gemeinsam den Koffer trägt.

Teorema hat also nicht nur das Anfangen zum Thema, sondern führt Dramaturgien des Anfangens auf und vor. Der Film nimmt eine Sezierung jener Elemente vor, die das Anfangen wahrnehmbar und kommunizierbar, sozialisierbar, machen. Die Frage, wie man nach dem Anfangen, nach der Aufwühlung, weitermacht, wird ebenso aufgefächert und wird – zumindest auf der Ebene der Figuren – eher abschlägig beantwortet. Nicht hingegen auf der Ebene der Kollektive. Sowohl die Arbeiter vor der Fabrik als auch Emilias Anhänger/innen, Religionsgemeinschaft und Arbeiterkollektiv bleiben zumindest modellhaft offene Optionen.

Was ist mit der Formel, der Verführer sei ein „Nexus der Prehensionen", gemeint? Ich denke, dass Pasolini uns mit seinem Gast einen Vorschlag macht, wie man den Übergang vom Ereignis der Ergreifung zu einer neuen (sozialen) Existenzform verstehen könnte. Es ist vielleicht auch ein Übergang zwischen Katholizismus und Kommunismus, den er in *Teorema* skizziert. Um die temporale Logik dieses Übergangs beschreiben zu können, scheint mir der Ereignisbegriff Alfred North Whiteheads, den Deleuze in seinem Leibniz-Buch aufgreift, hilfreich. Er widmet diesem ein kurzes, aber wichtiges Kapitel,

9 Zur Funktion des Vorstroms, des dunklen Boten als Vorbedingung der Differenzierung vgl. Gilles Deleuze: *Differenz und Wiederholung*, aus d. Franz. v. Joseph Vogl. Fink: München 1992, S. 157.

ein Kapitel, in dem er Momente der wechselseitigen Ergreifung (der ‚Prehension') als Praxis der Transformation sozialer Beziehungen herausarbeitet. Es ist ein Abschnitt, in dem es nicht um die in sich geschlossenen, sich selbst genießenden Monaden geht, sondern um die öffentlichen ‚Superjekte', die von dem ergriffen werden, was sie umgibt. Die Prehension ist dabei, einmal mehr, kein menschliches Privileg: „Das Auge ist Licht-prehendierend. Die Lebewesen prehendieren das Wasser, die Kohle und die Salze. In einem bestimmten Moment prehendiert die Pyramide die Soldaten Napoleon Bonapartes […], und umgekehrt."[10] Damit wird ein Ereignis als ein „Nexus von Prehensionen" beschreibbar. Der Begriff ‚Prehension' spielt auf das Eingebettet-sein und Ergriffen-sein in konkreten Situationen an und meint den Umstand mit, dass das Kräftegeflecht, innerhalb dessen man agiert, stets ein nur halb Gewusstes ist. Die Prehension wird aber auch dezidiert gegen die Apprehension, das kognitive Verstehen, in Stellung gebracht. In Whiteheads Prozessphilosophie finden Momente der wechselseitigen Ergreifung, der Neuverknüpfung von Akteuren und Agentien, der Intensivierung und Umstellung von Verhältnissen zwar laufend statt, aber nicht alle diese Berührungen sind Anfänge. Die Frage, die uns interessiert, ist aber genau die: Wie wird aus einem Moment der wechselseitigen Ergreifung – sagen wir: einem Konzert, einer Demonstration, dem ersten Sex – ein anderes Aufhorchen auf die Welt, eine politische Bewegung, eine Partnerschaft? Die Prozessphilosophie würde diese Differenz von vorneherein bestreiten: Im Konzert ist das andere Aufhorchen auf die Welt bereits da, in der Demonstration ist die politische Bewegung anwesend, im ersten Sex bereits die Partnerschaft. Man hat immer schon angefangen, im Anfang ist die neue Beziehung zur Welt schon da, als etwas, als ein Gefühl, das Nahzukünftiges anders antizipieren lässt. Lässt man, so Whitehead/Deleuze die Prehension, die Ergreifung weitere Kreise ziehen, differenziert sich das subjektive Empfinden immer stärker auf das (gesellschaftliche, materielle) Milieu aus. Sofern man diesen Prozess nicht identitätslogisch stoppt, öffnet sich das Empfinden auf jene Möglichkeiten, die im Milieu anwesend, aber noch nicht realisiert sind. Wir müssen darunter ein gleichermaßen gerichtetes wie im Kern anarchisches Prinzip des Etablierens von

10 Deleuze: *Falte*, S. 129.

Beziehungen als Resultat einer Dynamik von Wirkungen und Rückwirkungen verstehen. Als einen solchen Nexus, wenn man so will: Kristallisationspunkt verstehe ich den Gast in *Teorema*.
Ich möchte einen zweiten Blick auf Gilles Deleuze' Philosophie des Werdens und auf das post-klassische Kino werfen, einen Blick, der den zeitlichen Abstand zu den 60er Jahren des 20. Jahrhunderts in den Blick nimmt. Ich möchte fragen, ob das Anfangen überhaupt ein gutes Problem für uns ist, ein gutes Problem in dem Sinn, dass es sich lohnt, darüber nachzudenken. Gilles Deleuze schreibt, und das scheint mir einleuchtend, dass *Teorema* kein theorematischer, sondern ein problematischer Film sei.[11] Denn Probleme seien weit interessanter als Theoreme. Theoreme müssen in sich schlüssig sein, Probleme hingegen kommen von außen in ein Geschehen hinein und erzeugen dabei Theorie. Sie insistieren darin, dass die vorliegende Lösung nicht hinreichend ist. Die Formel des Problematischen laute: „mich lässt eine Frage nicht in Ruhe, auf die ich keine Antwort weiß"[12]. *Teorema* theoretisiert eine solche Frage, die von außen in die Familie kommt, „Was wäre wenn Sexualität nicht mehr heteronormativ organisiert wäre?", und lässt sie unterschiedliche Konstellationen und Milieus durchlaufen: Die Kernfamilie, die Fabrik, das Dorf. Man könnte deshalb vielleicht sagen, das Interessanteste an *Teorema* sind nicht die Prehensionen, sondern der Nexus. Der Ort und die Art und Weise der neuen Verknüpfungen. Mein Vorschlag wäre, diesen Ort Trubel oder ‚trouble' zu nennen, frei nach Donna Haraways *minima moralia* „Stay where the trouble is"[13]. Das Wort *trouble* lässt sich kaum ins Deutsche übersetzen. Es meint die Verstörung, aber auch das Anstoßen, das Anstoß-Erregen, das Affiziertsein, das Aufgewühltsein, aber auch die Verpflichtung und die Sorge („You are my favorite trouble"). Und es hat eben einen schönen falschen Freund: den Trubel. Bleiben, wo der Trubel ist, wo alles durcheinander geht, im Wirbel der Ergreifungen, im Wirbel unrealisierter sozialer Beziehungsformen wäre somit die Losung. Treue zum Problematischen heißt aber darüber hinaus, sich etwas länger auf der Schwelle zwischen opakem Glasplasma

11 Vgl. Deleuze: *Das Zeit-Bild*, S. 227–228.

12 Ebd., S. 228.

13 Vinciane Despret / Donna Haraway: Stay Where the Trouble Is. Vinciane Despret und Donna Haraway im Gespräch mit Karin Harrasser und Katrin Solhdju. In: *Zeitschrift für Medienwissenschaft* 4 (2011), S. 91–102.

und durchsichtigem Kristall aufzuhalten, an jenem Ort, an dem sich erst herausstellt, ob ein Anfangen politisch gewesen sein wird. Nun könnte man meinen, dass einen *trouble* einfach erfasst, dass er einfach da wäre. *Teorema* zeigt uns hingegen, dass das Problem / dass *trouble* immer auch eine Frage der Rahmung, des *stagings*, der Verteilung von Aufmerksamkeit ist. Anders gesagt: *trouble* ist potentiell überall, aus *trouble* ein interessantes Problem zu machen, das wäre die Aufgabe, die an diejenigen ergeht, die an ästhetischen und an Wissenskomplexen arbeiten.

Eine finale Überlegung zur Situierung von sowohl Pasolinis Film als auch Deleuze' Filmästhetik betrifft die Frage, ob die Emphase auf das Anfangen überhaupt noch ein gutes, ein politisches Problem ist. Ich habe mich schon häufiger gefragt, was passieren würde, wenn man Deleuze' Diagnosen aus seinem kleinen Text über die Kontrollgesellschaften auf seine fünf Jahre vorher geschriebenen Texte zum Kino oder die kurz davor geschriebenen Texte über Leibniz' Philosophie des Ereignisses umkippen würde. Denn die Diagnose 1990 lautet ja, in der Kontrollgesellschaft könne man nicht nur, wie schon in der Disziplinargesellschaft, nicht damit aufhören, anzufangen, sondern würde auch mit nichts mehr fertig.[14] Das Problem scheint nicht länger das Anfangen, das Durchbrechen einer verknöcherten Struktur zu sein, sondern im Gegenteil, dass das Anfangen zum Imperativ verkommen ist und man mit nichts mehr fertig wird, sind die Heimsuchungen der Moderne. „Stay where the trouble is", das würde dann bedeuten, nicht leichtfertig den Anfang zu feiern, sondern ein Weitermachen, das dem Problematischen wie dem Ereignishaften des Anfangens treu bleibt, zu entwerfen. In Pasolinis Film geht es um beides: Um die Frage des Anfangens, darum, was passiert, wenn ein Problem von außen in eine theorematische Konstruktion (die bürgerliche Familie) hineinschlüpft. Und es geht darum, wie und was man weitermachen kann, wenn die Aufwühlung, der *trouble* stattgefunden hat. Wie macht man am Morgen danach weiter, wie macht man den *trouble* weiter? Um diesen Fragen nachzuspüren, entwirft Pasolini individuelle Schicksale als Testsituationen, die Rahmung der einzelnen Geschichten macht aber deutlich: Es geht um die Frage

14 Gilles Deleuze: Postskriptum über die Kontrollgesellschaften. In: Ders.: *Unterhandlungen. 1972–1990,* aus d. Franz. v. Gustav Roßler. Frankfurt am Main: Suhrkamp 1993, S. 254–262.

nach den Möglichkeitsbedingungen der Herstellung des Sozialen, um die Frage, welche Treueprozedur die Arbeiter, denen die Fabrik geschenkt wurde, verfolgen können. Die Frage bleibt unbeantwortet, sie scheint mir nach wie vor die entscheidende zu sein.

Postskriptum über das Weitermachen: *Große Vögel, kleine Vögel* (I 1966)

Teorema ist Revolutionsfilm und Postrevolutionsfilm in einem. *Uccelacci e Uccelini* (*Große Vögel, kleine Vögel*), der 2 Jahre jünger ist, fällt noch eindeutiger auf die Seite des *post*, des vermittelten Weitermachens. Der Film ist eine brechtianische Mischung aus Märchen, Fabel, Surrealismus, Slapstick, marxistischer Allegorie und christlichem Lehrstück. Zwar geschehen hier Wunder, also Ereignisse schlechthin, am laufenden Band, die große Umwälzung kommt aber nirgendwo in Sicht. Aus vielerlei Indizien kann man schließen, dass sie schon stattgefunden hat. Auf den postrevolutionären Charakter verweist am deutlichsten die recht erratisch eingeschnittene, dokumentarische Sequenz, die das Begräbnis des Generalsekretärs der italienischen kommunistischen Partei Palmiro Togliatti (1963) zeigt.

So werden in der Franziskus-Episode die beiden Mönche Ciccilo und Ninetto vom Hl. Franziskus einfach wieder zurück zu den Vögeln geschickt, nachdem es ihnen bereits gelungen war, mit Spatzen zu sprechen. Sie haben diese sogar dazu animiert: „Liebe, Liebe" zu hüpfen. Denn Spatzen verwenden nicht Zwitschern, sondern Hüpfen zur Kommunikation. Sie müssen dennoch wieder zurück, da man „nicht aufhören dürfe, die Welt zu verändern". Vater und Sohn (Totó und Ninetto Davoli in weiteren Rollen) werden – ein weiteres Wunder – bei ihren Streunereien durch die Vorstädte von einem sprechenden Raben begleitet. Er stammt aus dem Land der Ideologie, ist der Sohn des Vaters Zweifel und der Mutter Bewusstsein. Am Ende drehen Marcellino und Ninetto ihm den Hals um und essen ihn auf, weil er sie mit seinen schlauen Reden über die politischen Verpflichtungen, die aus dem Hunger anderer erwachsen, zu sehr nervt. Während Vater und Sohn das Hier und Jetzt der Vorstädte durchstreifen, sind sie – und das scheint mir zentral – nicht verführbar zu einer Haltung der Erwartung.

Wäre der Begriff nicht schon für etwas anderes in Verwendung, wäre man versucht, bei *Große Vögel, kleine Vögel* von einem „magischen

Realismus"[15] zu sprechen. Es begegnet einem Märchenhaftes, das dazu bewegt, genauer auf die öde Wirklichkeit der Vorstädte zu schauen; es ist das Zauberische, das Wirklichkeitsanteile zu sehen gibt, die zu unauffällig waren, als dass sie fesseln könnten. *Teorema* und *Große Vögel, kleine Vögel* sind Filme für ‚den Morgen danach', weil sie ebenso zart und nachdrücklich ein Problem kultivieren, das der Zeitordnung der Revolution inhärent ist: Wenn die Revolution das Gestern und das Morgen radikal trennt, kommt es notwendigerweise zu einem Auseinanderklaffen von Erfahrung und Erwartung. Auf gemachte Erfahrungen ist kein Verlass mehr. Sie sind für die Gestaltung der Zukunft nicht weiter nützlich. Reinhart Koselleck hat den Zusammenhang so formuliert: Je weiter der Horizont einer möglichen Zukunft sich von selbst gemachter oder überlieferter Erfahrung entfernt, desto waghalsiger werden die Utopien; je unberechenbarer der Wandel, desto größer das Pathos der Revolution.[16] Demgegenüber scheinen mir die beiden besprochenen Filme in eine Richtung zu gehen, die auf eine Wahrnehmungsverfeinerung für die vorhandenen Kräfte des Wandels im Hier und Jetzt zielt. Die Verführer, die die Zukunftserwartung so anlegen, dass sie zu neuen Denkzwängen führen, gehen ab oder werden aufgegessen.

Eine Behandlung solcherart „magischen Realismus" findet sich in Jacques Rancières Überlegungen zu Béla Tarrs späten Filmen, die man in mancherlei Hinsicht mit jenen Filmen Pasolinis vergleichen kann: Gezeigt werden nicht länger enttäuschte oder hoffende Menschen (wie in den frühen Filmen Tarrs), sondern Leute in einer verdickten Wirklichkeit, Leute, deren Erwartung auf den ganz großen Neuanfang minimiert ist, die in ihrem Alltag ihre Kreise ziehen. Man wohne hier einer Zeit bei, schreibt Rancière, in Resonanz mit Siegfried Kracauer, in der man nichts mehr erwartet, sondern „in der man sich für das Warten selbst interessiert"[17]. Die Revolution ist eine

15 Im Übrigen wurde der Begriff ursprünglich von dem Kunstkritiker Franz Roh 1925 für die Maler der Neuen Sachlichkeit, für den Nach-Expressionismus, verwendet, dann aber rasch in Südamerika aufgenommen, sodass er inzwischen als Genrebezeichnung fungiert.

16 Reinhart Koselleck: ‚Erfahrungsraum' und ‚Erwartungshorizont' – zwei historische Kategorien. In: Ulrich Engelhardt / Volker Sellin / Horst Stuke (Hrsg.): *Soziale Bewegung und politische Verfassung. Beiträge zur Geschichte der modernen Welt.* Stuttgart: Klett 1976, S. 13–33.

17 Jacques Rancière: *Béla Tarr. Die Zeit danach*, aus d. Franz. v. Julian Radlmaier. Berlin: August 2013, S. 80.

permanente Kreisbewegung geworden, die tief ins materielle Dasein hineinreicht. Dass dies weder melancholisch noch zynisch noch hoffnungslos ist, hat damit zu tun, dass die Verführung durch Propheten (ob sie nun kommender Messias, Kommunismus oder Film heißen) ohnehin immer ein Betrug war. Nicht mehr überspannt zu *er*warten, sondern die Kräfte des Gegenwärtigen aufzuschließen, ist im Verhältnis dazu befreiend. Eine kleine Befreiung, ein kleiner Messianismus, oder wie Rancière am Ende sagt: „Der geschlossene Kreis ist immer offen."[18] Der Film als Vertreter dieser Öffnung ist kein Vertreter einer kommenden Wahrheit, er ist Vermittlung, er baut Relationen, er verbindet und trennt.

18 Rancière: *Béla Tarr*, S. 79.

Dramatisierungen des Anfangens

Die Intros von *Homeland*, *True Blood* und *True Detective*

Julia Bee

1. Vorspann

Am Anfang der Serie: Schrille Jazz-Klänge, eine Mädchenbiographie in Fotographien, collagiert mit US-Nachrichtenbildern von Kriegen der letzten 30 Jahre (Abb. 1–4); Montagen der Zersetzung und Entstehung von Leben, zuckendes Blutplasma und Erweckungsekstase in erotisiert-morbider Südstaatenatmosphäre (Abb. 5–8); US-Golfküstenimpressionen verschränkt mit Industrieanlagen, Stripperinnen und flammenverzerrten menschlichen Silhouetten, überblendet mit mystischen Tiersymbolen und Landschaften (Abb. 9–12). Alle drei Bild-Sound-Montagen bilden den sich rituell wiederholenden Einstieg in jede Episode jeweils einer aktuellen US-amerikanischen TV-Serie, die sich auf je unterschiedliche Weise mit der historischen und aktuellen Situation der USA beschäftigt und gleichsam Bilder aus dem kollektiven Gedächtnis, einem unpersönlichen Archiv oder aus den Nachrichten konstelliert: *Homeland* (USA 2011–, C: Alex Gansa, Showtime), *True Blood* (USA 2008–2014, C: Alan Ball, HBO) und *True Detective* (USA 2014, R: Cary Fukunaga / Nic Pizzolatto, HBO).[1] Die Clips (Intros oder Vorspann, im englischen *title sequence* genannt)

1 Auf *Art of the Title* (http://www.artofthetitle.com/) finden sich die ‚Credits der Credits' – also umfassende Angaben zu den jeweiligen Kreativ- und Produktionsteams von *True Blood* und *True Detective* sowie die Clips. Für das Opening von *True Blood* zeichnet das Produktionsstudio Digital Kitchen verantwortlich, für *True Detective* Elastic, für *Homeland* TCG Studio.

eröffnen jede Episode, bilden den Einstieg als affektive *opener*, stellen die Ästhetik und Atmosphäre der Serie aus und zugleich ihre Produktionsbedingungen vor: Sie inszenieren nicht nur üblicherweise Collagen aus Bildern und Sound, sondern präsentieren durch eine ebenfalls die Serie charakterisierende Typographie (*opening credits*) auch die Namen der Schauspieler_innen (und z.T. deren Gesichter, wie bei *True Detective*), der Schreiber_innen und Produzent_innen sowie der Gestalter_innen der Intros selbst und das Logo des Senders (in den *closing credits* wird dann die gesamte *crew* bzw. der *cast* vorgestellt). Die Clips sind so als Eröffnung – wenn sie auch nicht unbedingt am absoluten Beginn jeder Folge stehen, sondern häufig die narrative Eröffnung von der folgenden Handlung trennen bzw. verbinden – Collagen aus Eindrücken und ‚Ausdrücken' der Serie, die jedoch nicht notwendig repräsentational Bilder und Szenen aus der Serie zeigen, sondern eine relative ästhetische Autonomie erlangt haben. Sie erfreuen sich damit eines zunehmenden Beliebtheitsgrads unter Rezipient_innen (auch ohne anschließenden Serienkonsum) und werden auch unter experimentelleren sowie künstlerisch und technisch innovativeren Bedingungen, wie ausgefeilten Animationsverfahren, produziert.[2] Auch seitens der Forschung werden sie zunehmend als eine Art serienautonomes Kunstwerk wahrgenommen.[3] Die Clips sind nicht nur auditiv, sondern auch auf der Bildebene mit *title themes* und Songs älterer Serien und *soundtracks* von Filmen vergleichbar. Ihre ‚Anfangsfunktion' ist jedoch nicht darauf zu reduzieren: Sie entfalten – wie argumentiert werden soll – auch forschende, diagrammatische Operationen und individuieren als kleine Forschungsmaschinen, sozusagen als Philosophien des Intros. Sie sind nicht nur Ausdruck oder Repräsentation eines gewissen ‚Kultfaktors' einer Serie im Musikvideostil, sondern zugleich Eindruck, Eröffnung und vorbereitendes Affektmilieu. Die hier betrachteten Einstiege entfalten ein Spiel zwischen Virtualität und Aktualität, zwischen vorstellendem Einführen einerseits und verschlungenen, ontologischen und

2 Es lässt sich ein Zusammenhang zwischen den Pay-TV-Intros und dem Aufwendigkeitsgrad ihrer Produktion aufzeigen: Im Gegensatz zu Network-Intros sind sie länger und damit potentiell aufwendiger, da die Sendezeit nichts kostet. Vielen Dank an Dominik Maeder für diesen Hinweis.

3 Wassili Zygorous spricht in Bezug auf stilprägende Filmintros von kleinen „filmautonomen Kunstwerken". Wassili Zygorous: Vorspann / Abspann. In: *Reclams Sachlexikon des Films*, hrsg. v. Thomas Koebner. Stuttgart: Reclam 2011, S.755.

epistemologischen Zwischenzonen andererseits, die weit über die Funktion der Repräsentation hinausreichen bzw. Repräsentationen selbst infrage stellen.

Sowohl als affektive Eröffnung einer sich seriell wiederholenden als auch als rhythmisch differierende Handlung sind die *intros* zugleich Ausdruck, Reaktion und Antwort von Künstler_innen, Produzent_innen und Regisseur_innen auf die Eindrücke einer Serie. Sie bestehen in einer zweifachen Relation der Affektion und Perzeption – als, schlägt man sie dem Bereich künstlerischen Denkens zu und folgt Gilles Deleuze und Félix Guattari, „Affekt-Perzept-Block“[4]. So ist das Konzept der Bildcollage nach dem Schauen der Pilot-Episode *True Blood* entstanden[5] oder der Vorspann zu *True Detective* nach dem Lesen des Drehbuchs der ersten Staffel der Anthologie.[6]

Die komplexen zeiträumlichen Formen des Serienanfangs sollen im Folgenden nicht allein als Ausdruck künstlerischer Subjekte betrachtet werden, sondern als mediale Diagramme, die zwar durch hochprofessionelle Gestaltungskontexte und Produktionsbedingungen zu eigenständigen Kunst- und Ausdrucksformen geworden sind. Im Vordergrund soll dabei aber vor allem ihre Formierung als Medium stehen, ihre Individuation als Prozess der Beforschung nicht *über*, sondern *als* Ko-Emergenz und Relation mit der Serie. Sie werden auch weder rein kritisch noch rein affirmativ gedeutet. So, wie sie eine Perspektive auf die Serie (oder damit verbundene Konstellationen der Macht) ergeben, intensivieren sie ihre Sujets. Sie existieren als Spannungsmilieu, als *Dramatisierung*.

2. Diagramme und Dramatisierungen

Obwohl sie keine rein darstellende Funktion haben, kann man die spannungsvollen Collagen als Diagramme bezeichnen. Das Diagramm ist nicht nur ein Schaubild, das etwas modellhaft und visuell

4 Gilles Deleuze / Félix Guattari: *Was ist Philosophie?*, aus d. Franz. v. Joseph Vogl. Frankfurt am Main: Suhrkamp 2000, S. 191–237.

5 So das Team der Produktionsfirma Digital Kitchen in einem Interview, zit. n. Brigid Cherry: Before the Night is Through. True Blood as Cult TV. In: Dies. (Hrsg.): *True Blood. Investigating Vampires and Southern Gothic.* London / New York: Palgrave 2012, S. 3–21, hier S. 12.

6 Vgl. Patrick Claire: Interview [mit Patrick Claire]. In: *Art of the Title.* http://www.artofthetitle.com/title/true-detective/ (Zugriff am 30.08.2014).

darstellt, sondern hat auch eine antizipierende und zugleich operierende/operative Funktion.[7] Deleuze betrachtet die Markierungen der Bilder Francis Bacons als eine Art Skizze und als Verfahren, die aber nicht schon im Immateriellen ein Bild des lediglich noch nicht materiell Verwirklichten vorwegnehmen: „Das Diagramm ist also die operative Gesamtheit der Linien und Zonen, der asignifikanten und nicht-repräsentativen Striche und Flecken"[8]. Für Deleuze ist „[d]as Diagramm zwar ein Chaos, aber auch der Keim von Ordnung und Rhythmus"[9]. Das Diagramm begegnet dem Problem des Anfangs in der Malerei[10]: Es antwortet auf virtuell bereits vorhandene Klischees, deren Ausbreitung im künstlerischen Arbeiten verhindert werden soll. Es vermag für Bacon bzw. Deleuze „damit Bedingungen für etwas zu schaffen, das auftauchen kann"[11]. Das Diagramm ist zugleich „Katastrophe" und Neuanfang.[12] Es unterhält eine doppelte Beziehung zum Werden und zum Vergehen. Es aktualisiert und materialisiert sich als Prozess wie es den Prozess operiert, d. h. es ist ontogenetisch, ohne vollständig aktuell zu sein.[13] An anderer Stelle bezeichnen Deleuze und Guattari in einem semiotischen Sinne das Diagramm auch nicht als referentielles Zeichen, sondern als antizipierende Technik oder maschinische Praxis.[14] Das Diagramm ist so

7 Vgl. Gilles Deleuze: *Logik der Sensation*, aus d. Franz. v. Joseph Vogl. München: Fink 1995, S. 63. Der Begriff Diagramm geht auf diagraphein, „das Einschreiben einer Linie", zurück; Susanne Leeb: Einleitung. In: Dies. (Hrsg.): *Materialität der Diagramme. Kunst und Theorie*. Berlin: b_books 2012, S. 7-32, hier S. 12. Leeb verweist auf die Bedeutung des Verknüpfens und zugleich des Auflösens des Begriffs *diagramma* (ebd., S. 13).

8 Ebd.

9 Ebd.

10 Vgl. André Reichert: *Diagrammatik des Denkens. Descartes und Deleuze*. Bielefeld: Transcript 2013, S. 51.

11 Ebd.

12 Deleuze: *Sensation*, S. 64.

13 Vgl. Manuel de Landa: Deleuze, Diagrams, and the Genesis of Form. In: *Amerikastudien / American Studies* 45,1 (2000), S. 33–41.

14 Vgl. Gilles Deleuze / Félix Guattari: *Tausend Plateaus. Kapitalismus und Schizophrenie 2*, aus d. Franz. v. Gabriele Ricke / Ronald Voullié. Berlin: Merve 1992, S. 196. „Abstrakte Maschinen sind abstrakt, singulär und kreativ, hier und jetzt, real, aber nicht konkret, aktuell, aber noch nicht verwirklicht, und deshalb werden sie datiert und benannt" (ebd., S. 707). Maschinisch bedeutet das gemeinsame Funktionieren heterogener Ensembles und reduziert sich nicht auf die mechanische Maschine. Als solches umfasst sie eine semiotische asignifikante Funktion: „Die Maschine unterscheidet sich von jeglicher Repräsentation, da sie nicht-figurative, nicht-projektive

ereignishaft und selbst prozessual zu denken: „a schema in motion“[15]. Einerseits beschreibt Diagramm in der durchaus heterogenen Verwendung des Begriffs durch Deleuze bzw. Deleuze und Guattari eine Technik des Werdens, der schöpferischen Aktualisierung, eine „technique of existence“[16] und die Antizipation eines Ereignisses. Dabei ist es selbst nicht vollends aktuell und selbst ereignishaft, d.h. es ist dem Ereignis immanent und keine äußere Funktion oder Struktur. Es handelt und ist dennoch als Skizze des Kommenden zu verstehen: ein Keim der Stratifizierung auf dem Chaos, selbst chaosmotisch und nicht als das Gegenteil des Chaos zu verstehen.[17] Anderseits folgt Deleuze mit dem Diagramm Michel Foucaults Verwendung für einen immanenten, ideell-materiellen Machtmechanismus wie dem Panoptikum in *Überwachen und Strafen*.[18] Diese Linie aufnehmend sollen mit dem Diagramm der Serie *Homeland* vor allem Begriffe der Macht wie *onto-Power* und *preemption* entfaltet werden.[19]

Diagramme sind keine Repräsentationen, Illustrationen oder Inszenierungen der Macht, sondern in deren Kräftespiel zugleich begriffen und doch eine äußere anfängliche Grenze und ein Bildmilieu des Anfangens. Deleuze beschreibt das Diagramm als Tableau, beweglich

reine Abstraktion ist (wenngleich sie immer repräsentiert werden kann, was allerdings weit ab von jedem Interesse liegt). Léger hat gezeigt, daß die Maschine nichts, schon gar nicht sich selbst repräsentiert, ist sie doch Produktion organisierter, intensiver Zustände […].“ (Gilles Deleuze / Félix Guattari: *Anti-Ödipus. Kapitalismus und Schizophrenie 1*, aus d. Franz. v. Bernd Schwibs. Frankfurt am Main: Suhrkamp 1977, S. 504.)

15 Brian Massumi: *A User's Guide to Capitalism and Schizophrenia. Deviations from Deleuze and Guattari.* Cambridge, MA / London: MIT UP 1992, S. 156. Das Diagramm kann auch ein Film sein, vgl. Jakub Zdebik: *Deleuze and the Diagram. Aesthetic Threads in Visual Organization.* London: Continuum 2012, S. 100.

16 Brian Massumi: *Semblance and Event. Activist Philosophy and the Occurrent Arts.* Cambridge, MA / London: MIT UP 2011, S. 87–103.

17 Vgl. Félix Guattari: *Chaosmosis. An Ethico-Aesthetic Paradigm*, aus d. Franz. v. Paul Bains / Julian Pefanis. Bloomington / Indianapolis: Indiana UP 1995.

18 Michel Foucault: *Überwachen und Strafen. Die Geburt des Gefängnisses*, aus d. Franz. v. Walter Seitter. Frankfurt am Main: Suhrkamp 1994, S. 264.

19 Vgl. Brian Massumi: Angst (sagte die Farbskala). In: Ders.: *Ontomacht. Kunst, Affekt und das Ereignis des Politischen*, aus d. Engl. v. Claudia Weigel. Berlin: Merve 2010, S. 105–129; ders.: The Future Birth of the Affective Fact: The Political Ontology of Threat. In: Melissa Gregg / Gregory G. Seigworth (Hrsg.): *The Affect Theory Reader.* Durham / London: Duke UP 2010, S. 52–70; ders.: National Enterprise Emergency. Steps Toward an Ecology of Powers. In: *Theory, Culture and Society* 26,6 (2009), S. 153–185, zu *preemption* bes. S. 167.

und veränderbar. Das Diagramm ist eine „abstrakte Maschine", sie „ignoriert jede Formunterscheidung zwischen einem Inhalt und einem Ausdruck"[20], es ist eine „Karte der Kräftebeziehungen, der Dichteverhältnisse, der Intensitäten"[21] und selbst „instabil" und „fließend"[22]. Man könnte auch von einer Assemblage, einer heterogenen maschinischen Versammlung, einem Gefüge aus Kräften sprechen.

Das Diagramm verhält sich auf eine bestimmte Weise zur Macht, es verdichtet sie und ist zugleich eine dynamische Relation von Relationen,[23] die in ihm zusammen laufen. Insofern kartographiert das Diagramm und fungiert im Schreiben als Vehikel und nicht als Beispiel im Sinne einer Illustration. Im Begriff des Diagramms sind Anfang und Macht zwei Seiten eines Ereignisses, einerseits Stratifizierung auf dem Chaos und in Foucaults Verwendung des Begriffs Diagramm eine Machtoperation. Es aktualisiert das noch nicht Vorhandene, auch außerhalb künstlerischer Praktiken. Das Diagramm des Anfangs beforscht und antizipiert hier die TV-Serie, gleichzeitig erzeugt es eine Differenz zu dieser.

Das Diagramm der Serien-Intros steht jedoch auch in keinem linearen, sondern einem komplexen zeiträumlichen Verhältnis, was es selbst als prozessual erscheinen lässt.[24] Im sukzessiven, wenn auch nicht linearen Verlauf der Serie steht es zwar fast immer zu Beginn jeder Episode, seine mögliche Bedeutung ist zugleich aber auf die einzelne, sich im Fluss der Serie verändernde Episode und auf die gesamte Serie bzw. alle Staffeln bezogen, für die der jeweilige Vorspann verwendet wird.[25] Jede Episode beginnt zwar mit einem sich wiederholenden Intro, dieses verändert sich jedoch mit der zunehmenden Rezeption der Staffeln. Intros sind der sich wiederholende

20 Gilles Deleuze: *Foucault*, aus d. Franz. v. Hermann Kocyba. Frankfurt am Main: Suhrkamp 1992, S. 52.

21 Ebd., S. 55.

22 Ebd., S. 53.

23 Vgl. Massumi: *User's Guide*, S. 16.

24 Zudem unterscheiden sich die hier eingeführten Schnittzeiten der Clips nach Sendern: Während Showtime den Opening Credit von *Homeland* unmittelbar an den Anfang setzt, führt HBO bei *True Blood* und *True Detective* die Opening Credits und den Titel der Serie erst nach einer narrativen Eröffnungssequenz ein. Bei *True Blood* und *True Detective* handelt es sich damit streng genommen nicht um den unmittelbaren Beginn jeder Episode.

25 Im Laufe der Jahre ändern und überarbeiten Serien zuweilen ihre Main Title, z. B. *Gilmore Girls*.

Anfang, ein Anfang, der immer gleich ist und doch immer eine Differenz einführt, da er immer eine neue Relation zu einer neuen Episode herstellt. In *True Detective* z. B. verschiebt sich die Lesbarkeit der z. T. mythischen Bilder des Intros mit der Aufklärung der rätselhaft inszenierten Ritualmorde über die erste Staffel hinweg und rückt den mystizistischen Subtext in einen anderen (religiös motivierten) Zusammenhang. Dies ist z. T. von Intros bekannt, die aus Mikro-Szenen der Serie zusammengesetzt und wie eine Fotocollage gestaltet sind.[26] Bei *True Detective* allerdings handelt es sich um überwiegend abstrakte, vor allem auf das soziale, landschaftliche und industrielle Environment der Protagonisten bezogene Bilder. Die darin eingeflochtenen religiösen bzw. apokalyptisch anmutenden Bilder erhalten neben der atmosphärischen eine andere Lesart einhergehend mit der ‚Klärung' des Falls bzw. den Ermittlungen im Kirchenmilieu. Damit greift das Intro voraus und führt Bilder ein, die sich erst auf die spätere Handlung beziehen und retrospektiv eine neue Bedeutung erlangen, also selbst prozessual bzw. als zeitliche Dauer zu denken und nicht einmalig gegeben sind.[27]

Man kann die Intros der Serien – anknüpfend an den Titel dieses Bandes – als Dramaturgien des Anfangs bezeichnen oder auch als Dramatisierungen, ein Begriff mit dem Deleuze die Aktualisierung von *differentiierten* (virtuellen) noch nicht geformten Ideen beschreibt.[28] Die Idee ist ein offener Prozess, kein immaterielles Bild. Sie „erleidet" Kräfte des Werdens eines Milieus und wird nicht bloß realisiert.[29] Dramatisierungen bilden Diagramme des Anfangens: Sie operieren als Anfänge und erzeugen zugleich Techniken und Operationen des Anfangens und der Emergenz. Kennzeichnend für die Dramatisierung wie auch das Diagramm ist, dass sie an keinem ursprünglichen

26 Wie es häufig bei Sitcoms der Fall ist, in denen neben ikonischen oder typischen auch noch nicht bekannte Szenen verwendet werden.

27 Auch ohne diese Information führen sie aber natürlich in das düstere Environment der Serie ein.

28 Vgl. Gilles Deleuze: Die Methode der Dramatisierung, aus d. Franz. v. Eva Moldenhauer. In: Ders.: *Die einsame Insel*. Frankfurt am Main: Suhrkamp 2003, S. 139–170; ders.: *Differenz und Wiederholung*, aus d. Franz. v. Joseph Vogl. München: Fink 1992, S. 271–280.

29 Deleuze: *Differenz*, S. 274.

Anfang stehen, sondern die Bewegung des Werdens und Vergehens zugleich bezeichnen.[30]

Die Dramatisierung ist vor allem ein Konzept, das die Aktualisierung als nicht-linearen Prozess versteht und damit einen linearkausalen Verursachungs- und Ursprungskontext in Frage stellt. In der Dramatisierung wird eine „Idee“ aktualisiert. Sie ist in ihrer dynamischen Verzeiträumlichung jedoch keine bereits fertig geformte Entität, sondern der Prozess des Durchlaufens von Kräften und Spannungen eines Milieus selbst. Sie wird zum Prozess ihrer Aktualisierung. Dies beschreibt Deleuze mit einer Art Aktualisierungs-Performativität, die sich gerade nicht auf die Vorstellung der Idee als eines immateriellen Bildes, das materiell verwirklicht wird, richtet, sondern auf das Drama der Aktualisierung.[31]

Durch das Denken der Virtualität beginnt Dramatisierung in der Mitte – sie hat keinen ursprünglichen Anfang, sondern wird im und durch ein Milieu. Dramatisierung beschreibt so, dass die Welt ereignishaft entsteht und nicht als Realisierung eines bereits vorhandenen *blueprints* fungiert. Vielmehr verselbstständigen sich in der Aufführung die Prozesse und gewinnen eine eigene Qualität als Dynamik der Entfaltung eines Prozesses.[32]

Diagramme antizipieren und operieren als emergente Techniken des Werdens. Sie sind immanente Konzepte. Eine Dramatisierung ist ein Diagramm, es beschreibt das „wie?“, „wodurch?“, „wer?“, nicht das substantielle „was?“[33] einer Ökologie oder eines Milieus, nicht das Handeln eines bereits fertigen Subjekts.

Dramatisierung ist selbst ein Konzept des Anfangens, da jede Differenzierung wiederum virtuelle „Differentiierung“ ist und nie etwas vollständig Gegebenes und Konsolidiertes, sondern immer auch

30 Susanne Leeb bezeichnet das Diagramm auch als „Ambivalenthalten von einer sich formierenden und gleichzeitig auflösenden Gegenständlichkeit“ (Leeb: Einleitung, S. 16).

31 „Die Welt ist ein Ei, das Ei selbst aber ist ein Theater: Ein Regietheater, in dem die Rollen über die Schauspieler, die Räume über die Rollen, die Idee über die Räume siegen. Mehr noch, Kraft der Komplexität einer Idee und ihrer Beziehungen zu anderen Ideen spielt sich die räumliche Dramatisierung auf mehreren Ebenen ab: In der Konstitution eines inneren Raums, aber auch in der Art und Weise, wie dieser Raum auf die äußere Ausdehnung übergreift und darin eine Region besetzt.“ (Deleuze: *Differenz*, S. 274.)

32 Vgl. ebd.

33 Vgl. Deleuze: Methode der Dramatisierung.

virtueller Anfang.[34] Dieser ist ein Anfang in der Mitte. Virtualität und Aktualisierung sind im Konzept der Dramatisierung als zwei Seiten eines Ereignisses aufeinander bezogen. Als Dramatisierungen des Anfangs operieren die hier ausgewählten *intros* selbst als Mikropolitiken der Emergenz, sie sind Intensivierungen von Anfangen *als* Anfang. Im Fall von *True Blood* ist es die zirkuläre Faltung von Beginn und Ende. Im Fall von *Homeland* handelt es sich um eine Modulation durch Angst als Form der Onto-Macht.

Alle hier ausgewählten Intros sind auf heterogene Weise mit der Serie verbunden, die sie einleiten. Alle *dramatisieren* jeweils bestimmte Tendenzen einer Macht des Anfangens, einer affektiven *preemption* und der Emergenz. So kann man über die diagrammatische Operation der hier verhandelten Openings eine affektive Intensivierung beschreiben, die die Macht des Anfangs und die Emergenz selbst auf je spezifische Weise zum Ausdruck bringt. Jedes der hier angeführten Intros führt so selbst eine Operation der Emergenz auf und ist somit ein immanentes *Metamodell* von Anfangen.[35]

Die diagrammatisch zu verstehenden Operationen der Intros sind keine Illustrationen bestehender Ideen. Sie inszenieren nicht das bereits bestehende Immaterielle als materielle Produktionsweise, sondern entstehen als Modus des Werdens. Sie sind insofern mediale Praktiken, die sich in ihrer Produktivität performativ ereignen. Ihre Performativität gedacht als Dramatisierung ist nicht subjektiv oder menschlich zu verstehen, sondern ereignishaft und umweltlich, bezogen auf die Handlung eines Milieus. Dramatisierung beschreibt die Verzeiträumlichung von Emergenz als Interaktion von Individuum und assoziiertem Milieu.

34 Deleuze unterscheidet die virtuelle Differentiation mit t von dem Prozess der Differenzierung, mit z: „Während die Differentiation den virtuellen Inhalt der Idee als Problem bestimmt, drückt die Differenzierung die Aktualisierung dieses Virtuellen und die Konstitution der Lösungen (durch lokale Integration) aus. Die Differenzierung ist gleichsam der zweite Teil der Differenz, und man muß den komplexen Begriff Differen*tiation/zierung* [*différérent/ciation*] prägen, um die Integrität oder Integralität des Objekts zu bezeichnen. *tiation* und *zierung* [*t* und *c*] sind hier das Unterscheidungsmerkmal und das phonologische Verhältnis der Differenz selbst." (Deleuze: *Differenz*, S. 265, Herv. i. O.)

35 Vgl. zum Begriff des Metamodells Félix Guattari: *Schizoanalytic Cartographies*. London / Neu Delhi / New York: Bloomsbury 2013, S. 43–45. Trotz der Verwendung des Präfix Meta handelt es sich um eine immanente, diagrammatische Form affektiver Verdichtung.

Das Milieu spielt auf heterogene Weise in seiner Verknüpfung mit menschlichen und nichtmenschlichen Bewohner_innen und Lebewesen in allen drei Intros eine zentrale Rolle.[36] Die gezeigten Bildumwelten sind mit einem Begriff Brigid Cherrys in Bezug auf *True Blood* „psychological landscapes“[37]. Die Südstaatensümpfe in *True Blood* und die *midnight baptisms* sind ebenso wie die Ölförderanlagen, Tiere und Stripperinnen in *True Detective* (beide in den Südstaaten situiert, beide im Genre des Südstaaten bzw. Neo Noir operierend) und das politische Klima der Angst, der Bedrohung und der Kriege in *Homeland* als Milieu zu verstehen. Dieses Klima der Angst in *Homeland* lässt sich nicht mehr auf einzelne Objekte oder Subjekte fixieren, es bildet ein „threat environment“[38].

3. *Homeland*

Das Intro von *Homeland* zeigt Fotografien der Hauptdarstellerin und CIA-Agentin Carrie Matthison in verschiedenen Lebensaltern. Auf einigen sieht sie fern. Das Fernsehen selbst wird ebenfalls gezeigt: zumeist Fernsehansprachen US-amerikanischer Präsidenten an die Nation oder Nachrichtenbilder aus Krisenregionen und der einstürzenden Türme vom 11. September 2001. Die Fernsehbilder werden mit Kindheits- und Jugenderinnerungsbildern überblendet, so dass Zwischenbilder entstehen, die durch eine Farbinvertierung geisterhaft wirken, einen durchleuchteten Zwischenzustand zwischen Auflösung und Konstitution antizipierend, und wie Röntgenbilder anmuten. Selbst als Strom angeordnet, sind die Bilder wie ein selbstreferentieller Verweis auf das Fernsehen montiert, und so wird auch die Ästhetik des Umschaltens eines älteren Fernsehgeräts verwendet bzw. einer analogen Video(überwachungskamera)aufnahme, die hin- und her gespult wird.

Die Eröffnungssequenz von *Homeland* inszeniert die Grenzen zwischen der individuellen Biographie, jener der Hauptdarstellerin, und

36 Der Begriff des Milieus ist auch darüber hinaus ein produktives Konzept für andere Intros. Vgl. zu den Begriffen des Milieus und der Individuation Gilbert Simondon: Das Individuum und seine Genese, aus d. Franz. v. Julia Kursell / Armin Schäfer. In: Claudia Blümle / Armin Schäfer (Hrsg.): *Struktur, Figur, Kontur. Abstraktion in Kunst und Lebenswissenschaften*. Zürich: Diaphanes 2007, S. 29–45.

37 Cherry: Before the Night is Through, S. 12.

38 Massumi: National Enterprise Emergency, S. 159.

Abb. 1–4: Videostills aus dem Intro von *Homeland*.

einer politischen und kollektiven Geschichte der Angst in Fernsehbildern als durchlässig. Da es sich um die Inszenierung eines biographischen Hintergrunds handelt, erscheinen die Bilder trotz aller inszenierten gegenseitigen Signal-Störungen und Interferenzen klassisch linear geordnet und in einer alternierenden Abfolge mit den vergangenen 30 Jahren US-Politik montiert. Die Verquickung von öffentlich und privat leitet auf Carries Beruf als CIA-Agentin hin.

Die Auflösung der Grenzen von Innen und Außen, Individuum und Kollektiv geschieht durch Überblendungen dieser Bildebenen sowie durch Farbinversionen in den korrelierenden Bereichen. Es mutet an wie ein vereinfachter Wirkungskreislauf: Das Außen der Gewaltbilder und der affektiven Atmosphäre der Bedrohung dringt ins Innen und die Wirkung der TV-Bilder und der affektiven Ebenen des Tons der Ansprachen wird als Röntgenbild eingefangen.

In einem derart un/persönlichen Bewusstseinsstrom entsteht aus Fernsehansprachen an die Nation von Ronald Reagan zur Lage in Libyen, George Bush zu Kuwait und Bill Clinton, George Bush jr. und Barack Obama zu Terrorakten „home and abroad" eine alternierende Serie aus Männern mittleren Alters und einer heranwachsenden Carrie. Fernsehbilder des Kriegs, die sich in gegenseitigen Überblendungen aktualisieren, ein amerikanischer, konservativer Journalist, eine arabische Nachrichtensprecherin, Bilder des Fremden, ‚bedrohlichen', aufgebracht protestierende Frauen in Burka, die sich der Sichtbarkeit und der sprachlichen Verstehbarkeit entziehen, gegenüber Handyvideos der einstürzenden Twin Towers, ikonische Aufnahmen des *war on terrorism*. Stimmen überlagern sich, eine Jazztrompete, gleichermaßen die von Carrie und Louis Armstrong, schluchzt dissonant klagend auf, wenn die Türme einstürzen.[39]

39 Genauer gesagt hören wir die Tonspur von eingespieltem Filmmaterial, das Louis Armstrong bei einem Konzert Anfang der 1930er Jahre in Kopenhagen zeigt (vgl. http://galewynmassey.blogspot.de/2013/12/homeland-opening-sequence.html, Zugriff am 10.12.2015). Es erklingt ein kurzer Ausschnitt von seinem Trompetenspiel, gefolgt von der Trompete in der eigens für das Intro komponierten Musik, die im weitesten Sinne im Free-Jazz-Idiom erklingt. In der komplexen Bild-Ton-Überlagerung sehen wir zuerst für einen kurzen Moment Carrie als Kind Trompete spielen und hören gleichzeitig die Armstrong-Sequenz, sodass wir meinen, Carrie zu hören. Diese Sound-Collage in der Intro-Sequenz deutet ebenfalls komplexe zeitliche, zuweilen melancholische, Erinnerungen auch auf der musikalischen Ebene an. Ich danke Eileen Simonow für diesen Hinweis.

Die Bilder werden durch die invers gefärbten Überblendungen immer wieder von starren Kindheitsfotografien durchzogen, die ebenfalls invers konturiert sind und geisterhaft aus den Nachrichtenbildern emergieren bzw. unentscheidbar verblassen. Persönliche Bilder, Schnappschüsse und Nachrichtenbilder verbinden sich mit phantasmatischen Bildern des Fremden und der militaristischen Antwort auf die Bedrohung, die in den Bildern nicht manifest wird. Sie treffen auf (mythologische) Traumbild-Klischees – Carrie mit Löwenmaske in einem Labyrinth – und schließlich als erwachsene CIA-Agentin, ein misstrauischer Blick über die Schulter auf eine Straße in Bagdad. Dazwischen Familienbilder des aus seiner Verschleppung durch Terroristen wiederaufgetauchten Soldaten Brody, Sex mit seiner Frau auf Überwachungsbändern, die Carrie in der ersten Staffel obsessiv anschauen wird, bis sie selbst eine Affäre mit ihrem Überwachungsobjekt beginnt.

Es handelt sich um eine Biographie der Angst, die Carrie in einem 30 Jahre andauernden Kontinuum der Bedrohung verortet, aus dem sie schließlich als CIA-Agentin hervorgeht. Die Bilder bewegen sich unterschiedlich schnell, wirken wie Ausschnitte aus analogen Videoüberwachungsbändern; es wird herein- und herausgezoomt und die hektischen Bildanschlüsse entziehen uns die Bilder zur gleichen Zeit, wie sie uns materiell, haptisch und intensiviert erscheinen, durch Streifen, Bildstörungen und Flackern.

Diese Ästhetik verkörpert das Suchen nach Sinnhaftigkeiten und Mustern. Der über die Bilder gesprochene Ausspruch „I missed something" von Carrie verdeutlicht dies: Die Bilder verkörpern einen unklaren epistemologischen Status, Carrie sucht nach ihrer Wahrheit, spult Videobänder vor und zurück, baut illegale Überwachungsanlagen auf und errichtet in ihrer Wohnung riesige Pinnwände, auf denen sie Bilder von Verdächtigen anordnet. Und doch stellt sich ihr und zunehmend der Zuschauerin die Realität anders dar. Ob der zurückgekehrte Brody ein Terrorist geworden ist oder nicht, scheint sich auch bei genauem Hinsehen der Bänder nicht erschließen zu lassen bzw. stellt sich ständig neu und anders dar.

Carrie, deren Rolle auf der Klaviatur des hysterisierten Frauenkörpers gestimmt ist – sie hat eine bipolare Störung –, ist überzeugt, einen Schläfer gefunden zu haben, diese Realität stellt sich aber erst nur ihr so da, wird zeitweise geteilt, manifest und wieder fallen gelassen. Das *Homeland* als das Unheimliche, in dem jeder und jede virtuell ein Schläfer sein könnte, ist das Sujet der Serie. Der Vorspann in schwarzweiß und sepia lässt die Melancholie einer Rückwendung auf die eigene Geschichte anklingen, die als der eigene, wenngleich phantasmatische Blick auf die Welt narzisstisch auf sich zurückgewendet wird, im Übergang von der Ära Bush zu jener Obamas.

Carries Besessenheit, den Terroristen zu entlarven, ihre Besessenheit von einer Sicherheit, die keinen positiv bestimmbaren Wert mehr darstellt, ist von ihrer psychosexuellen Entwicklung, ihrem Begehren nicht abzukoppeln: So geht sie schließlich eine Affäre mit dem Verdächtigen ein, verliebt sich in ihn, ununterscheidbar lässt es die Serie lange offen, ob sie dies beruflich oder privat, mit Vorsatz oder emotional geleitet oder beides tut, ob es eine rein berechnende intime Überwachungsmaßnahme ist, die sich im Privaten fortsetzt und/oder Liebe bzw. emotionale Abhängigkeit.

Hier sind Sicherheits- bzw. Überwachungs- und Sexualitätsdispositiv untrennbar ineinander gefaltet. Nationale Sicherheit und Carries Psyche stellen, so dramatisiert sich im Intro, keine getrennten Sphären da.[40]

Die Technik der Verknüpfung zweier Gedächtnisse – von individueller, privater Biografie und öffentlichen, kollektiven-memoralisierten Fernsehbildern bzw. Handyvideos – lenkt die Aufmerksamkeit auf die permeable Grenze zwischen privat und politisch, wie sie in der Figur Carrie inszeniert ist. Diese Grenze faltet die kollektive Angstpolitik auf die Psychogenese eines Individuums zurück, sie wird von Angst nicht nur geprägt, sondern geradezu hervorgebracht.

Ein ähnliches Spiel um doppelte Bedeutungen spielt das Intro wie es abermals in der Figur Carrie inszeniert wird – ein Spiel mit der Emergenz von Mustern, sinnhaften Zusammenhängen und Kausalitäten. Ähnlich wie die Zuschauer_innenhaltung bezüglich der

40 Sowohl *True Blood* als auch *Homeland* entwerfen eine Kopplung und bestimmte Ordnung von Sexualität als Interferenzmuster zwischen Tod, Gewalt und Folter. Dabei ist Carries psychosexuelle Entwicklung im Klima der Angst nicht auf einen voyeuristischen Blick zu reduzieren, der seine Lust in der Überwachung stillt. Darüber hinaus ist Carrie unentwirrbar sexuell und beruflich, intim und politisch auf den Terroristen fixiert: „I missed something" / „You missed him", wie es in der vierten Episode der ersten Staffel heißt. In dieser Doppelbedeutung von verpassen, entgehen und vermissen geriert sich eine Spannung, die die zweite Hälfte der ersten Staffel einnimmt.

hochabstrakten Fähigkeit Carries ständig zwischen Glaubhaftigkeit und Wahn schwankt, intensiviert das Intro die Möglichkeit sinnhafter Zusammenhänge, ohne sie eindeutig festzulegen, was einerseits Carries paranoide, wenn auch produktive Denkweise aufnimmt, andererseits aber auch den Bereich der Formierung von Pattern als gefühlten Bereich sich formierender Emergenzen erscheinen lässt. Affektiv geht es genau um jene Anfänge möglicher Zusammenhänge, die sich noch nicht vollständig zu kausallogischen Relationen verdichtet haben.

3.1 Angst und Anfang

Diagramme lassen sich in enger Verquickung von Anfang und Macht beschreiben. Brian Massumi hat den Begriff Onto-Macht eingeführt, um das schöpferische Potential von emergenten Machtprozessen zu beschreiben, die nicht rein ideologisch oder diskursiv, sondern affektiv wirken.[41]

Im Vorspann und in der Serie *Homeland* ist Angst nicht allein ein Gefühl, das Hauptdarstellerin Carrie Mathison hat – wenn man sie charakterisieren müsste, würde man sie eher entschlossen und mutig nennen – oder das zu einer anderen Person gehört. Und doch gibt es viele Situationen, in denen Menschen Angst verspüren. Die Angst ist, wie die Bilder der Intros, nicht an eine Person gebunden, sondern allgemein und omnipräsent zugleich. Sie ist, wie es Foucault in einem anderen Zusammenhang in *Der Wille zum Wissen* für die Mikrotechnologien des Sexualitätsdispositivs argumentiert, nicht repressiv, sondern produktiv und „anreizend“[42]. Angst herrscht affektiv. Angst ist hier vielmehr eine Ästhetik und eine Form, die Bilder und Narrationen hervorzubringen. Angst ist nicht in einer Person zu verorten, sondern an der Grenze zwischen Individuum und Bevölkerung, jener im Zentrum zahlreicher Inszenierungsweisen des Vorspanns stehenden, permeablen Grenze. Sie wird ein Modus des Handelns, sie ist virtuell in allen Bildern und aktualisiert sich in den Objekten, die sie als virtuelle Kraft ontogenetisch produziert, so Brian Massumi in seinen Ausführungen zu den politischen Implikationen der Warnsysteme der

41 Vgl. Massumi: Angst; ders.: National Enterprise Emergency; ders.: The Future Birth of the Affective Fact.

42 Michel Foucault: *Der Wille zum Wissen. Sexualität und Wahrheit 1*. Frankfurt am Main: Suhrkamp 1983, S. 21–40.

US-Regierung unter Präsident Bush. *Threat-o-genic*[43] wird die Angst auch in *Homeland*, wenn sich die visuellen und erzählerischen Bausteine der ersten Staffel zu einem Bild verdichten, das den Terroristen Brody nicht nur als Feind unter Freunden zeichnet, sondern als eigens durch die Bekämpfung des Terrors produziertes Subjekt. Nicht durch die Folter allein wurde Brody ‚geturnt', sondern durch die von ihm miterlebten Drohnenangriffe auf Schulen in Bagdad, bei deren *collateral damages* zahlreiche Kinder starben. Hier wird die Angst als ein von ihr selbst produziertes Objekt des Terrors bzw. als eine Aktion manifest. Dies steht keinesfalls in direkter Beziehung, sondern im Gegensatz zu ihrer virtuellen Seite. *Preemption* nennt Massumi an anderer Stelle die produktive Seite der Onto-Macht, die Dinge aus einem virtuellen Anfang heraus in einen manifesten Bedrohungszustand versetzt und dabei erneut die Virtualität der Angst befeuert. Onto-Macht ist jene Macht, die sich auf den Anfang bezieht, die Dinge über einen *threshold*, eine Schwelle der Virtualität aktualisiert. Onto-Macht ist die selbst *okkurente* Macht des Anfangs, die, so Massumi, seit 9/11 aktualisiert und intensiviert worden sei. Angst ist in ihrer autonomen Form „ihr eigener Anfang und ihr eigenes Ende", sie ist in ihrer „selbstreflexiven Fähigkeit die Bedrohung ihrer selbst"[44]. *Preemption* ist so die mimetische Vorwegnahme eines Bedrohungsereignisses, welches aufgrund einer virtuellen Bedrohungsangst die Zukunft determiniert.

Onto-Macht reguliert Potentiale, die auf der Schwelle von Virtuellem und Aktuellem existieren, es ist die Macht, sich auf eine Schwelle zu beziehen. Gleichzeitig ist sie selbst nicht homogen und substanziell, sondern eine virtuelle Macht, die im Zusammenspiel anderer Kräfte und Mächte co-emergiert. 9/11 ist also nicht als ihr Ursprung zu denken, sondern als eine „Aktualisierungstendenz"[45].

Durch *preemption* wird der Anfang nicht einfach unterdrückt, sondern reguliert. Beispielsweise indem das übersättigte Potential – welches durch die Daueraktivierung des Bedrohungspotentials oder der Bedrohungsszenarien, die wir auch im Vorspann von *Homeland* gesehen haben – die Körper stimuliert und in eine bestimmte Form der

43 Massumi: The Future Birth of the Affective Fact, S. 60.

44 Massumi: Angst, S. 127.

45 Massumi: The Future Birth of the Affective Fact, S. 62.

Aktivität gelenkt wird. Hier geht es weniger um das von Foucault angedachte Prinzip der Normalisierung einer Bevölkerung, sondern um ihre Aktivierung.[46] Die Angst antizipiert in ihrem autonomen Werden jedoch immer schon die Zukunft, jedes überbordende Potential, das sich fühlbar macht, speist sie in eine intensivierte Wahrnehmung ihrer selbst ein. Massumi bezieht sich in „Angst (sagte die Farbskala)" auf die von der Bush-Administration eingeführte und über Nachrichtensendungseinblendungen verbreitete Farbskala, die durch ihr Dauerchangieren zwischen orange (gefährlich) und rot (sehr gefährlich) eine Modulation im Milieu der Angst erzeugte, die sich gegenstandslos und eigenständig als affektive Tönung in der „kollektiven Individuierung"[47] der Bevölkerung einnistete und sich jedes Potential des Anfangs als Veränderungspotential zu ihrer Wahrnehmungsintensivierung einverleibte.[48]

Unabhängig von ihrer konkreten Bedeutung beherrscht die Angst die Anfänge: sie wird selbst-verstärkend. In der Vorwegnahme der Handlung aufgrund eines gefühlten Potentials wird die preemptive Handlung immer richtig gewesen sein, ihr selbstlegitimierender Anfang liegt also in einer Zukunftsvergangenheit[49], die die lineare Zeitlichkeit außer Kraft setzt und eine neue Zeitlichkeit, die nonlinear auf sich selbst rekurriert, einführt. *Preemption* beschreibt bezogen auf den Anfang eine Zukunftsvergangenheit, eine Herrschaft, die sich durch retrospektive Berufung auf ein Potential, von dem man nie leugnen kann, dass es da gewesen sei, stets als wahr erweisen wird.[50] *Preemption* produziert letztlich ihre eigenen Bedrohungszustände, wird also zum Auslöser, Anfang und Feedbackloop ihrer eigenen Handlung. Die sie begründende Angst muss schließlich kein Ereignis mehr zum Auslöser haben: Sie virtualisiert sich, indem jede potentielle Veränderung als tatsächliche Ursache eine mögliche Bedrohung

46 Vgl. ebd., S. 113.

47 Massumi: Angst, S. 128.

48 Die Onto-Macht der Angst ließ die *preemption* über die personelle Instrumentalisierung der Bush-Ära zu jener Obamas herüber wachsen, wo *preemption* von einem militärisch präventiven Handlungsgebot zu einer übergreifenden Strategie wurde, die sich jenseits politischer Persönlichkeiten verselbstständigte und sich zu einer Dauermilitarisierung des *war on terrorism* zu einem *long war* verstetigte. Vgl. Massumi: The Future Birth of the Affective Fact, S. 60–63.

49 Vgl. ebd., S. 53.

50 Vgl. ebd.

befeuert. Angst wird so von einer äußeren Bedrohung zu einer „Existenzweise", die sich selbst am Leben erhält, sie wird, so Massumi, ihre eigene Wahrnehmung und zugleich das Objekt dieser Wahrnehmung.[51] Angst kolonisiert das Potential des Lebens, anzufangen, sie „überfällt" die Kraft des Lebens zu emergieren:

> Full-spectrum power preempts threat by counter-producing its own systemic effects in its stead, in a supplanting of incipience. Its business is to induce potentially systemic counter-effects through an alter-emergent incursion of change-conditioning force of nature. […] Preemptive power is environmental power. It alters the life environment's conditions of emergence.[52]

Der Neoliberalismus, wie Foucault ihn konzipiert hat und auf den Massumi referiert, ist kein System, welches holistisch oder ideologisch aus einem Gleichgewicht heraus operiert, er basiert auf der Krise, auf einer Kultur der Gefahr, die, wie Foucault schreibt, Individuen derart konditioniert, „ihre Situation, ihr Leben, ihre Gegenwart, ihre Zukunft usw. als Träger von Gefahren zu empfinden"[53]. Diese „Kultur der Gefahr"[54] erscheint bereits im 19. Jahrhundert. Heute basiert die neoliberale Gouvernementalität nicht mehr auf der Ausrichtung auf die Norm, sondern auf der Perpetuierung der Krise, sie reitet, so Massumi, auf Wellen der Metastabilität und der Katastrophe. Norm und Ausnahme, Sicherheit und Gefahr sind weniger die Gegensätze, über die regiert wird – die Katastrophe wird nicht mehr ein- oder ausgeschlossen, sie wird „überfallen": als „riding the wave-crest of everywhere apparent chaos […] and to capture the exception and incorporate it (in both senses of the word)"[55].

Während sich Bio-Macht und Gouvernementalität auf ein aktuelles Milieu beziehen, setzt Onto-Macht an der virtuellen Schwelle zwischen Aktualität und Virtualität an[56] und richtet sich daher nicht auf das Territorium, sondern das „Proto-Territorium"[57] des Lebens, um dieses bereits und gerade als Anfangspotential zu inkorporieren.

51 Massumi: Angst, S. 124.

52 Massumi: National Enterprise Emergency, S. 167.

53 Michel Foucault: *Die Geburt der Biopolitik. Geschichte der Gouvernementalität*, aus d. Franz. v. Jürgen Schröder. Frankfurt am Main: Suhrkamp 2006, S. 101.

54 Ebd.

55 Massumi: National Enterprise Emergency, S. 176.

56 Vgl. ebd., S. 167.

57 Ebd., S. 164.

In *Homeland* verhält sich der Vorspann wie die virtuelle Seite der Angst zu ihrem aktualisierten Gegenstück: Die affektive Wahrnehmungsweise der Bedrohungszustände wird nicht selbst in der Objektivierung der Bilder manifest, sondern in der Narration der Serie, die den Soldaten und Terroristen und seine Foltererfahrung in die nationale Erzählung re-integriert und zugleich in seine Familie zurückholt, die es schafft, ihn wiederum ‚zu turnen'. Die Angst, die im Vorspann zirkuliert, wird so zum Auslöser einer nationalen und gleichzeitig affektiven Erzählung, ein Potential wird geweckt, aktualisiert, und zugleich überfallen und eingefaltet. Auch wenn das Intro am Anfang steht, zieht dieser sich doch virtuell durch die gesamte Serie.
Carrie erscheint im Vorspann als eine Figur, deren Grenzen sich mit den national zirkulierenden Bildern überschneiden, den Angstbildern, an den Grenzen zwischen Individuum und Bevölkerung oder besser den präindividuellen kollektiven Individuierungen, die sich im Klima der Angst ereignen.
Sowohl in *Homeland* als auch in *True Blood* geht es um die Überwachung dessen, was äußerlich dem Eigenen oder Menschlichen gleicht, aber dennoch monströs und unmenschlich sein kann. Der oder die andere ist hier zunächst vampirisch, weniger direkt terroristisch – und dennoch Gegenstand der aufmerksamen Beobachtung sowie eines Begehrens, das das Menschliche überschreitet.

4. *True Blood*

Im Vorspann von *True Blood* erscheint kein Vampir, aber es erscheint, was mit dem Vampir verhandelt wird: Leben. Das menschliche Leben wird hier ungewiss und dies äußert sich vor allem in der Befragung seines Anfangs und seines Endes.
Zuckende Bildwelten, montiert als Südstaatenimpressionen: Sümpfe, Tiere, Menschen, Zerfall, Gewalt, Erweckung. Tod und Leben, ineinander verschränkt in Bildern der Zersetzung und Entstehung von Leben und lebender Materie. Bilder sich zersetzender Kadaver, feuchter Sümpfe, ikonischer Ku-Klux-Klan-Kapuzen und Sexualität werden quer zu allen Natur-Kultur-Dichotomien sowie Körperformen und deren Auflösung montiert. Der preisgekrönte Vorspann zu dem Titelsong *Bad Things* von Jace Everett zu *True Blood* entwickelt aus unterschiedlichen Bild- und Kameraformaten, Verschränkungen von Vergangenheit und Gegenwart, Amateuraufnahmen, Found

Abb. 5–8: Videostills aus dem Intro von *True Blood*.

Footage und mentalen Bildern ein schwül-feuchtes Bildmilieu, ohne dabei direkt Bilder aus der Serie aufzugreifen: Flackernd erscheint hier eine lebendige Montage, eine Einfaltung organischer und anorganischer Lebensformen und menschlicher Körper immer an der Grenze ihrer Entmenschlichung. Sie nimmt mimetisch die sich entgrenzenden Körper auf, ekstatisch betend, tanzend oder sich in Form eines Kokons entpuppend. Körper sind außer sich, sie entgrenzen sich, zu sehen sind offene, blutige – oder doch nur mit Beerensaft verschmierte – Münder und Blutplasma, ebenfalls zitternd.

Dieser Vorspann ist eine Form, Leben zu verhandeln: Leben als Bildform. Wir finden hier weniger Repräsentationen von Gender, Race und Class, als die vieldiskutierten Themen von *True Blood*, sondern einen Modus des Expressiv-Werdens von Differenzen, die nicht mehr auf den Menschen beschränkt sind, die quer zu ihm und ihr verlaufen, die in einem nicht hierarchisierenden Sinne über sie und ihn hinausgehen, die, um einen Ausdruck Erin Mannings (Gilbert Simondon folgend) zu verwenden, *more than human* sind.[58] Das heißt, in ihren Bewegungen und Operationen, nicht nur in ihrer Relationierung, weisen sie über die begrenzbaren Entitäten und ihre Bereiche und Klassifikationen hinaus: des sozialen, psychischen, ästhetischen etc. Damit verweisen sie aber auch auf die Schwierigkeit, Macht als soziale oder die Differenzen und Anfänge als sozial konstruiert zu denken. Sie sind materielle Prozesse, Schwellenprozesse, die sich aktualisieren und materialisieren, jedoch quer zu den genannten sozialen, biologischen, gesellschaftlichen, politischen, physikalischen und mineral-floral-klimatischen Ökologien. Dies hängt unmittelbar mit einer Einordnung der Macht als produktiv oder produzierend, vernichtend bzw. souverän oder biopolitisch zusammen: Bei allen Bildfolgen ist unklar, ob wir es mit Werdensprozessen oder Vergehen zu tun haben: *undoing* und *becoming* sind als ununterscheidbare Bewegung ineinander montiert, oft ist nicht klar, wie die Bilder zu lesen sind: sexuell oder/und gewalttätig.[59] Ohne Bilder der Serie aufzunehmen, erscheint dies als Verdichtung eines Milieus, das *True Blood* als

58 Vgl. Erin Manning: *Always More Than One. Individuation's Dance*. London / Durham: Duke UP 2013, bes. Kap. 2.

59 Die Opening Credits sind auch dem Produktionsteam zufolge unentscheidbar sexuell und gewalttätig komponiert: „seething sexuality and contorted bodies and ideas of violence, seeing it as sex or violence" (Cherry: Before the Night is Through, S. 12).

Gleichzeitigkeit von Entstehen und Vergehen, Leben und Sterben als Werden konstruiert und wie es auch die Serie selbst verhandelt.

4.1 Anfang und Ende, Leben und Sterben

True Blood konstelliert auffällig häufig, über das Intro hinaus, Szenen, in denen Tod und Gewalt mit Erotik und Sexualität verbunden, montiert oder allegorisiert werden. So werden Folterszenen mit Liebesszenen geschnitten, als Folter wird die Geburt eines neuen Vampirs verordnet und praktiziert, die Folter wird als Liebesritual zwischen „Maker" und „Child" inszeniert. Der Vampirbiss selbst ist sowohl tötend als auch zeugend, eine erotische Konnotation des Vampirs als Verführer zum Tode aufrufend, wie er seit dem Beginn des biopolitischen Zeitalters Mitte des 18. Jahrhunderts vom wissenschaftlichen zum literarischen Gegenstand transformiert wurde.[60] Vampire haben mit ihrem Auftauchen die Welt in *True Blood* auf den Kopf gestellt. Wie in *Homeland* ist mit dem Auftauchen des monströsen und doch so gleich aussehenden anderen ein Lebens-Überwachungsdispositiv auf den Plan getreten: Wenn die Menschen einmal die Erfahrung gemacht haben, dass die nächsten Nachbarn und Freunde vielleicht doch nicht so ‚menschlich' sind, wie sie scheinen, gerät potentiell jede und jeder in Verdacht, ein Vampir oder eine Vampirin (bzw. ein Terrorist oder eine Terroristin) zu sein.

Der Vampir ist jedoch nicht einfach ein Symbol für den terroristischen anderen, der Begehren und Angst zugleich verkörpert, der sehnlich erwartet und als abjekt verabscheut wird. Die vampirische Art zu zeugen, zu gebären, jenseits patrilinearer Genealogien und des heterosexuellen Paares, stellt Begriffe wie Leben und Tod infrage, Produktion und Destruktion, Anfang und Ende. Dies lässt sich immer wieder verdichtet in Assemblagen von Folter, Gewalt und Erotik finden.

Als Anspielung auf das rassistisch aufgeladene *miscegenation*-Motiv wird das *passing* zwischen schwarz und weiß zu dem zwischen lebendig und tot. Der Vampir signifiziert nicht einfach den Afroamerikaner, Homosexuellen oder Drogensüchtigen, die Transformation verläuft von ethnischen, sexuellen und kulturellen Differenzen zu der Frage nach dem Tod- und Lebensbegriff. Ihre Überwachung stellt auch zeitliche Abfolgen von Regimen der Macht infrage: Vorstellungen über

60 Vgl. Anja Lauper: *Die phantastische Seuche. Episoden des Vampirismus im 18. Jahrhundert.* Zürich: Diaphanes 2011.

die Zukunft des Menschen überlagern sich mit traumatischen Gewalt- und Ausschlussszenarien der Vergangenheit und so wird zweifelhaft, ob es eine lineare Entwicklung des Menschen geben kann. Leben wird mit dem Tod verbunden, Anfang und Ende werden ineinandergefaltet. Vampirisches Leben wird vielfach potenziert und depotenziert, idealisiert, erotisiert und entmenschlicht. Überwachungs- und Sexualitätsdispositiv überlagern sich, ohne dass eines dem anderen vorgängig wäre.

Deleuze schreibt über Foucaults Auseinandersetzung mit Bichat in *Die Geburt der Klinik* über die Nähe von Leben und Tod nicht als gegenseitige Ausnahme oder Unterordnung, sondern als Bewegung einer schwankenden Linie, einer Faltung des Außen ins Innen:

> Dieses informelle Außen ist eine Schlacht, gleichsam eine Zone der Turbulenz und des Orkans, wo die singulären Punkte und die Kräfteverhältnisse zwischen diesen Punkten hin und her wogen. Die Schichten tun nichts anderes, als den sichtbaren Staub und das hörbare Echo einer Schlacht, die darüber tobte, aufzusammeln und zu verdichten. Oberhalb davon haben die Singularitäten keine Form und sind weder sichtbare Körper noch sprechende Personen. Wir treten in den Bereich ungewisser Double und partieller Tode, von Werden und Vergehen ein. Es ist eine Mikrophysik.[61]

Die Potenziale anzufangen, emergieren aus dieser Zone der Turbulenz eines Innen im Außen, wo Leben und Tod sich ineinanderschlingen und Potentiale zu Prozessen, Systemen und Makroordnungen aufsteigen und gerinnen. Diese Zone bezeichnet einen Zustand des Außerhalb, der jedoch allen Prozessen innewohnt, eine mikropolitische Zone nicht des Davor als Anfang, sondern des „ungewisse[n] Double" und der partiellen Tode: Vampire.

Der Vorspann von *True Blood* nimmt keine direkten Bilder aus der Serie auf und doch entwirft er ein Milieu zwischen Fiktion und Realität, in dem die Vampirgeschichten stattfinden. Verschiebungen, wie der Westboro Baptist Church Slogan „God hates Fags" zu „God hates Fangs" verbindet die vampirische Bürgerrechtsbewegung der Serie mit realen Bürgerrechts- und Emanzipationsbewegungen in den USA. Gleichzeitig wird in dieser wie auch in anderen Einstellungen deutlich, wie der Vorspann auf dem Terrain epistemologischer Ungewissheiten operiert. So ist unklar, wie die Bilder aufeinander bezogen sind bzw. was sie aussagen. Die Montage der Kinder, die Beeren essen und denen der Saft aus den Mundwinkeln tropft, verweist auf

61 Deleuze: *Foucault*, S. 170–171.

die Möglichkeit, dass es sich um Blut handelt, und kennzeichnet dieses Spiel ebenso wie die Verbindung homophober und vampirophober Kirchenslogans. Dadurch, dass Found Footage mit Bildern, die mehrfach lesbar sind, montiert wird, rückt die Bürgerrechtsbewegung in den Zusammenhang der Vampir-Outing-Bewegung und entgrenzt die reale und fiktive Ästhetik der Serie bereits im Vorspann. Affektiv werden so zwei Stränge der Serie als Bild- und Sound-Milieus intensiviert bzw. dramatisiert: die Aushandlung von Leben bzw. die ungewisse Grenze zwischen Leben und Tod angesichts derer, die vom Tod zurückgekehrt sind, mit der Ungewissheit über die Existenz anderer Wesen und ihres jeweiligen ontologischen Status zwischen Leben und Tod, Fiktion und Realität. Die Bilder sind ähnlich wie deren Status ungewiss und spielen das Spiel noch intensiver und zugleich abstrakter als die Serie: Auf wen verweist der (ausgeschlossene) andere? Auf welche sozialen und geschlechtlichen Differenzen und Gruppen lässt er sich beziehen? Repräsentiert er Afroamerikaner_innen, Homosexuelle oder Drogenabhängige? Zugleich wird im Vorspann dieses Spiel dramatisiert und verdichtet und die Repräsentationslogik weiter unterhöhlt.

True Bloods Intro diagrammatisiert also eine Relation zwischen mindestens drei aufeinander bezogenen Operationen: Leben und Lebendigkeit bzw. posthumane und postmortale Lebensformen, die dem Tod nicht mehr entgegengesetzt werden; das damit verbundene Spiel mit Beginn und Ende von Leben bzw. die dadurch entstehende Unschärfe bzw. Neuerung des Lebensbegriffs; schließlich das Spiel mit realen und fiktiven politisch-sozialen Bewegungen, die stark mit dem Modus des Infragestellens dessen, was die Bilder zeigen, interagiert. Ihre Montageform verweist auf den Zusammenhang all dieser disparaten Wesen, Protagonist_innen und Schauplätze, die jedoch allgemein verbleiben und nicht in der Serie wiederaufgenommen werden. Ihr unaufgelöster Status macht jederzeit ein Umschlagen von einer Bedeutung in der Serie zur nicht-seriellen Welt möglich, stellt diese Referenz aber zugleich in Frage, was eine Rezeptionsqualität dieses Clips auszeichnet.

Die sich wiederholende serielle Kopplung von Tod, Leben, Erotik, Ekstase, Zersetzung, Zerfall und Entstehung, wie in dem von Maden zerfressenen Fuchs, den Tänzerinnen in der Bar und den Täufer_innen in der Kirche, scheint sich mit dem Lebensbegriff zu beschäftigen, vor allem mit dem Beginn dessen. Anfangen wird in diesem Intro mit

Enden und Tod verbunden, die Ineinanderschachtelung der Motive verdichtet im Vorspann das gotische Sujet von Werden und Vergehen, von Entstehung und Zerstörung und entgrenzt substantielle Definitionen von Leben zugunsten zirkulärer Austauschprozesse. Chaotische, morbide, sexualisierte bzw. erotisierte Akte und Motive lassen einen inhomogenen, nichtlinearen Stream stetigen Wandels als zentrales Merkmal aufscheinen.[62]

Gleichzeitig ist hier die Frage nach dem, was dem Menschen ähnelt, jedoch eigentlich tot ist, eine ähnliche wie die, die auch im Vorspann intensiviert erscheint. Die Bilder sind ungeklärt, offen, spielen mit epistemologischen Ungewissheiten, analog zum Status des begehrten und gehassten Vampirs, der immer wieder als Projektionsfläche für das andere dient.

5. *True Detective*

In allen drei Intros gibt es ein spezifisches rhythmisches Zusammenspiel zwischen Bild und Ton, im Fall von *True Detective* und *True Blood* unterlegt der Titelsong die Bilder mit einem düsteren, gotischen Unterton. Das Düstere ist hier vor allem dramatisch und damit spart die Serie nicht. Die Deleuz'sche *Dramatisierung* lässt sich als eine Interaktion von Individuum und Milieu beschreiben. Dies dramatisiert vor allem der Opener von *True Detective*.[63] Der Regisseur und Produzent beschreibt die Ästhetik des Clips als „pollution, prostitution, and wildlife across the Gulf Coast […] taking human figures as partial windows into landscapes"[64]. In *True Detective* wird, wie in *True Blood*, vor allem die Südstaatenlandschaft ins Zentrum gerückt. Anders als die Sumpflandschaften in *True Blood* stehen hier Bilder der Golfküste im Vordergrund: Petrochemie und Förderanlagen, Straßen, Ölbohrtürme, Trucks und Stripperinnen konstelliert mit Tieren, vor

62 Mit der Stream-Ästhetik wurde mit einer nicht-menschlichen Sichtweise experimentiert, die auch verschiedene Zeiten durchquert, die sich nicht unbedingt in einer menschlichen Lebensspanne ereignen (Cherry: Before the Night is Through, S. 12): Die Perspektive sollte dem Produktionsteam zufolge den Blick von „predatorial creatures watching human beings in a blood thirsty way" imitieren (ebd.).

63 *True Detective* ist eine Serie, die z. T. aus langen Interviewpassagen besteht und in die Vergangenheit der 1990er Jahre zurückreicht, wo ein alter Mordfall aufgerollt wird.

64 Patrick Clair: Art of the Title: True Detective. O. J. http://www.artofthetitle.com/title/true-detective/ (Zugriff am 20.12.2015).

Abb. 9–12: Videostills aus dem Intro von *True Detective.*

allem Hirschen und deren für die Serie ikonischen Geweihen. Auch hier gibt es religiöse Symbole wie Kirche und Kreuz, die zunehmend von Flammen aufgezehrt werden, wie diese auch die Silhouetten der männlichen Protagonisten aufzehren, jene der Darsteller der ersten Staffel von *True Detective*.

Auch hier, wie im Vorspann von *True Blood* und *Homeland*, wird die visuelle Ästhetik eines *stream of consciousness* genutzt, in welchem Perspektiven von innen und außen verwischen. So werden immer wieder Landschaften – untrennbare Gefüge aus Industrie, Flora und Fauna – mit den Silhouetten der beiden Hauptdarsteller überblendet. Dies stellt, wie in den Worten des Regisseurs anklang, den engen Zusammenhang von Landschaft und Atmosphäre her: Indem menschliche Silhouetten wie Fenster in die sie umgebenden Landschaften funktionieren, tauchen in den Silhouetten Landschaften auf, die die Individuen nicht umgeben, sondern von innen heraus aus ihnen erscheinen. Interessant ist an dem innovativen Animationsverfahren, das sich grob als Überblendung verschiedener, sich auseinander entwickelnder Schichten beschreiben lässt, weniger, dass Menschen durch Landschaften charakterisiert werden sollen. Vielmehr ergibt sich der Effekt, dass durch den kontinuierlichen Wechsel kein Bild ein anderes ablöst, sondern sie durch- und ineinander aufscheinen: Die Tiefe eines Bildes ist bereits das Erscheinen eines anderen Bildes. Aufscheinen, Verblassen, Werden und Vergehen erscheinen hier als stetiger Wechsel von Innen und Außen eines Individuums und seines es innerlich und äußerlich auflösenden und zugleich konstituierenden Milieus. Weder Menschen noch Subjekte handeln so vor einem Hintergrund oder in einem Milieu, sondern Vorder- und Hintergrund changieren und oszillieren anhaltend. Dies tun sie vor allem durch sich gegenseitig: In der Silhouette eines Gesichts erscheint eine Ölraffinerie, ein anderes wird zu einem Ozean, ein Telefon wiederum wird zu einem Gesicht und gekreuzte Beine werden zu einem Autobahnkreuz. In der optischen Tiefe eines Bildes ereignet sich die Emergenz eines neuen Bildes, welches gleichzeitig mit dem Verschwinden eines Bildes aus diesem heraus auftaucht. Subjekt- und Objektstatus, Vorder- und Hintergrund geraten schwindelerregend durcheinander und damit dramatisiert sich die Frage, was sich als Handlung welchen Subjekts, Objekts oder sogar ganzer (atmosphärischer und landschaftlicher) Milieus beschreiben lässt.

Auch hier werden Virtualität oder Dauer zwischen Werden und Vergehen diagrammatisiert und intensivieren das Drama um die beiden männlichen Ermittler, die in ein Netz von Intrigen und sektiererischen Verschwörungen geraten, welches visuell und erzählerisch eng mit der Landschaft verzahnt wird. Kulturelle, menschliche und andere umweltliche Prozesse werden zu mystischen Gefügen verzahnt, die sich im Intro in einem Grundgefühl der Auflösung (männlicher) Handlungsmacht ausdrücken und in ein unheimliches Showdown weißer Mittelschichtsmännlichkeit in der Serie fortsetzen.[65] Dadurch, dass jedes Bild als Übergang und Transition im Prozess der partiellen Montage durch Überblendung dient, sind alle Bilder nicht klar in innen und außen trennbar, was einerseits der Perspektive des psychisch instabilen Protagonisten Rust ähnelt, andererseits jedoch handelt es sich um keine subjektiv gerahmte Erfahrung, sondern um einen abstrakten *stream of consciousness*[66], der Erfahrung als ein Werden des Bildes selbst erfahrbar macht. Die Bilder selbst handeln und diagrammatisieren präsubjektive Erfahrungsströme, sind Erfahrung in ihrem ständigen Wechsel von innen und außen, die der aktuellen Subjekt-Objekt-Logik virtuell vorgelagert ist.

Auch wenn die Bezüge zu der Serie als eigenständige Ausdrucksform fungieren und keine reine Repräsentation darstellen, konzentrieren sie doch die affektive und atmosphärische Landschaft des Verlusts subjektiver Orientierung und stellen zugleich den Versuch dar, durch die menschlichen Silhouetten den Bildern (Träumen, Erinnerungen, Eindrücken) einen Rahmen zu geben, der sich jedoch dramatisch und apokalyptisch in einem Meer aus Flammen aufzehrt.

Das Sujet von Auflösung und Konstituierung entfaltet einerseits ein Begehren nach mystischer Auflösung in den Dingen und Landschaften, das Claire Colebrook als Phantasma der *extinction* des Menschlichen bezeichnet und damit als einen problematischen Kerngedanken eines männlich geprägten Diskurses des Posthumanismus auffasst. Es ist die Auslöschung und zugleich das Wiederaufleben des männlichen Subjekts angesichts der drohenden Katastrophe der Auslöschung des

65 Die mystischen Elemente der Serie lassen sich als inspiriert von den Kurzgeschichten aus der Sammlung *The King in Yellow* von Robert W. Chambers verstehen, vgl. ders.: *The King in Yellow*. Freeport: Books for Libraries 1969.

66 William James: The Stream of Consciousness. In: Ders.: *Psychology*. New York: Holt 1893, S. 151–175.

Menschen in diversen Endzeitszenarien.[67] Andererseits bildet der Vorspann eine als Ohnmacht und Hilflosigkeit codierte Bildökologie, in der die Hierarchien von männlicher, subjektiver Handlungsmacht und der beherrschten Natur nicht mehr greifen.

Ähnlich wie es sich auch für die anderen Intros zeigen lässt, lässt sich hier kein kritischer Subtext einem affirmativen Aspekt des Genießens des visuell-auditiven Spektakels gegenüberstellen. Darstellung und Ausstellen sind als ‚Kommentarfunktion' des Diagramms dramatisch ineinander verwoben.

Anfangen bezieht sich im Vorspann von *True Detective* auf die Koemergenz von Individuation und Milieu, also den Prozess der Konstitution einer individuierenden Operation, die nicht notwendig bei einem (menschlichen) Individuum endet. Die Individuation wird vielmehr zu einem Milieu anderer Individuationen und neuer De-/Konstitutionen und Prozesse. Der Anfang liegt hier vielmehr in der Mitte.[68]

Die Operationen der Faltung von Anfang und Ende sind im Intro von *True Detective* auch auf der motivischen Ebene anders umgesetzt als in *True Blood*. Während dort beispielsweise Verwesungsprozesse, das Schlüpfen von Schmetterlingen und Bilder von Sexualität miteinander montiert werden und Lebensprozesse auftauchen, ist es in *True Detective* das Montage- bzw. Überblendungs- und Animationsverfahren, welches das Auftauchen und Verschwinden als Wechselspiel zwischen Form und Inhalt oder Substanz und Form animiert, die alternierend und sich verflüchtigend auseinander erwachsen.

In der partiellen Überblendung erscheinen weder Form noch Materie, Individuum oder Milieu einander vorgängig, vielmehr diagrammatisieren komplexe zeiträumliche Emergenzen und Faltungen das Auftauchen aus der Mitte. Formgebung und Formverlust sind hier miteinander verbunden, als Virtualität von *becoming / undoing*, einer Dauer,[69] die nicht *in* einer gegebenen homogenen Zeit stattfindet, sondern das Werden der Zeit selbst als heterogene Veränderung

67 Vgl. Claire Colebrook: Feminist Extinction. In: Henriette Gunkel / Chrysanthi Nigianni / Fanny Söderbäk (Hrsg.): *Undutiful Daughters. New Directions in Feminist Thought and Practice*. New York / London: Palgrave Macmillan 2012, S. 71–83.

68 Vgl. Deleuze / Guattari: *Tausend Plateaus*, S. 448–449.

69 Vgl. Elisabeth Grosz: *Becoming Undone. Darwinian Reflections on Life, Politics, and Art*. Durham / London: Duke UP 2011, S. 51–54.

antizipiert: Der Beginn einer ökologischen Perspektive liegt hier in der Mitte als Milieu.

6. Ende

Die drei Intros diagrammatisieren Operationen des Anfangens, jedes einzelne bringt jedoch ein unterschiedliches Konzept hervor.[70] Ein bestimmter Modus der Emergenz wird diagrammatisch intensiviert oder dramatisiert, der kein Theoriekonzept referiert, sondern selbst als denkende Operation fungiert, die wiederum theoretische Konzepte oder Beschreibungen inspiriert.

Alle Intros stellen Anfänge dar und zugleich her – sie diagrammatisieren bzw. dramatisieren eine Relation zu einer Serie, als dessen Milieu sie sich herstellen. Dabei entwickeln sie Konzepte des Anfangens, die einerseits *über* Anfänge aussagen und andererseits selbst Anfänge sind – immanente Konzepte, die nicht theoretisch, sondern affektiv-perzeptiv operieren.

In der Dramatisierung oder Diagrammatik des Anfangens lässt sich dem affektiven, abstrakten und virtuellen Sujet der Serien folgen, sie stellen jedoch nicht die Serie dar – in ihrer Verdichtung geschieht etwas Neues. Damit dramatisieren sie vor allem eine Bildökologie des Anfangens, in der im Modus eines *stream of consciousness*, der sich für alle drei Clips beschreiben lässt, selbst Milieus und damit Anfänge in der Mitte inszeniert werden. Landschaftlich, maschinisch, floral, affektiv, angstdurchwirkt oder unheimlich geht es um eine Emergenz, ein Diagramm als Technik des Werdens, das sich aus dem Milieu entfaltet, aus der Mitte. Alle drei Intros richten sich so auf die Virtualität des Anfangs, sei es in Termini von Angst und Macht wie bei *Homeland*, dem Spiel mit Bildern zwischen Leben und Tod, Fiktion und Realität in *True Blood* oder der Koemergenz von Individuum und Milieu in *True Detective*. Der Anfang ist so auch Teil einer

70 So sind jedoch alle als Dramatisierung der Serie – nicht nur als Repräsentation ihrer Handlung oder Ästhetik – zu verstehen. Sie sind auch in Termini von Macht, Ökologie und Emergenz beschreibbar und funktionieren einzeln jedoch als Dramatisierung und Intensivierung einer jeweiligen Tendenz: Auch wenn sie also getrennt beschreibbar werden, sind die Konzepte nicht unverbunden oder ausschließlich für einen Vorspann geltend. Auch *True Blood* operiert mit Macht, und der Vorspann von *Homeland* lässt sich als Milieu beschreiben. Auch wenn also bestimmten Tendenzen gefolgt wird, lassen sich andere nicht ausschließen.

nichtlinearen raumzeitlichen Machtformation wie der Vorspann von *Homeland* zeigt. Hier ist Macht die anfängliche Schwelle der Emergenz und weder in Subjekten noch in Objekten, sondern in *ecologies of power* zu finden.

Relationaler Realismus?

Zur politischen Ästhetik der Dramatisierung

Christoph Brunner

Hin zu einer Philosophie des Archipels

Aller Anfang liegt in der Differenz. Differenz nicht als diese oder jene Differenz, sondern eine grundlose, kreative und sich immer wieder neu wiederholende Bewegung. Wie lässt sich das Anfangen, ein Aufscheinen von Veränderung im grundlosen Grund der Differenz denken? Weiter ließe sich fragen, wie sich diese differenzielle Bewegung mit Existenzweisen und Formen der Wahrnehmung verbinden lässt. Anders gesagt, welche Prozesse differenzieller Emergenz lassen sich im Bezug auf eine Ästhetik der Relation, um die es im Folgenden gehen soll, denken? Und wie prägt dieser relationale Zugang ein neues Bild des Denkens und Handelns als Teil gegenwärtig geführter Realismusdebatten?

Für Gilles Deleuze ist das Problem des Anfangens eines, das sich nur in der Differenz der Wiederholung ereignet und auch nur als Differenziell zur Erfahrung wird.[1] Differenz ist alles andere als eine bloße Unterscheidung. Als „radikale Differenz und seine ewige Wiederholung“[2] geht ein Denken der Differenz immer aus der Mitte hervor, die selbst keinen Ursprung kennt und keine Unterteilung in Essenzen zulässt. Differenz ist singulär und plural zugleich. In ihrem Ausdruck ist die Differenz als Differenziell deutlich (*claire*), während sie als radikale Differenz dunkel (*obscure*) bleibt. Steht beim Antagonismus am

1 Vgl. Gilles Deleuze: *Differenz und Wiederholung*. München: Fink 1992, S. 186.

2 Ebd.

Anfang der Gegensatz, so kennt die Differenz nur multiple „Variationen von Relationen“[3]. Anfangen wird hier nicht zu einem Akt der Erleuchtung, einem deutlichen Hervortreten gegenüber einem dunklen Hintergrund. Viel eher wird das Anfangen in seiner immanenten Wiederholung zu einem Prozess, der in seiner potenziellen Differenz wiederholt und so eine raum-zeitliche Affirmation von Erfahrung ermöglicht. Anfangen heißt teilen, nicht im Sinne der Aufteilung, sondern des Teilhabens. Wie sich diese Teilung ereignet, bedingt immer wieder neu, welche Relationen teilhaben. Ein Anfang ist immer schon im geteilten Teilhaben begriffen.

Existenz beginnt in der Differenz, die aus Wiederholung entsteht. Die Welt als differenzielles Ereignis der Wiederholung wird zur Aktivität, zum Prädikat, das in jeder Ausdrucksform, jedem Subjekt „als ein Grund“[4] eingeschlossen sein muss. Die Welt als Ereignis nimmt sich dem Mythos des Anfangs an, nicht als reiner Ursprung, sondern mittels einer Teilhabe (*participation*) als grundlegende relationale Bewegung der Hervorbringung von Existenzweisen.[5] Deleuze widmet sich in seinem Text „Causes et raisons des îles désertes“[6] dem Problem des Anfangs. Das Bild der einsamen Insel wird hier als Imagination von Trennung und Neuschöpfung dargelegt. Deleuze verweist auf den Kenntnisverlust der Mythologie der einsamen Insel als eine Figur des Anfangens. Die Frage nach dem Schöpfungsakt ist dabei leitend und direkt mit der Frage der Wiederholung verbunden.[7] Deleuze möchte

3 Gilles Deleuze / Félix Guattari: *Tausend Plateaus. Kapitalismus und Schizophrenie 2.* Berlin: Merve 1992, S. 72. Übersetzung vom Autor geändert.

4 Gilles Deleuze: *Die Falte. Leibniz und der Barock.* Frankfurt am Main: Suhrkamp 2000, S. 90.

5 Der Begriff der Teilhabe entstammt Gilbert Simondons Terminus der *participation*. Teilhabe wird hier als vorläufig (*primordial*) betrachtet, sprich als Bedingung für mögliche Subjektivierungsweisen. Das Pendant zu Simondons Begriff der Partizipation ist die *insertion*, die Einfügung. Während Partizipation als grundlegender, differenzieller, Akt des Entstehens verstanden werden kann, bildet die Einfügung eine Form der Rückbeziehung des Subjekts bzw. des Ereignisses auf die präindividuelle Ebene der Partizipation. Zu Partizipation vgl. Gilbert Simondon: *L'individuation à la lumière des notions de forme et d'information.* Grenoble: Millon 2005, S. 31. Zur Einfügung vgl. ders.: *Du mode d'existence des objets techniques.* Paris: Aubier 1958, S. 183.

6 Gilles Deleuze: Causes et raisons des îles désertes. In: Ders.: *L'île déserte et autres textes: textes et entretiens, 1953–1974.* Paris: Ed. de Minuit 2002, S. 17–33.

7 Siehe hierzu Gilles Deleuze: Was ist der Schöpfungsakt? In: Ders.: *Schizophrenie und Gesellschaft: Texte und Gespräche von 1975 bis 1995*, hrsg. v. David Lapoujade. Frankfurt am Main: Suhrkamp 2005, S. 298–308.

die „mythologische Reinheit“ der einsamen Insel als getrennt und neu-beginnend zu einem „Prototyp der kollektiven Seele“ machen.[8] Die einsame Insel ist „nicht die Schöpfung selbst [...], sondern die Neuschöpfung, nicht der Beginn, sondern der Wiederbeginn. Sie ist Ursprung, jedoch der zweite Ursprung“[9]. Der Ursprung ist in sich differenziell. Differenziell meint in diesem Fall nicht im Sinne einer Differenz zwischen Entitäten. Vielmehr ist differenziell hier als relationale Bedingung von Existenz zu verstehen – einem Existenzbegriff, dessen „Ursprung“ die Relation und nicht die Essenz ist. Die relationale Konstitution von Welt beginnt in einer den ersten Ursprung kompromittierenden Katastrophe der Wiederholung – „es gibt eine Katastrophe nach dem Ursprung, weil es von Anfang an eine zweite Geburt geben muss“[10].

Der zweite Ursprung manifestiert das „Gesetz der Serie, [...] das Gesetz der Wiederholung“[11]. Das Gesetz der Wiederholung macht die Differenz zum Zeichen einer empfindbaren Katastrophe, eines Neubeginns, so molekular er auch sein mag. Die Empfindung der Differenz verweist immer schon auf ein Anderes, auf andere Zeitlichkeit, andere Existenzweisen im Werden, die weder Ursprung noch Ende kennen. Deleuze schreibt hierzu: „Im Ideal des Neubeginns liegt etwas, was dem Beginn selbst vorausgeht, was ihn aufgreift, um ihn zu vertiefen und zeitlich zurückzuverlegen. Die einsame Insel ist die Materie dieses Unvordenklichen oder Tieferen.“[12] Die einsame Insel bietet die Materie eines relationalen Realismus, wie ich im Folgenden knapp darlegen möchte. Als Ausdruck des Neubeginns, der dem Beginn vorausgeht, eröffnet sich eine Dimension der Erfahrung, die sich im Übergang zum Ausdruck manifestiert, nicht als Verbindung von Substanzen, sondern als Gefüge von Relationen. Relationen bilden in ihrer Resonanz Differenziale, ohne eine einheitliche Synthese oder ihnen immanente Wesenheit zum Ausdruck zu bringen. Was in der Wiederholung neu beginnt ist die singuläre Differenz

8 Gilles Deleuze: Ursachen und Gründe der einsamen Insel. In: Ders.: *Die einsame Insel. Texte und Gespräche von 1953 bis 1974*, hrsg. v. David Lapoujade. Frankfurt am Main: Suhrkamp 2003, S. 10–17, hier S. 16.

9 Ebd., S. 11.

10 Ebd., S. 16.

11 Ebd.

12 Ebd., S. 17.

von Relationen, aufgeladen mit unvordenklichen Weisen der Existenz. Versteht man eine einsame Insel als „Vielheiten von Bezügen" (*relations*) so begibt sie sich immer als Archipel in das „Universale der Verhältnisse" (*relations*) und agiert im Kollektiv.[13]

Zugleich stellt sich die Frage nach den Schwellen der Wahrnehmbarkeit von Prozessen des relationalen Neubeginnens. Wie lässt sich Kontinuität und Diskontinuität miteinander verbinden, ohne eine Reduktion auf das wahrnehmende Subjekt in einer chronologisch eingefassten Gegenwart vorzunehmen? Der Gefahr einer Reduktion soll hier mit dem Begriff und der damit einhergehenden Praxis der ‚Dramatisierung' entgegengewirkt werden. Dramatisierung, so der von Deleuze gewählte Begriff in Anlehnung an Friedrich Nietzsche, umreißt einen Prozess, in dem sich heterogene Relationen hin zu Ausdrucksweisen bzw. ihren Aktualisierungen verdichten, ohne eine Synthese einzugehen. Dramatisierung bildet einen Gegenpol zu einem synthetisierenden Verständnis von Aktualisierung. In ihren Verfahrensweisen wird Dramatisierung zum Teil einer Praxis, die relationale Affektionen im Sinne von Aktivierungen von Potenzialitäten begreift.[14] Diese Affektionen verhalten sich sowohl transversal entlang unterschiedlicher Materien – körperlich, physisch, mental – als auch entlang differenzieller (nicht-chronologischer) Zeitformen. Anhand des Beispiels *El Siluetazo* – eine ästhetisch-politische Intervention von Aktivist_innen während der Argentinischen Militärdiktatur – soll eine politische Ästhetik der Dramatisierung verdeutlicht werden. Die Verbindung von Ästhetik und Politik, so problematisch diese auch ist, transformiert sich im Zuge der Praxis der Dramatisierung und eröffnet eine relationale Sicht auf trans-temporale und trans-lokale soziale Bewegungen.

Relation und Ästhetik

In einer Welt, in der immer weitläufigere Beziehungsgeflechte heutige Formen von Subjektivität hervorbringen, nimmt Ästhetik, d. h. Arten

13 Deleuze: *Differenz*, S. 212–214.

14 Ein relational-emergenter Zugang mittels Prozessen der Aktivierung lässt sich insbesondere in Brian Massumis Relationsverständnis sowie seiner Arbeit zu William James' „radical empiricism" finden. Vgl. Brian Massumi: *Parables for the Virtual: Movement, Sensation, Affect*. Durham: Duke UP 2002, S. 68–88; ders.: *Semblance and Event: Activist Philosophy and the Occurrent Arts*. Cambridge, MA: MIT 2011.

und Weisen der Wahrnehmung und Hervorbringung, eine ausschlaggebende Rolle ein. Als Ausgangspunkt dient hier eine Debatte im Kunstfeld, die in den 1990er Jahren entbrannte und deren Nachwirkungen wir heute noch spüren.

1998 erschien die erste Auflage von Nicholas Bourriauds *Esthétique relationelle*, einem kleinen Buch, das sich im essayistischen Stil mit einem neuen relational-ästhetischen Paradigma der Gegenwartskunst befasst. Dieses Paradigma bezieht sich auf eine Reihe von KünstlerInnen (u. a. Dominique Gonzalez-Foerster, Liam Gillick oder Vanessa Beecroft), deren Praxis Bourriaud als konstitutiv für sogenannte *Situationen* begreift. Relationale Arbeiten sind in einem Objekt gefasste Beziehungen zur Welt – nur dass hier das Kunstobjekt im klassischen Sinne meist einer performativen Situation weicht, die als soziale Intervention verstanden werden kann. Bourriaud definiert die relationale Ausstellungspraxis der 1990er Jahre als formales Raum-Zeit-Konstrukt, das einen laborhaften Zwischenraum, ein *interstice*, gegenüber der allgegenwärtigen Entfremdung durch den Kapitalismus ermöglicht. Das Objekt wird zu einem Bündel relational verknüpfter Materien, aber auch Bewegungen, Umständen und Zufälligkeiten, die sich immer wieder neu und situativ manifestieren. Zugleich versieht Bourriaud eine solche relationale Ästhetik mit fast universellem Anspruch. Für ihn haben relationale künstlerische Praktiken ihren theoretischen und praktischen Ausgangspunkt in der Gesamtheit der (menschlichen) Beziehungen und deren sozialen Kontext.[15] Weiterhin spricht er davon, dass diese Kunstwerke „temporäre kollektive Formen“ hervorbringen, die über eine „unendliche Tendenz“ verfügen und neue „Bereiche des Zusammenlebens“ (*convivalité*) eröffnen.[16] Eine der entschiedensten, jedoch wenig beachteten Differenzierungen Bourriauds liegt in der Trennung zwischen *sozialer Form* und *relationaler Form*.[17] Während soziale Formen eine intersubjektive Verbindung von bereits konstituierten Individuen implizieren, betrifft die relationale Form einen vorgängigen oder immanenten Prozess der dynamischen Formation von Raum-Zeit-Elementen – sprich die Bedingung von (sozialer) Erfahrung an sich. Bourriauds

15 Vgl. Nicolas Bourriaud: *Relational Aesthetics*. Dijon: Presses du réel 2002, S. 113.

16 Ebd., S. 26, 41, 61.

17 Vgl. ebd., S. 83.

Verbindung einer relationalen Genese von Welt mit Wahrnehmungsprozessen interessiert hier auf der Ebene der Politiken des Sinnlichen, die zugleich Politiken des Kollektiven zu sein scheinen. Ausgehend vom Spannungsfeld zwischen relationaler und sozialer Form möchte ich im Folgenden den Begriff des *relationalen Realismus* erläutern.

In den Augen Claire Bishops, die eine relationale Ästhetik sowohl als Erlebnisökonomie als auch ihren Bezugspunkt des Galeriekontexts als geschlossenes System kritisiert, vermischt Bourriaud ein ästhetisches mit einem ethisch-politischen Verständnis vom Kunst, indem er relationale Kunst als sozial, partizipativ und offen beschreibt.[18] Bishop sieht den Kern dieser Konfusion im Verschwinden des Werks an sich, sprich der materiell-sinnlichen Reibungsfläche, während die unmittelbare intersubjektive Sozialität relationaler Ästhetik artifiziell, fast aufgesetzt wirkt. Jacques Rancière nimmt in *Der emanzipierte Zuschauer*[19] eine ähnliche Position ein, und Eric Alliez benennt das Problem als „culture d'interactivité"[20], in der die Relation zur Transaktion wird. Bishop fordert nicht eine relationale sondern eine *antagonistische Form*, die die Identifizierung durch das Werk als unabgeschlossen und Subjektivität als stetig auszuhandelnde begreift – eben nicht „an ideal of subjectivity as whole and of community as immanent togetherness"[21]. Bishop fordert eine Analyse des Kontexts, der in seiner ausschließenden Funktion erst seine antagonistische Struktur hervorbringt und hierdurch als politischer Angriffspunkt sichtbar wird. Bourriauds relationale Ästhetik verharrt aus ihrer Sicht in einer politischen Beliebigkeit, solange sie totale Offenheit zelebriert. Während für Bourriaud die *Situation* des dynamischen Zusammenspiels von Relationen eine *Realität* produziert, ist für Bishop das Kunstobjekt der Ausgangspunkt einer Strukturanalyse für den (politischen) Kontext, der das Kunstwerk und die damit zusammenhängende Subjektivierung bedingt.

18 Vgl. Claire Bishop: Antagonism and Relational Aesthetics. In: *October* 110 (2004), S. 51–79, hier S. 51; dies.: The Social Turn: Collaboration and Its Discontents. In: *Artforum* (2006), S. 179–185, hier S. 183.

19 Jacques Rancière: *Der emanzipierte Zuschauer*. Wien: Passagen 2010.

20 Eric Alliez: Capitalism and Schizophrenia and Consensus: Of the Relational Aesthetic. In: Simon O'Sullivan / Stephen Zepke (Hrsg.): *Deleuze and Contemporary Art*. Edinburgh: Edinburgh UP 2010, S. 85–99, hier S. 90.

21 Bishop: Antagonism and Relational Aesthetics, S. 67.

Chantal Mouffe teilt diese Kritik der allumfassenden Offenheit, wie sie in der relationalen Ästhetik anklingt. Mit Blick auf die neuen Formen kapitalistischer Regulierung, die sich der Strategien der Gegenkultur bedienen (u. a. nicht-hierarchische Selbstorganisation oder Authentizität) schreibt sie: „What is needed is widening the field of artistic intervention, by intervening directly in a multiplicity of social spaces in order to oppose the program of total social mobilization of capital."[22] Eine solche Form der politischen Intervention lässt sich, laut Mouffe, nur auf der Ebene antagonistischer Entscheidungen entwickeln, die einer pluralistischen Natur der sozialen Welt entsprechen. Anders gesagt, politische Ästhetik schafft „prekäre" und „pragmatische" Konstruktionen, die als Teil eines agonistischen Kampfes fortlaufend transformiert werden können, ohne eine endgültige Aussöhnung zu beabsichtigen. Für beide Autorinnen übersieht Bourriaud die primäre antagonistische Ebene kultureller Produktion, indem er nach Vereinheitlichung in der Immanenz der Situation trachtet.

Im Einfordern einer agonistischen ästhetischen Kritik liegt ein wichtiger Beitrag zu einer Politik des Ästhetischen, die ihre gesellschaftlichen und materiellen Kontexte ernst nimmt und versucht, Techniken des Widerstands gegen die unmittelbare kapitalistische Eingliederung zu entwickeln. Diese Regime des Ästhetischen, wie sie Rancière mit der „Aufteilung des Sinnlichen"[23] (*partage du sensible*) trefflich beschreibt, bilden heute ein Dispositiv, das Wahrnehmung bzw. Aufmerksamkeit als zentrales Kapital gegenwärtiger Wertschöpfung versteht (*social networks* wie Facebook sind ein paradigmatisches Beispiel). Diese neuen „Aufmerksamkeitsökologien"[24], wie sie Yves Citton darlegt, durchziehen insbesondere die massenmedialen Konstellationen unserer Gegenwart. Zugleich versteht Rancière unter „Aufteilung des Sinnlichen" nicht eine rein operative Ebene von Machtregimen, die sich vom Diskurs hin zur Sinneswahrnehmung erweitert, sondern auch etwas „en commun", etwas Gemeines oder Geteiltes (was im Wort „partage" schon enthalten ist). Das Gemeine, so Rancière,

22 Chantal Mouffe: Artistic Activism and Agnostic Space. In: *Art & Research* 1,2 (2007). http://www.artandresearch.org.uk/v1n2/mouffe.html (Zugriff am 10.12.2015).

23 Jacques Rancière: *Die Aufteilung des Sinnlichen. Die Politik der Kunst und ihre Parodien.* Berlin: b_books 2006.

24 Yves Citton: *Pour une écologie d'attention.* Paris: Ed. du Seuil 2014.

schafft gleichzeitig etwas, das geteilt wird und exklusiv agiert, sprich das, was Bishop antagonistischen Ausschluss nennt. Die Aufteilung des Sinnlichen zeigt sich durch kulturelle Handlungen und legt fest, wer teilhaben kann und was das Gemeine einer Gemeinschaft ist. In der doppelten Logik des Teilhabens und Ausschließens definiert Rancière eine politische Ästhetik, die er, in Abgrenzung von Walter Benjamins „Ästhetisierung der Politik“[25], als eine Eingrenzung von Raum und Zeit, von Sichtbarem und Unsichtbarem, von Sprache und Rauschen, als Formung von Erfahrung darlegt. Während Rancière hier von einer vorgängigen oder ‚ersten Ästhetik‘ (*esthétique première*) spricht, fordert er ebenso wie Mouffe und Bishop, das handelnde Subjekt bzw. künstlerische Praxis als kritische Intervention auf, Aufteilungen des Sinnlichen als gemeinschaftsstiftend zu hinterfragen bzw. sie zu verändern.[26]

Dieser Auffassung von politischer Ästhetik lässt sich hinzufügen, dass die leiblich-sinnliche Bedingung von Existenz, sprich Erfahrung, selbst immer schon eine politische Ästhetik ist, die aktualisiert, situiert und somit materielle Effekte schafft.[27] Als primäre oder immanente Ästhetik ist sie aktivierende Kraft der Hervorbringung, die in Resonanz mit dem Körper steht, ohne diesen als gefasstes Subjekt vorwegzunehmen. Dementsprechend ist der Körper nicht normativ sinnlich, sondern wird in seiner Kapazität, wahrzunehmen, aktiviert und hervorgebracht. Dieser Punkt ist äußerst wichtig, wenn man sich einem heteromorphen und anthropomorphen bzw. normativen Körperverständnis entgegenstellt. Der Körper ist ebenso relationale Komposition, wie die ihn umgebende Umwelt. In diesem Sinne ist

25 Walter Benjamin: *Das Kunstwerk im Zeitalter seiner technischen Reproduzierbarkeit*. Frankfurt am Main: Suhrkamp 1963, S. 42.

26 Sowohl Bishop als auch Mouffe stützen ihre Aussagen auf den von Rancière umfangreich entworfenen Begriff des „Dissens“, der als ursprünglicher und widerständiger Antagonismus einer falschen „communitas“, sprich einer konsensuellen Gemeinschaft, wie sie die drei Autoren bei Bourriaud attestieren, wendet. Vgl. Jacques Rancière: *Dissensus. On Politics and Aesthetics*. London: Continuum 2010.

27 Erfahrung ist in diesem Zusammenhang nicht rein phänomenologisch zu verstehen, sondern eher im Sinne einer „pure experience“, wie sie bei William James auftaucht. Für James ist Erfahrung der einzige „Stoff“, aus dem sich Existenz konstituiert, und erhält damit einen sehr viel weiteren Bedeutungszusammenhang als ein auf das menschliche Subjekt reduzierter Erfahrungsbegriff. Vgl. William James: *Essays in Radical Empiricism*. Lincoln / London: University of Nebraska Press 1996, S. 4.

das Politische der Ästhetik eine virtuelle Politik von Vielheit und Potenzialität – eine differenzielle Politik – die sich immer wieder neu durch die Erfahrung aktualisiert.

Eine solche differenzielle Politik der Aktualisierung lässt sich auch als Praxisökologie im Sinne Isabelle Stengers' begreifen.[28] Stengers definiert Praxisökologie als ein Werkzeug, um gegenwärtige kulturelle Phänomene zu durchdenken. „The stake here is giving the *situation* the power to make us think, knowing that this power is always a virtual one, that it has to be actualized."[29] Aktualisierung vollzieht sich hier von der Mitte her, „par le milieu", als ein relationales, mehr-als-intersubjektives Ereignis. Die Aufgabe ist „to affirm that each achievement in the ecology of practice [...] must be celebrated as 'cosmic event,' a mutation which does not depend on humans only, but on humans as belonging"[30]; wobei „belonging" sich hier auf die jeweilige Situation bezieht. Mit dem Begriff der Praxisökologien lassen sich relationale Gefüge von Existenz als mehr-als-menschlich verstehen, wie etwa Bruno Latour auch von „matters of concern"[31] spricht, die eine Vielheit von Aktanten nicht-menschlicher Provenienz einbinden. In der Affirmation des situativen Auftretens neuer Praxisweisen eröffnen sich für Stengers auch singuläre Denk- und Handlungsstrategien, die normativen Wissensparadigmen widerstehen und im Sinne eines feministischen ‚empowerments' als Differenz agieren. Sowohl Stengers als auch Latour plädieren für eine kosmopolitische Perspektive, die sich nicht im Antagonismus zwischen Subjekt und Objekt verläuft, sondern Erfahrung selbst als heterogenes und nicht-menschliches Ereignis umreißt.

Dieses Verständnis von Existenz bildet den Grundstein meines Begriffs von relationalem Realismus. Stengers, Latour, aber auch Erin Manning, Brian Massumi oder Didier Debaise propagieren seit einiger Zeit eine derartige Neuerung des nicht nur menschlichen Erfahrungsbegriffs, den sie William James entlehnen. In seinen *Essays in Radical Empiricism* schreibt James, Erfahrung sei „the stuff of which is everything composed", und er führt weiter aus, dass „pure experience"

28 Vgl. Isabelle Stengers: Introductory Notes on an Ecology of Practices. In: *Cultural Studies Review* 11,1 (2005), S. 183–196.

29 Ebd., S. 185.

30 Ebd., S. 192.

31 Bruno Latour: How Has Critique Run out of Steam? From Matters of Fact to Matters of Concern. In: *Critical Inquiry* 30 (2004), S. 225–248.

als unmittelbares Feld der Gegenwart die einzig gelebte Realität ist, bevor sich Ding und Gedanke entwickeln.[32] Diese Realität lässt sich als relational verstehen, da sich hier Erfahrung als formierender und dynamischer Prozess darstellt, in dem Subjekt und Objekt aus der Relation entstehen. James führt weiter aus: „*The relations that connect experiences must themselves be experienced relations, and any kind of relation experienced must be accounted as 'real' as anything else in the system.*"[33] In den Worten Latours: „Relations is not what is added to a meaningless world of matters of fact, but what are empirically given in the world of experience."[34] Erfahrung ist jener Bereich, in dem unterschiedliche Modi der Existenz auf relationale Weise komponiert werden – nicht als Substanzen, sondern als Tendenzen, die immer wieder neu Variationen des Lebens, des Existierens aktualisieren.[35] Die Frage der relationalen Form, wenn auch sehr dürftig ausgearbeitet bei Bourriaud, birgt einen Verweis auf mögliche Denkweisen des Sozialen, die als kollektive relationale Differenzierungen auftreten und nicht intersubjektiv oder kontextgebunden sind. Diese Ausführungen wollen nicht die Realitäten des Intersubjektiven, deren Machtgefüge und materiellen Kontexte negieren, sondern auf eine weitere Realitätsebene des Situativen verweisen, die nicht antagonistisch operiert und somit ein differenzielles Denken erfordert. Edouard Glissant hat dies poetisch zum Ausdruck gebracht:

> There is a point at which Relation is no longer expressed through a procession of trajectories, itineraries succeeding or thwarting one another, but explodes by itself and within itself, like a network, inscribed in the self-sufficient totality of the world.[36]

32 James: *Essays*, S. 3.

33 Ebd., S. 42. Kursiv. i. O.

34 Bruno Latour: Coming out as a Philosopher. In: *Social Studies of Science* 40,4 (2010), S. 599–608, hier S. 604.

35 Der Begriff der Tendenz ist sowohl für James als auch für Deleuze zentral. Entgegen einer simplifizierenden Lesart des Begriffs bedeutet Tendenz hier die einzig mögliche Annäherung an Realitätsformen, wie sie sich in den Aktualisierungen relationaler Verhältnisse ereignen. Dementsprechend schreibt William James auch: „the experience of tendencies is sufficient to act upon", und führt weiter aus: „No philosophic knowledge of the general nature and constitution of tendencies, or of the relation of larger to smaller ones, can help us to predict which of all the various competing tendencies that interest us in this universe are likeliest to prevail." (James: *Essays*, S. 69, 180.)

36 Edouard Glissant: *Poetics of Realation*. Ann Arbor: University of Michigan Press 1997, S. 195.

Ausgehend von der immanenten Differenz von Existenz, die sich in Erfahrungen durch Differenzierung ausdrückt, ist ein relationaler Realismus weder rein metaphysisch noch rein empirisch zu verstehen. Das Primat der Relation lässt sich als differenzieller Prozess der Aktivierung nur halten, wenn es nicht in Essenzen gedacht wird. Es bietet sich an, den Begriff der Relation als Aktivierung von Potenzialitäten und daher als Form von Zeitlichkeit zu erfassen. Bourriauds Vorstoß in Richtung einer relationalen Form entfaltet sein Potenzial erst, wenn wir diese Form weniger auf der Ebene sinnlicher Wahrnehmung verorten – Ebene der Aufteilung des Sinnlichen –, sondern viel eher als ein Kristallisieren heterogener Zeitlichkeiten. Eine solche Betrachtung schließt die Ebene materieller, sinnlicher oder körperlicher Existenzen nicht aus. Ganz im Gegenteil müssen wir diese ‚Materialitäten' selbst als Teil einer primär zeitlichen Stofflichkeit begreifen. Ein relationaler Realismus entfaltet sich dementsprechend entlang einer alles einbindenden ursprünglichen Substanz, die der Zeitlichkeit, deren ‚Universalität' wir immer nur in der Wiedergeburt, sprich in der differenziellen Wiederholung oder der Katastrophe der einsamen Insel in fragmenthaften Situationen erfahren können. Baruch de Spinoza – und ihm folgend Deleuze – verwenden den Begriff des Affekts, um diese zeitlichen Dynamiken in ihrem relationalen Werden zu benennen. Affekt ist ein anderer Terminus für die zeitliche Relationalität, die alle Ebenen von Existenz durchzieht. Im Vermögen oder Unvermögen des Affizierens und Affiziert-Werdens entstehen zeitliche Faltungen als Erfahrungen, die sich zueinander in Beziehung setzen und Teilhabe oder das Gemeinsame der differenziellen Relationen ermöglichen. Deleuze umreißt die zeitliche Natur des Affekts, wenn er schreibt: „Es geht darum, das Leben, jede Individualität des Lebens, nicht als eine Form der Formentwicklung zu begreifen, sondern als komplexes Verhältnis (*relation*) zwischen Differenzialgeschwindigkeiten, zwischen Verlangsamung und Beschleunigung von Teilchen."[37] Mit Verlangsamung und Beschleunigung sind nicht Gradierungen einer linearen Zeitlichkeit gemeint, sondern viel eher absolute Differenzen von Unzeitlichkeiten, die sich erst gegen eine lineare oder empirische Zeitlichkeit herausheben und Erfahrung hervorbringen. Die Prozesse der Hervorbringungen könnten

37 Gilles Deleuze: *Spinoza. Praktische Philosophie.* Berlin: Merve 1988, S. 160.

somit auch, wie ich weiter unten ausführen werde, als Dramatisierungen verstanden werden. Deleuze erhebt dieses differenzielle, zeitliche Ineinanderwirken von Relationen zu einem generellen ethischen Prinzip, das sich im Sinne einer Politik des Ästhetischen präsentiert. Betrachtet man Erfahrung als Komposition heterogener Praxisweisen, so betrifft die Frage nach der Politik des Ästhetischen Potenziale der Teilhabe als Intensivierung und nicht als Vereinheitlichung. Bei diesen Amplifikationsprozessen handelt es sich

> nicht mehr um Anwendungen oder um Aneignungen, sondern um Soziabilitäten und Gemeinschaften. Wie setzen sich Individuen zusammen, um ein Höheres Individuum – bis ins Unendliche – zu bilden? Wie kann ein Wesen ein anderes in seine Welt aufnehmen, doch so, dass es dessen Verhältnis (*relation*) und die eigene Welt erhält und respektiert?[38]

Mit Individuum und „Höherem Individuum" meint Deleuze keinesfalls eine Synthese vorgefertigter Subjekte. Individuum bedeutet hier Individuation, sprich einen Prozess des stetigen, differenziellen Werdens.[39] Ein höheres Individuum ist demnach nicht eine auf ideelle (göttliche) Transzendenz gerichtete ‚Vereinigung', die Rancière und Bishop Bourriauds relationaler Ästhetik unterstellen. Deleuze meint viel mehr, dass sich in Prozessen des Affizierens und Affiziert-Werdens neue Fähigkeiten der Kompatibilität eröffnen. Das ethische Element bezieht sich genau auf dieses Ermöglichen neuer Kompatibilitäten als Differentiale und nicht als synthetisierte Vereinheitlichung. Eine relationale differenzielle Einbindung oder Affizierung lässt sich durch die ästhetischen Elemente einer Situation in ihrer Heterogenität, sprich Offenheit, ermöglichen. Im Folgenden soll nun auf die weiter oben ausgeführten Darstellungen zurückgekommen werden, um Überlegungen zur politischen Ästhetik von Kollektivität anzustellen.

Es scheint, als ob Bourriauds Intuition, die Begriffe ‚Relation' und ‚Ästhetik' zusammenzubringen, schon vor der Buchpublikation einen

38 Deleuze: *Spinoza*, S. 164.

39 Der Begriff der Individuation ist hier insbesondere durch Simondon geprägt, für den Individuation als stetiger Prozess des Werdens (Ontogenese) das Primat des Individuums ablöst. Er schreibt: „[D]as Individuum lässt sich eher durch die Individuation als die Individuation durch das Individuum verstehen." (Simondon: *L'information*, S. 24, Übers. C. B.)

etwas anderen Ausgangsort hatte, als es seine krude und überzogene, allein auf den Kunstbetrieb ausgelegte Darstellung vermuten lässt. Bereits 1994 erschien das letzte Kapitel von *Esthétique relationelle* „Le paradigme esthétique" zu Félix Guattari in dem von Guattari gegründeten Journal *Chimères*. Die Referenz auf Guattari legt nahe, dass Bourriaud an ‚Produktionsweisen von Subjektivität' mittels ästhetischer Praktiken interessiert war, ebenso wie es Guattari in seinem Spätwerk *Chaosmose* darlegt.[40] Zentral hierbei ist Guattaris Absicht, ein neues ästhetisches Paradigma zu benennen, das Subjektivität nicht als identitär fasst, sondern als ökologisch im Sinne von sozialen, umweltlichen und mentalen Aspekten. Subjektivität entsteht für Guattari immer durch eine Vielheit von Kräften, teils materiell, teils immateriell, die sich dynamisch und situativ zueinander verhalten. Er schreibt: „Ich gehe davon aus, dass Subjektivität immer aus kollektiven Assemblagen (*agencements*) hervorgeht, die nicht nur eine Vielheit von Individuen einschließen, sondern auch eine Vielheit technologischer, maschinischer, ökonomischer […], soll heißen prä-personeller Faktoren der Sensation"[41] beinhalten. Guattari definiert Subjektivität als relationalen Aktualisierungsprozess. In einem Interview über Kunst schreibt er, „es gibt keine Interaktion zwischen Individuen, sondern eine Konstitution von Subjektivität entsteht von Beginn an in einem transindividuellen Ausmaß"[42]. Man könnte einen solchen ökologischen, prä-individuellen, sprich relationalen, Prozess auch als Vorgang des Affizierens und Affiziert-Werdens bezeichnen. Hierzu schreibt Brian Massumi, „impersonal affect is the connecting thread of experience. It is the invisible glue that holds the world together. The world-glue of affect is an autonomy of event-connection."[43] Affekt ist kein Attribut von sich affizierenden Substanzen, sondern eine zeitliche relationale Dimension, die es erlaubt, gelebte Erfahrung als geteilt, *en commun*, zu verstehen. Die Relation ist hier nicht eine der reinen physischen Ko-Präsenz sondern die Dimension von Wirklichkeit, die gelebt wird, das Intervall einer affektiv aktivierenden

40 Félix Guattari: *Chaosmose*. Paris: Galilée 1992.

41 Félix Guattari / Olivier Zahm: Félix Guattari et l'art contemporain. Entretien avec Félix Guattari. In: *Chimeres* 23 (1994). http://www.revue-chimeres.fr/drupal_chimeres/files/23chi04.pdf (Zugriff am 10.12.2015), Übers. C. B.

42 Ebd.

43 Massumi: *Parables*, S. 217.

Erfahrung, differenziell und gemeinsam. Durch die zeitliche Relevanz von Affekt, als Intervall der Erfahrung, wird die politische Ästhetik Rancières zu einer affektiven Politik transindividueller Produktion von Subjektivität, wie sie Massumi definiert: „Politics, approached affectively, is an art of emitting the interruptive signs, triggering the cues, that attune bodies while activating their capacity differentially. Affective politics is inductive.“[44] Bei Rancière bleibt der politische Akt unklar, und bei Mouffe und Bishop liegt er im, wenn auch brüchigen, Subjekt. Bei Massumi hingegen entstehen affektive Politiken immer aus der affektiv-aktivierenden Kollektivität einer Situation. Diese affektive Politik des Intervalls der Erfahrung ist für Massumi der Kampfplatz gegenwärtiger ästhetischer Regime. Bezogen auf affektive Politiken des Widerstands bedarf es ästhetischer Techniken, die gegen eine unmittelbare Aneignung von Erfahrung für ökonomische Zwecke wirken. Anstelle eines Rückzugs von jeglicher affektiver Produktion, wie ihn Giorgio Agamben mit seinem Konzept des *desouvrement* vorschlägt, oder einer bloßen Beschleunigung, wie sie kürzlich unter dem Begriff des *accelerationism* unterbreitet wurde, experimentiert affektive Politik mit heterogenen Zeitlichkeiten, transindividuell, singulär und differenziell. Stengers' Emphase, dass es die Situation sei, die uns denken lassen muss, bedeutet genau dies – das Ermöglichen neuer Zeitlichkeiten, die einer unmittelbaren Klassifizierung oder einem Urteil entgegenwirken und neue Denk- und Handlungsweisen evozieren. Durch eine experimentelle Vorgehensweise situativer Ermöglichung von Differenz ergeben sich automatische Rückwirkungen auf die einfassenden Kontexte.

In seinem Text „Was ist der Schöpfungsakt“[45] führt Deleuze die Differenzen zwischen künstlerischer, naturwissenschaftlicher und philosophischer Erfindungskraft aus. Zugleich legt er fest, was alle drei teilen: die Komposition von Raum-Zeit-Blöcken, sprich singulären Modi der Existenz. Wie lassen sich diese Modi in ihrer Singularität begreifen und doch als Kollektiv verstehen? Diese Frage, so scheint mir, ist ausschlaggebend für aktivistische Praktiken der Gegenwart.

44 Brian Massumi / Joel McKim: Of Microperception and Micropolitics. An Interview with Brian Massumi. In: *Inflexions: A Journal for Research-Creation* 3 (2009). http://www.inflexions.org/n3_Of-Microperception-and-Micropolitics-An-Interview-with-Brian-Massumi.pdf (Zugriff am 10.12.2015).

45 Deleuze: Was ist der Schöpfungsakt?, S. 298–308.

Der Kritik an der Situation und ihrem sich selbst-transzendierenden Effekt muss durch eine Praxis der affektiven Verkettung, des *affective relaying*, entgegen gewirkt werden.[46] Chantal Mouffes Forderung nach einer agonistischen Praxis bedingt, dass der Akt an sich relational zustande kommt. Anders gesagt, eine Praxisökologie wird dann zum Akt, wenn es eine Ebene des geteilten, *en commun*, gibt, die so noch nicht existiert hat. Dieser Akt ist singulär und zugleich geschichtlich. Affektive Politik agiert nicht nur auf der Mikroebene von Situationen, sondern steht in Relation mit den sie umgebenden Umwelten – den materiellen, raum-zeitlichen, und mentalen Kapazitäten und ihren Affektionen. Affekt ist genealogisch, eben als Existenzebene, die geteilt und kollektiv ist.

Formationen der Dramatisierung

Handelt es sich bei den affektiven Verkettungen von Ereignissen um Prozesse abseits linearer Logiken der Reihung, so sind insbesondere mikro-temporelle Techniken der Aktivierung von Relevanz – sprich eine differenzielle Form des Beginnens. In der Hinwendung zu einer affektiven Politik in relational-ästhetischen Praktiken entsteht ein neues Denken und Handeln der Kollektivität. Diese Kollektivität entsteht nicht aus der Verbindung von Subjekten oder Objekten, die eine Realität bilden, sondern aus einem differenziellen Prozess, den Gilles Deleuze „Dramatisierung" nennt und ihm das Leibniz'sche Attribut des „Deutlich-Dunklen" gibt.[47] Die Frage nach dem Anfang ist für Deleuze nicht von der Frage nach der Dramatisierung zu lösen. In enger Anbindung an Nietzsche beschreibt Deleuze den Prozess der Dramatisierung als eine Methode, die „differenziell, typologisch und genealogisch"[48] ist. Dramatisierung aktiviert differenziell-relationale Prozesse des Werdens, ohne auf einen einheitlichen Grund noch ein klares Telos zu insistieren. Massumis Darstellung des Affekts als unpersönlich meint genau diese deutlich-dunkle Zone des Anfangs, der immer schon eine Wiederholung in sich birgt. Dramatisierung

46 Zum Begriff des „affective relaying" vgl. Christoph Brunner. Relaying and Re-Beginning. In: *Transmutations* 1,1 (2013). http://transmutations.org/site/relaying-and-re-beginning/ (Zugriff am 10.12.2015).

47 Deleuze: Die Methode der Dramatisierung. In: Ders.: *Die einsame Insel*, S. 139–170, hier S. 140.

48 Gilles Deleuze: *Nietzsche und die Philosophie*. Hamburg: EVA 1991, S. 87.

wendet sich gegen eine Logik des „benennbaren Ichs" als primären Akteur der Geschichte, die wie Nietzsche sagt, die „Kräfte der Repression" in Anschlag bringt und die „Fähigkeit[,] zu einem bestimmten Grade unhistorisch empfinden zu können", unterbindet.[49] Der repressiven Form der Individualität setzt Deleuze den Begriff der Dramatisierung als affektiven Aktivierungsprozess „unpersönlicher Individuationen" und „präindividueller Singularitäten" entgegen.[50] Durch seine Nietzsche-Lektüre eröffnet Deleuze einen präindividuellen Zugang zur formativen Ebene der Erfahrung, die sich nur relational verstehen lässt. In der Dramatisierung liegt ein Bruch der linearen Zeitlichkeit durch das Empfindbarmachen affektiver Aktivitäten in ihrer deutlich-dunklen Genese. Nietzsche nennt dieses „Zerbrechen des Individuums und sein Einswerden mit dem Ureinen" die „Wiederherstellung der Einheit", die hier aber als grundlos differenzielle Zeitlichkeit gedacht werden muss.[51] Im Hervortreten oder Beginnen steckt demnach eine Katastrophe, wie Deleuze schreibt: „Es liegt notwendig etwas Grausames in dieser Weltentstehung, die Chaosmos ist, in diesen Welten von Bewegungen ohne Subjekt, von Rollen ohne Akteur."[52] Für Deleuze und Nietzsche bedingt dieses Losreißen vom Individuum den einzigen Moment wirklich empfindbarer Differenz im Sinne eines Schöpfungsakts – als eine Verschiebung bisher angenommener Denk- und Wahrnehmungsweisen. In diesem Punkt wird die Dramatisierung zum Relais zwischen affektiver Potenzierung und immer neu sich ereignenden Variationen in der Aktualisierung von Erfahrung. Eine affektive Politik verlangt daher danach, zum Punkt der Dramatisierung zurückzukehren, ohne linear geschichtlich zu agieren, sprich in der bloßen Identifikation mit dem schon Gewesenen. Wie lassen sich experimentelle Formen affektiver Politik entgegen einer Re-individualisierung und entgegen einer reflexiven Historizität erschaffen? Das deutlich-dunkle Element der Dramatisierung birgt das kollektive Potenzial des unpersönlichen Affekts. Mittels der Figur der Anonymität soll im Abschluss eine

49 Friedrich Nietzsche: *Die Geburt der Tragödie. Unzeitgemäße Betrachtungen*. München: dtv 1999, S. 61, 252.

50 Deleuze: Über Nietzsche und das Bild des Denkens. In: Ders.: *Die einsame Insel*, S. 195–205, hier S. 200.

51 Nietzsche: *Geburt der Tragödie*, S. 62, 73.

52 Deleuze: *Differenz*, S. 276.

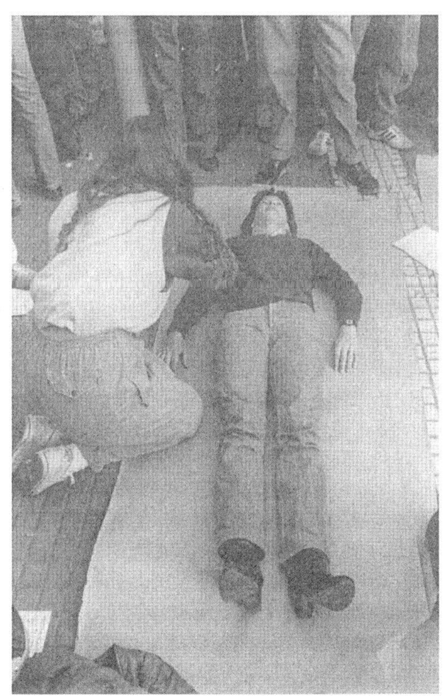

Abb. 1
Eduardo Gil:
Eine Aktivistin ‚stellt' ihren Körper für eine Silhouette zur Verfügung,
Plaza de Mayo, 21. September 1983.

kurze Beobachtung von relationaler Ästhetik als unzeitgemäße Dramatisierung dargelegt werden.

Im Mai 1983, gegen Ende der argentinischen Militärdiktatur, ergab sich ein besonderes Ereignis des politischen Aktivismus. Las Madres, die Menschrechtsorganisation von Müttern der über 30.000 verschwundenen und in klandestinen Gefängnissen der Militärs gefolterten und meist getöteten, oft jungen Menschen, riefen zu einer öffentlichen Intervention auf: *El Siluetazo*.[53] Diese von Künstlern initiierte und von den Madres durchgeführte Aktion bestand in der Zeichnung von Körpersilhouetten auf Papier. Hunderte von Menschen fanden sich auf dem zentralen Platz der Protestbewegungen, der Plaza de Mayo, ein, um ihre Körper für Silhouetten zur Verfügung zu stellen. In unterschiedlichsten Posen, teilweise mit Kindern, Schwangere, ganze Gruppen, wurden kollektiv Körper umrissen und

53 Eine ausführliche Dokumentation von *El Siluetazo* liegt bisher nur in spanischer Sprache vor. Vgl. Gustavo Bruzzone / Ana Longoni: *El Siluetazo*. Buenos Aires: Hidalgo 2008.

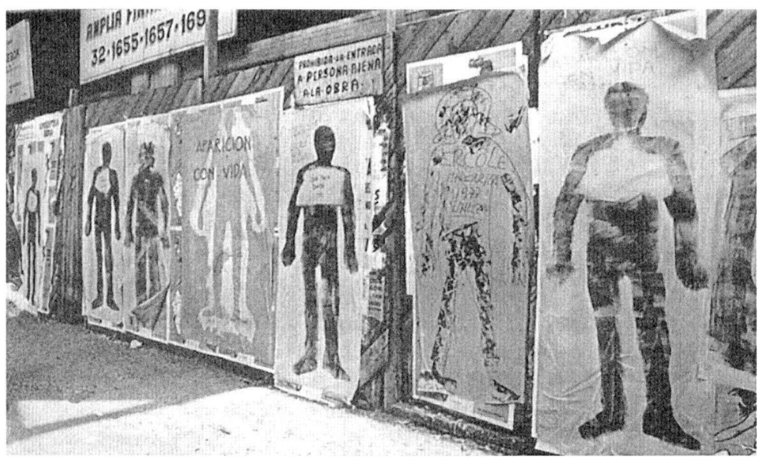

Abb. 2: Silhouetten an die Wand plakatiert (Zeit und Urheber unbekannt).

meist namenlos belassen. Die Intervention hatte, laut Ana Longoni, die Qualität eines Happenings, in der die kollektive Intervention eine neu ästhetische Dimension von Kunst und Leben hervorbringt, ohne primär als Kunst oder politisch verstanden zu werden.[54] Die Silhouetten stellten eine Verbindung zwischen den physisch präsenten und verschwundenen Personen her und wurden in der ganzen Stadt plakatiert. Ihr Ziel war es, ein Verbrechen sichtbar zu machen, das keinen Platz im öffentlichen visuellen Diskurs hatte. *El Siluetazo* ist eine Situation, die den Kontext der Praxis der Identifikation als Strategie der staatlichen Macht problematisiert. Körper werden zu Silhouetten und erlangen in ihrer Masse eine visuelle Ausdrucksebene, während sie an die Körper derer Erinnern, die keine Präsenz mehr haben. *El Siluetazos* politische Ästhetik besteht in einem doppeldeutigen Umgang mit Anonymität. Die anonymen Silhouetten deuten in ihrer Menge auf die gravierende Zahl an vermissten Menschen hin, ohne sie direkt identifizieren zu müssen. Noch mehr als das Beklagen einzelner

54 Ana Longoni: Photographs and Silhouettes: Visual Politics in the Human Rights Movement of Argentina. In: *Afterall* 25 (2010), S. 5–20. http://www.afterall.org/journal/issue.25/photographs-and-silhouettes-visual-politics-in-the-human-rights-movement-of-argentina (Zugriff am 10.12.2015). Für eine umfangreichere Behandlung der affektiven Politik von Anonymität in *El Siluetazo* vgl. Christoph Brunner: The Affective Politics of Sensation: Anonymity and Transtemporal Activism in Argentina. In: *Conjunctions* 2,1 (2015), S. 177–195.

Individuen wird der strukturelle Kontext der Staatsgewalt deutlich, der über Identität und ihre Abwesenheit verfügt. Anonymität ist hier im doppelten Sinne eine Aufteilung des Sinnlichen. Zum einen kontrolliert der Kontext der Militärdiktatur, was repräsentiert und nicht repräsentiert wird, sprich: wer zum öffentlichen Leben gehört und wer anonym ist. Zugleich ermöglicht die Anonymität der Silhouetten eine Technik kollektiven Widerstands gegen ein Regime, das immer über die Repräsentation von Identität agiert. Kollektivität bezieht sich hier auf die Kapazität von Subjektivierung als prä-individuell und affektiv. Es handelt sich um eine transindividuelle Kollektivität, die ein Teilen einer erlebten Erfahrung erst ermöglicht. Anonymität wird zur potenziellen Gefahr für den kontrollierenden Staatsapparat, wenn er sein Monopol als identitätsstiftende Instanz verliert. Zugleich ist die gewaltvolle De-subjektivierung durch das Staatsregime lebensgefährdend und verlangt nach Formen kollektiven Widerstands. Die Silhouetten als sichtbarer Ausdruck von etwas Unsichtbarem lassen die Trennung von sozialer und relationaler Form, wie sie bei Bourriaud auftauchen, verschwimmen. Die Silhouetten sind Teil dieser kollektiven Ausdrucksform, aber nicht ihr Ergebnis. Viel eher werden sie zum Relais einer Dramatisierung, die Anonymität als affektive Politik gegen eine repressive Politik der Individualität wendet. Indem Anonymität als Technik kollektiven Widerstands mobilisiert wird, besetzt sie Passagen der Identifizierung und wird zum „Fürsprecher" für die Verschwundenen. Erneut sehen wir eine Unterscheidung zwischen zwei Ebenen möglicher politischer Intervention: Zum einen auf der Ebene bereits konstituierter Individuen, zum anderen auf der affektiven Ebene der Komposition von Erfahrung. Eine Politik der Ästhetik interessiert sich genau für den Übergang von der präindividuellen zur individualisierten Ebene, ihrem Wechselspiel und den potenziellen Passagen der Dramatisierung. Es ist eine Dramatisierung, die greifbar macht, wie sich dieser Übergang manifestiert und wie sich Erfahrung als transindividuelles Ereignis fortschreibt.

Die Silhouetten verdeutlichen die Offensichtlichkeit der Kontrolle von affektiven Übergängen dessen, was wahrgenommen werden kann. *El Siluetazo* verkettet auf affektiver Ebene Körper, Erinnerungen, abstrakte Ebenen von staatlicher Zuschreibung und materielle Verdichtungen. Anonymität wird zu einer Praxisökologie, die Kapazitäten des Wahrnehmens einer vorherigen Aufteilung des Sinnlichen sprengt. Indem die affektive Dramatisierung von Anonymität über die Situation der politischen Intervention hinausweist, erlangt sie eine transindividuelle Kapazität des Verkettens in anderen Kontexten, mit neuen Situationen. Kollektive Prozesse der Dramatisierung sind heterogen, translokal und in der Lage, sich den Relationen entsprechend zu modulieren. In diesem Sinne begreife ich eine affektive Politik der kollektiven Dramatisierung als immanente Gemeinschaft, die jedoch immer schon über die jeweilige Situation hinausweist. Affektive Politiken als zeitliche Politiken agieren transindividuell, indem sie unterschiedliche Vergangenheiten und mögliche Formen des Werdens kollektiv aktivieren. Eine solche Form der Aktivierung lässt sich als ein Erfahrbarmachen ethisch-ästhetischer Dimensionen affektiver Existenz begreifen. Ästhetisch bedeutet hier, die Offenheit der Aktualisierung aktiv wahrzunehmen. Ethisch meint, dass diese Offenheit in der Präsenz ihrer möglichen Aktualisierungen so agiert, dass sie neue Lebensweisen eröffnet; ein Gemeines, das immer über sich hinausweist. Anonymität bildet eine Konsistenzebene, die es erlaubt, in verschiedenen Zeitlichkeiten neue Situationen durch Techniken der Dramatisierung zu komponieren.

Hier beginnen die eigentlichen Fragen einer politischen Praxis der Gegenwart. Wie lassen sich im Sinne Deleuze' ‚Fürsprecher' finden, die kollektive Techniken der Dramatisierung in ihrer ethisch-ästhetischen Kapazität für Kollektivität aktivieren?[55] Und wie lassen sich diese oft singulären Aktivierungen genealogisch und translokal modulieren, sodass etwas Gemeines und zugleich Differenzielles kontextübergreifend entsteht?

Das Beispiel der Dramatisierung von Anonymität in *El Siluetazo* bedingt eine Form von Kollektivität, deren Kontinuum auch heute noch spürbar ist. Las Madres existieren weiterhin, ebenso wie H.I.J.O.S., die Kinder der Verschwundenen, und entwickeln neue aktivistische Praktiken. Um die 2000er Jahre herum wurden von den H.I.J.O.S. in Argentinien sogenannte Escraches (umgangssprachlich für „ans Licht bringen" oder „outen") durchgeführt.[56] Diese

55 Vgl. Gilles Deleuze: *Unterhandlungen: 1972–1990*. Frankfurt am Main: Suhrkamp 1993, S. 175–196.

56 Vgl. Konstanze Schmitt (Hrsg.): *Escrache. Aktionen nichtstaatlicher Gerechtigkeit in Argentinien*. Berlin: b_books 2004.

Abb. 3: Zeitungsfoto des Künstlerkollektivs etcétera.

öffentlichen Akte der Identifizierung und Anklage ehemaliger und meist unbehelligter Militärs an ihrem Wohn- und Arbeitsort wurden von hunderten Menschen live sowie von den Massenmedien begleitet. In den meisten Fällen zogen die AktivistInnen mit einer kleineren Zahl von Menschen vor die Häuser der Militärs und begannen, ihre Identität, ihre ehemalige Funktion und die Verbrechen öffentlich kund zu tun. Das Ganze hatte oft den Charakter eines Performancespektakels. Bei den Escraches sehen wir uns erneut mit der Frage von Anonymität und Identifikation konfrontiert, in diesem Fall aber in umgekehrter Logik zu *El Siluetazo*, denn die Anonymität war hier zum Schutz derer geworden, die grausamste Kriegsverbrechen zu verantworten hatten, aber nie zur Rechenschaft gezogen worden waren.

Als Teil dieser öffentlichen Enthüllungen veranstaltete die kleine künstlerisch-aktivistische Gruppe etcétera mehrere Interventionen. Ihre Überlegungen galten einer grundlegenden Problematik. Ein Ereignis wie die Escraches, das massenmedial im ganzen Land ausgestrahlt wird, neigt zu einer polarisierenden Rezeption: Befürwortung oder kategoriale Ablehnung. Die Praxis ist in sich selbst problematisch, da sie auf Identifikation der Militärs ausgelegt ist. Zugleich birgt sie die Möglichkeit, auf die von den Massenmedien nie geführte öffentliche Gerechtigkeitsdebatte bzw. auf die Willkür von Recht als staatlicher Institution hinzuweisen. Als Teil der Escraches erfanden etcétera Figuren, die ursprünglich für Theateraufführungen gedacht waren und humoristische Charakterzüge besaßen. Ausschlaggebend waren etcéteras Überlegungen zum Format der Fernsehberichterstattung mit schnellen Kameraschwenks, in dem es schwer ist, komplexe Sachverhalte zu vermitteln. Die Figuren erlaubten es etcétera, in den kurzen Zeitintervallen der Berichterstattung eine humoristische und eher affektive Irritation bei den Fernsehzuschauern zu erzeugen. Zum Beispiel kreierten sie die Figur des Militärs nicht als Diktator, sondern als groteske Person, mit der man fast schon sympathisieren konnte. Durch diese Aktivierung einer anonymeren, jedoch sehr viel effektiveren Form der Affektion schufen sie eine Situation, die die Zuschauer zum Denken aufforderte. Die Kraft der Dramatisierung bewirkt hier einen Neubeginn im Denken durch die Technik der Irritation bzw. des Lachens.

Etcétera arbeitete mit einer medialen Ökologie der Aufmerksamkeit und aktivierte neue Potenzialitäten der Kollektivität, die sich transversal und translokal manifestierten. Zugleich verweisen sie darauf, dass diese Formen der *affektiven Politik* in medialen Zusammenhängen gedacht werden müssen und dass diese Medienökologien insbesondere auf Formungen von Zeitlichkeit ausgelegt sind. Die hieraus resultierenden affektiven Politiken verlangen nach neuen Weisen kollektiver Dramatisierung, die identitäre Strukturen erkennt und benennt, ohne selbst identitär zu werden. Die soziale Form ist Teil einer kollektiven Ausdrucksebene von Individuationsweisen, die jedoch ihr eigentliches und insbesondere mehr-als-menschliches Aktivierungsfeld in der relationalen Formierung hat.

Anonymität und Kollektivität werden zur ethischen Grundbewegung eines relationalen Realismus. Es ist ein Realismus der affektiven Politiken, die immanent, transindividuell und genealogisch agieren. In der Relation steckt eine ganze Kulturtheorie der Kollektivität, die auf Prozesse der Aktivierung, des *relaying* und der Dramatisierung fokussiert. Erst durch den Einbezug der eigenständigen Existenz der Relation können wir Erfahrung als spekulative Kapazität von Existenz verstehen, die es erlaubt neue Potenzialitäten des Sinnlichen zu eröffnen. Archipele des Neuanfangens entstehen durch affektive Formen von Politik und mit all ihren trans-temporellen und trans-lokalen

Differenziellen. Es ist die Kunst einer Ästhetik der Relation, diese Differenzielle in ihrer Singularität zu affirmieren und neue Lebensformen in ihren Zwischenräumen zu entfalten.

Jenseits von Tragödie und Farce

Neues politisches Kino in Russland und seine Popularisierung: Chto delat und Svetlana Baskova

Heike Winkel

Bezieht man die These dieses Sammelbandes vom prekären Status des Anfangs bzw. Anfangens nicht nur auf Kunst, sondern auf gesellschaftspolitische Realitäten, ergeben sich daraus bedenkliche Konsequenzen. Was, wenn tatsächlich nur noch Variationen des Gegebenen möglich sind, jedoch keine grundsätzliche Veränderung der Verhältnisse mehr? Gerade in einem restaurativen Regime wie dem der Putin-Administration scheint diese Perspektive verheerend. Die noch verbliebenen oppositionellen Kräfte in der Politik werden mit größtmöglicher Härte verfolgt, zivilgesellschaftliche Institutionen gegängelt, Kunst und Kultur auf Parteilinie gebracht. Die außenpolitischen neo-imperialen Ambitionen, die zur Annexion der Krim und der strategischen Destabilisierung der Ukraine geführt haben, werden innenpolitisch durch die aggressive Befeuerung eines großrussischen Nationalpatriotismus gestützt. Eine hegemoniale Geschichtspolitik, die den zaristischen Absolutismus und die sowjetische Vergangenheit gleichermaßen als Teil der heroischen Geschichte Russlands als Weltmacht begreift, gibt diesem Unternehmen historische Legitimation. Dies begünstigt einen Geschichtsrevisionismus, der vor allem die zivilisatorischen Errungenschaften des sowjetischen parteistaatlichen Sozialismus betont, seine problematischen politischen Realitäten dagegen konsequent verdrängt. Die Künste, und unter ihnen auch der Film, werden zunehmend für dieses nationalpatriotische Projekt vereinnahmt. Die Förderrichtlinien für den Film des Kulturministeriums für 2015, in denen unter anderen „Russlands Kriegsruhm: Siege und Sieger" oder „Die Krim und die Ukraine in der tausendjährigen Geschichte des Russischen Staates" als bevorzugte Themen genannt werden, spiegeln dieses deutlich wider. Auch Filme zu historischen Jahrestagen möchte man gerne fördern, ausdrücklich gewünscht werden Beiträge zum 25. Jahrestag des Augustputsches 1991.[1] Angesichts der Tatsache, dass Vladimir Putin den Zusammenbruch der Sowjetunion als größte geopolitische Katastrophe des 20. Jahrhundert begreift, lässt sich trefflich darüber spekulieren, wie eine dem Ministerium angenehme Verfilmung des Stoffes aussehen könnte. Es darf davon ausgegangen werden, dass im pessimistischen Blick zurück auf den Zerfall des Imperiums der affirmative Bezug auf eine sehr selektive Sowjetnostalgie eine Rolle spielen würde.

Die massiven Repressionen und Gleichschaltungsversuche begünstigen die Radikalisierung politisierter Kunst, die zu Widerstand gegen das System aufruft und gesellschaftspolitische Alternativen propagiert. Das impliziert auch eine andere, nicht staatstragende Perspektive auf die sowjetische Geschichte: Zur Disposition steht die Erneuerung des avantgardistischen Ideals der Künste als Medium der revolutionären Umgestaltung der Wirklichkeit. Allerdings stellt sich angesichts des historischen Scheiterns der marxistischen Idee im Staatssozialismus die Frage, ob die avantgardistische Utopie eines radikalen Neuanfangs wiederbelebt werden kann. Lässt sich in der zeitgenössischen russischen Kunst der Wille zum Umsturz der Verhältnisse ausgerechnet durch den affirmativen, zitierenden Bezug auf die sowjetische Tradition artikulieren? Oder mündet eine derartige Praxis unweigerlich in die Logik einer Wiederholung, der leeren Iteration?

Der vorliegende Beitrag stellt zwei künstlerische Positionen einer Aktualisierung der sowjetischen Tradition politischer Kunst vor, die einander im Idealfall ergänzen: Die reflexive Ästhetik des Künstlerkollektivs Chto delat? (Was tun?) und Svetlana Baskovas Film *Za Marksa…* (*Für Marx…*) als Versuch, linksintellektuelle politische Kunst zu popularisieren.

1 Minkult utverdil prioritenye temy djla kinoproizvodstva. http://www.proficinema.ru/news/detail.php?ID=175204 (Zugriff am 06.02.2015).

Die Wiederholung des Kommunismus nach dem Ende der Geschichte

In der Postsozialismus-Debatte galt die Frage nach der Zukunft des Kommunismus für gewöhnlich als obsolet. Diskursbestimmend wurde Francis Fukuyamas neoliberale Version der Posthistoire, die den Zusammenbruch der Sowjetunion als Beweis der historischen Überlegenheit der liberalen Marktökonomie sieht, deren allmähliche Ausbreitung in einer quasi geschichtslosen, weil nicht mehr antagonistischen Zukunft die einzig verbleibende Zukunft ist. Und selbst ein linker Theoretiker wie Alain Badiou spricht in „Von einem dunklen, unbekannten Desaster. Über das Ende der Wahrheit des Staates“[2] vom Tod des Kommunismus als zweitem Tod eines im Grunde längst Verstorbenen. Boris Groys ist 2005 in seiner „postkommunistischen Situation“ beiden Positionen mit dem Versuch entgegengetreten, den historischen Ort des Kommunismus genauer zu bestimmen. Er unterscheidet zwischen dem real existierenden Sozialismus als historische Erfahrung einerseits, die man nicht negieren dürfe, wenn man den Sozialismus als Verrat am kommunistischen Ideal oder totalitäre Parodie kritisiere, und der kommunistischen Vision, die im Staatssozialismus nicht untergegangen, sondern unrealisiert geblieben sei. Der Untergang der Sowjetunion bedeutet für Groys dementsprechend nicht das Ende von Geschichte, sondern die Rückkehr aus einer ideologisch propagierten utopischen Zukunft in die historische Realität, in der die Vision „zur Repetition freigegeben“ sei. Gegen die Ideologie vom Ende der Geschichte setzt er damit die Einschätzung, dass eine Wiederholung des kommunistischen Projekts nicht ausgeschlossen werden könne. Er kontert Fukuyama mit seiner Version von Karl Marx' Hegel-Paraphrase aus *Der achtzehnte Brumaire des Louis Bonaparte*. Bei Marx heißt es bekanntlich: „Hegel bemerkt irgendwo, daß alle großen weltgeschichtlichen Tatsachen und Personen sich so zu sagen zweimal ereignen. Er hat vergessen hinzuzufügen: das eine Mal als große Tragödie, das andre Mal als Farce.“[3] Groys ebnet die

2 Alain Badiou: Von einem dunklen, unbekannten Desaster. Über das Ende der Wahrheit des Staates. In: Boris Groys / Anne von der Heiden (Hrsg.): *Zurück aus der Zukunft. Osteuropäische Kulturen im Zeitalter des Postkommunismus*. Frankfurt am Main: Suhrkamp 2005, S. 59–87.

3 Karl Marx: Der achtzehnte Brumaire des Louis Bonaparte. In: Ders. / Friedrich Engels: *Werke*, Bd. 8. Berlin: Dietz 1972, S. 115–123, hier S. 115.

generische Differenz zwischen Tragödie und Farce ein und formuliert lakonischer: „Die neue Aufführung dieses Stückes wird sicherlich anders verlaufen – die Rollen werden anders besetzt, einiges wird wahrscheinlich ‚besser' gemacht, anderes dagegen ‚schlechter' –, aber es wird sich trotzdem notwendigerweise um die Wiederaufführung des gleichen Stücks handeln."[4] Mit dieser Formulierung schlägt er eine Brücke von der postsozialistischen Debatte um die Wiederholbarkeit des Kommunismus zur marxistischen Kritik an der Dominanz eines genealogischen Verständnisses in den bürgerlichen Revolutionen. Marx beschreibt in seinem Vergleich der Revolution von 1793–95 mit der von 1848, deren Scheitern im absolutistischen Staatsstreich des Louis Napoléon Bonaparte er als Zeitzeuge beobachtet, die Art und Weise, wie in beiden Revolutionen Bezüge zu jeweils älteren revolutionären Epochen hergestellt wurden. Die Parolen und Verkleidungen aus der römischen Antike, die in der alten Revolution benutzt wurden, sieht er als gelungene Wiederholung an, die der Beschwörung des „Geistes der Revolution" und der Heroisierung der aktuellen Kämpfe gedient hätten. Die Berufung auf die Napoleonische Ära während der restaurativen Revolution hingegen kritisiert er als schalen Versuch, bloß ihr „Gespenst wieder umgehen [zu] machen"[5]. Beide Versionen des Denkens von Revolutionen als historische Erben will Marx in einer proletarischen Revolution überwunden wissen, die sich als reine Negation und absoluten Neubeginn setzt:

> Die soziale Revolution des neunzehnten Jahrhunderts kann ihre Poesie nicht aus der Vergangenheit schöpfen, sondern nur aus der Zukunft. Sie kann nicht mit sich selbst beginnen, bevor sie allen Aberglauben an die Vergangenheit abgestreift hat. Die früheren Revolutionen bedurften der weltgeschichtlichen Rückerinnerungen, um über ihren eigenen Inhalt zu betäuben. Die Revolution des neunzehnten Jahrhunderts muß die Toten ihre Toten begraben lassen, um bei ihrem eignen Inhalt anzukommen.[6]

Der Vergleich mit Marx' Lesart des *Brumaire* zeigt, dass Groys nicht viel mehr riskieren mag, als eine grundsätzliche Gegenposition zu neoliberalen Thesen. Seine Version der Wiederholung integriert

4 Boris Groys: Die postkommunistische Situation. In: Ders. / von der Heiden (Hrsg.): *Zurück aus der Zukunft*, S. 36–48, hier S. 38.

5 Marx: Der achtzehnte Brumaire, S. 116.

6 Ebd., S. 117.

letztlich schlicht die Möglichkeit einer Wiederholung des Kommunismus in ein Modell der Nach-Geschichte, das den Glauben an das Ereignis des Neuen suspendiert.

Im Unterschied dazu entfaltet Jacques Derrida in *Marx' Gespenster* eine Lesart des *Brumaire*, die das kommunistische Projekt sowohl vom Verdikt des Untergangs als auch der leeren Wiederholung zu befreien versucht.[7] Für Derrida hat gerade die Zerstörung der ideologischen Apparate eine Relektüre der Marx'schen Schriften möglich und notwendig gemacht.[8] Sein Begriff des „Spektralen" als Alternative zur Marx'schen Dichotomie von „Geistern" und „Gespenstern" beschwört den Marxismus als Möglichkeit, jede präsentistische Vorstellung des Politischen, die auf eine Verabsolutierung des je aktuellen Zustands als angeblich alternativlosen abzielt, zu überwinden: „Es ist eher eine gewisse emanzipatorische und messianische Affirmation, eine bestimmte Erfahrung des Versprechens, die man von jeder Dogmatik und sogar von jeder metaphysisch-religiösen Bestimmung, von jedem Messianismus zu befreien versuchen kann."[9] Der Marxismus repräsentiert damit die Möglichkeit eines Denkens der Ungleichzeitigkeit und einer anderen (Vergangenheit und) Zukunft. Das impliziert auch, dass die Befreiung von jeder Dogmatik und jeder metaphysischen Ontologie, die den Staatssozialismus korrumpiert haben, in Zukunft möglich sein wird. Mehr noch, der Marxismus selbst ist die „Erfahrung des Versprechens" einer solchen emanzipatorischen Affirmation.

Derridas dekonstruktivistischer Ausweg aus der Posthistoire bleibt ein rein philosophischer, auch wenn er selbst durchaus den Anspruch erhebt, der Geist des Marxismus müsse sich, jenseits konkreter Parteiprogrammatiken, in konkreter Politik realisieren. Linke politische Kunst komplementiert dieses philosophische Projekt mit der

7 Vgl. Ingo Uhlig: *Poetologien des Ereignisses bei Gilles Deleuze*. Würzburg: Königshausen & Neumann 2008, S. 65: Historische und theatralische Wiederholungstheorie der Revolution.

8 Vgl. Jacques Derrida: *Marx' Gespenster. Der verschuldete Staat, die Trauerarbeit und die neue Internationale*, aus d. Franz. v. Susanne Lüdemann. Frankfurt am Main: Fischer 1995, S. 32.

9 Ebd., S. 145. An dieser Stelle sei darauf verwiesen, dass Derrida sich in diesem Zusammenhang auch von der Marx-Rezeption des französischen Althusser-Kreises distanziert, weil diese auf die Ablösung des Marxismus von jeder Teleologie hinarbeite.

Suche nach künstlerischen Formen, die gegen die Totalität des neoliberalen Kapitalismus intervenieren, indem sie kommunistische Ideale wiederbeleben. Diese Arbeit an einer Überwindung des postmodernen Postutopismus beinhaltet dabei in programmatischer Hinsicht auch eine Absage an postmoderne Iterationsstrategien, mit denen etwa im Moskauer Konzeptualismus und der Soz-Art gearbeitet wurde. Die Einsicht, dass der ideologische Diskurs im Spätsozialismus seine wahrheitsstiftende Funktion verloren hat und nur noch in einer ubiquitären ideologischen Sprach- und Zeichenkultur rituell verstetigt wird, ist nach den Neunziger Jahren Common Sense. Und in Russland ist das Projekt einer Entleerung des ideologischen Zeicheninventars durch De- und Rekontextualisierung von Zeichen oder die überbietende, verfremdende Zitation des sprachlichen und ikonographischen Kanons bereits ein historisches. Sein Beitrag zu einer Aushöhlung des hegemonialen Diskurses bleibt unbestritten, eine Fortführung der Arbeit mit Strategien der subversiven Affirmation gilt dagegen als wenig zielführend.[10]
Für Dmitrij Vilenskij muss subversive Affirmation als künstlerische Strategie wirkungslos bleiben, weil die neue Macht der kapitalistischen Logik einer Über-Identifikation folge und deshalb nicht durch eine Strategie der Überbietung infrage gestellt werden könne, die etwa aus „einem Softporno einen Hardcore mache“. Gefragt sei stattdessen eine Kunst, die den Rezipienten in die Suche nach konkreten Alternativen involviert: „It is not enough to make shit look shittier and smell smellier. It is vital to convince the viewer that there is also something that is different from shit.“[11]

10 Der Terminus wurde von Sylvia Sasse und Caroline Schramm geprägt, um künstlerische Strategien der Auseinandersetzung mit den Dogmen des Sozialistischen Realismus im Moskauer Konzeptualismus zu beschreiben. Sylvia Sasse / Caroline Schramm: Totalitäre Literatur und subversive Affirmation. In: *Die Welt der Slaven* XLII (1997), S. 306–327. Konzeptionell ist er verwandt mit Slavoj Žižeks Begriff der „Überidentifizierung“ in seiner Interpretation des Umgangs mit faschistischen und stalinistischen Symbolen in der Arbeit der slowenischen Gruppe Laibach. Slavoj Žižek: Why Are Laibach and NSK Not Fascists? In: Inke Arns (Hrsg.): *IRWIN Retroprincip 1983–2003*. Frankfurt am Main: Revolver 2005, S. 49–50 (zuerst in: *M'ARS – Casopis Moderne Galerije* V / 3.4 (1993), S. 4).

11 Dmitry Vilensky: Chto delat and Method: Practicing Dialectic. In: *The Great Method. Newspaper of the Platform Chto Delat* 3-27 (2009), o. P. http://chtodelat.org/b8-newspapers/12-47/chto-delat-and-method-practicing-dialectic/ (Zugriff am 17.09.2014). Alle Ausgaben der Zeitung sind auch online verfügbar auf der Webseite des Kollektivs: www.chtodelat.org. Ich zitiere aus der zweisprachigen Ausgabe

Chto delat, Meister Brecht, Meister Godard und die Wieder-Holung der Avantgarde

Die Überwindung eines postutopischen Bewusstseins in der postsowjetischen Kunst realisiert sich vor allem durch Paradigmenwechsel in der Rezeption der historischen Avantgarde. Bereits im Übergang von den 1980er zu den 1990er Jahren verschiebt sich der Fokus weg von einer kritischen Aufarbeitung des impliziten totalitären Potentials der Avantgarde etwa bei Il'ja Kabakov, in der Soz-Art und dem Moskauer Konzeptualismus, aber auch der Retroavantgarde der Neuen Slowenischen Kunst hin zu einem historischen, retroutopistischen Interesse vor allem an ihren medientheoretischen Entwürfen und Projekten.[12] Der Retroutopismus entwirft dabei in erster Linie eine reflexive Ästhetik, keine Programmatik hinsichtlich eines konkreten gesellschaftlichen Engagements.

Seit den frühen Nuller Jahren des 21. Jahrhunderts steht in Russland insbesondere das Kollektiv Chto delat für eine erneuerte Auseinandersetzung mit der Avantgarde im neo-autoritären, kapitalistischen postsozialistischen Kontext. Die Vereinigung um den Filmemacher und Künstler Dmitrij Vilenskij, den Philosophen Aleksej Penzin und den Künstler und Kunstkritiker David Riff arbeitet seit 2003 an der Schnittstelle von politischer Theorie, Kunst und Aktivismus. Das breite Spektrum künstlerischer Aktivitäten wie Performanceaktionen, partizipatorische Projekte wie die Gründung eines Arbeiterklubs oder einer Universität, Bühneninszenierungen, Filmproduktionen, Zeichnungen und Installationen wird ergänzt durch eine eigene, unregelmäßig erscheinende Zeitschrift, deren philosophische und kunsttheoretische Beiträge eine kritische Intervention in die eigene Praxis unternehmen.[13]

(Russisch und Englisch) im Folgenden jeweils die englische Übersetzung. Vilenskij bezieht sich hier ausschließlich kritisch auf westliche Praktiken, obwohl subversive Affirmation zu den wichtigsten künstlerischen Verfahren der spät- und nachsowjetischen Postmoderne gehörte.

12 Vgl. Inke Arns: *Objects in the mirror may be closer than they appear! Die Avantgarde im Rückspiegel. Zum Paradigmenwechsel der künstlerischen Avantgarderezeption in (Ex-)Jugoslawien und Russland von den 1980er Jahren bis in die Gegenwart.* http://edoc.hu-berlin.de/dissertationen/arns-inke-2004-02-20/PDF/Arns.pdf (Zugriff am 15.01.2015).

13 Vgl. John Roberts: Revolutionary Pathos, Negation and the Suspensive Avant-Garde. In: *New Literary History* 41,4 (2010), S. 717–730, hier S. 727.

Charakteristisch für die Arbeit an einer Reaktualisierung der Avantgarde ist vor allem der synchrone Blick zurück auf unterschiedliche Avantgardetraditionen: Auf die sowjetische Avantgarde, Bertolt Brechts Theatertheorie und -praxis und Jean-Luc Godards neoavantgardistische Filmästhetik. Diese Gleichzeitigkeit impliziert eine Reflexion der unterschiedlichen historischen Kontexte der Avantgarden im Hinblick auf die postsozialistische Gegenwart im Sinne einer „aufgeschobenen Avantgarde“, wie John Roberts sie definiert hat: Einer Avantgarde, die nicht mehr am unmittelbaren revolutionären Pathos der ersten Avantgarde als Projekt einer universellen Kritik teilhaben kann, die andererseits aber auch den utilitären Pragmatismus postrevolutionärer Neo-Avantgarde vermeidet. Denn dieser hat Roberts zufolge letztlich den Anspruch aufgegeben, direkt auf die konkrete Umgestaltung der gesellschaftlichen Verhältnisse hinzuwirken, und unterwirft sich stattdessen letztlich der Logik des kapitalistischen Kunstmarkts. Vielmehr fragt die neue politische Kunst in ihrer ästhetischen und theoretischen Praxis danach, unter welchen Bedingungen bzw. wie in Russland heute avantgardistische Kunst als Kritik möglich ist. Die dritte Avantgarde definiert sich dementsprechend durch eine Erinnerungsarbeit, in der die Vergangenheiten der utopischen Projekte aufgehoben werden:

> [T]he avant-garde is revolutionary precisely through its fidelity to its *futures past*. But, significantly, this is not simply a promissory space, or a “holding operation.” On the contrary, the avant-garde may be suspensive in these terms, but what now distinguishes it from its historic forebears, and recent neo-avant-garde relations, is that its suspensiveness is a condition *of* its explicit anticapitalist and oppositional character.[14]

Die Revaluierung der Avantgarde, die Chto delat betreibt, ist in doppelter Hinsicht eine Übersetzung: Zum einen wird das Erbe der historischen Avantgarde mit Blick auf die Gegenwart aktualisiert, zum anderen holen Chto delat auch die westeuropäische Avantgarde und Neoavantgarde in den russischen Kontext. Dies auch mit dem Zweck, die kritische Tradition der Sechziger und Siebziger Jahre, von der die sowjetische Öffentlichkeit und Kunstwelt gezwungenermaßen weitgehend ausgeschlossen blieb, zu kompensieren. Während die kritische Praxis ein breites Spektrum an Positionen diskutiert, orientieren sich

14 Roberts: Revolutionary Pathos, S. 726.

die Künstler von Chto delat in ihrer Kunst programmatisch vor allem an Bertolt Brecht und Jean-Luc Godard. Mit ihren Brecht-Referenzen haben sie maßgeblichen Anteil an der intensivierten Rezeption des Dramatikers und Kunsttheoretikers, die sich in den Nuller Jahren im Zuge der Konjunktur politisierter Kunst beobachten lässt.[15] Das bedeutet die Wiederentdeckung eines Autors, der nach dem Abflauen der linken Kunstwellen der 1960er und 70er Jahre und dem Ende der Systemkonfrontation des Kalten Krieges eine Weile als überholt gegolten hatte.[16] Wie Fredrick Jamesons kanonische Brecht-Analyse zielt auch die Arbeit mit und an der Brecht'schen Methode im Umfeld von Chto delat darauf ab, die andauernde Relevanz der Erfahrung der Moderne in einer postmodernen Gegenwart zu behaupten, mehr noch, ein „immer noch-Modernes vorzustellen, das sich als moderner als der Zeitgeist erweist"[17].

Neben „Meister Bertolt" ist „Meister Jean-Luc" Godard vor allem deshalb die zweite wichtigste Bezugsgröße, weil er für die Anwendung der Brecht'schen Methode im Medium des Films steht, das in der ästhetischen Praxis von Chto delat eine zentrale Rolle spielt. Dabei zielt die Godard-Rezeption des Kollektivs in erster Linie auf das grundsätzliche Projekt einer Erneuerung des Politischen im Film ab, weniger auf eine enge Orientierung an Godards formalästhetischen Verfahren.[18] Godards Verständnis von politisch

15 Bereits 2006 hatte das Kollektiv eine Zeitschriftennummer der Frage „Why Brecht" gewidmet, 2009, zeitgleich mit der Istanbul Biennale unter dem Brecht'schen Motto „What Keeps Mankind Alive?", erschien eine weitere Sondernummer zur Brecht-Methode. Vgl. zur Einordnung der Praxis von Chto delat im Kontext der auf der Istanbul-Biennale gezeigten politischen Kunst Gail Day / Steve Edwards / David Mabb: What Keeps Mankind Alive? The Eleventh Istanbul Biennial. Once more on Aesthetics and Politics. In: *Historical Materialism* 18,4 (2010), S. 135–171, bes. S. 137–143.

16 Vgl. zur „Brecht-Fatigue" und einer Revaluierung Brechts v. a. auch Fredrick Jameson: *Brecht and Method*. London / New York: Verso 1998, S. 18. David Riff referiert in der Brecht-Sondernummer der Zeitung von Chto delat auf Jameson, allerdings ohne die Referenz auszuweisen. David Riff: An Apology of the Obvious? In: *Why Brecht? Newspaper of the Platform Chto Delat* 11 (2006). http://chtodelat.org/b8-newspapers/12-63/an-apology-of-the-obvious/ (Zugriff am 16.10.2014).

17 Stephen Helming: *The Success and Failure of Fredric Jameson: Writing, the Sublime, and the Dialectic of Critique*. Albany: State University of New York Press 2001, S. 156.

18 Unter den wenigen Ausnahmen sei hier *2+2 Praktikuja Godara* (RU 2009) genannt. Der 38-minütige Film, eine Kollaboration von Mitgliedern von Chto delat und der sozialistischen Organisation Vpered, erzählt in dokumentarischem Stil einen realen Vorfall: In Nizhnyj Novgorod war 2009 ein konspiratives politisch-künstlerisches

gemachten Filmen als Gegenmodell zur bloßen motivischen oder sujetbezogenen Struktur „politischer Filme“[19] liefert eine Formel für die Konzeptualisierung des Films als einer dialektischen, didaktischen, nicht-repräsentationalen Denkform.[20] Mit dem Rekurs auf Godards Thesen geht auch der Anspruch auf eine Erneuerung des emanzipatorischen Anspruchs des Kinos generell einher, war doch der Impuls, Filme politisch zu machen, in Westeuropa im Übergang von den 1960er zu den 70er Jahren gerade daraus entstanden, dass das Kino als Massenkunst seine Rolle als Medium politischer Bewusstseinsbildung verloren hatte.[21] Für den russischen Kontext impliziert das die Notwendigkeit, die erneuerte Relevanz des Films als politisches Medium vor dem Hintergrund seiner absoluten Vereinnahmung als Propagandainstrument zu überdenken.

Im Zentrum steht dabei die Frage nach dem Konzept einer Erneuerung des Realismus-Begriffs für den Film. Das beinhaltet auch einen affirmativen Rückbezug auf den Sozialistischen Realismus, was durchaus bemerkenswert ist, steht doch gerade der sozialistisch-realistische Film im sowjetischen Kontext als mimetisches Medium für das totalitäre Projekt der Herstellung einer ideologisch postulierten, geschlossenen und absolut gesetzten Wirklichkeit. Wenn es jedoch gelingen kann, den Sozialistischen Realismus von seinen ideologischen und mythopoetischen Erstarrungen zu befreien, ist in den Augen Dmitrij Vilenskijs die Forderung nach „Widerspiegelung der Wirklichkeit in ihrer revolutionären Entwicklung“[22] aktualisierbar. Diese Überlegung

Seminar der Gruppe gerade in dem Moment vom Staatsschutz gestürmt worden, als man gemeinsam Godards *1+1* (F 1968) schaute. In der pseudo-dokumentarischen Re-inszenierung dieser Ereignisse und des Alltags der Aktivistengruppe wird dieser Zufall ironisch zum Exempel dafür erklärt, wie die Grenzen von Kunst und Wirklichkeit verschwimmen. Inhaltlich und stilistisch macht der Film Anleihen bei Godards *La chinoise* (F 1967).

19 Jean Luc Godard: Que faire? / Was tun? In: Ders.: *Godard, Kritiker. Ausgewählte Kritiken und Aufsätze über Film (1950–1970)*, hrsg. u. aus d. Franz. v. Frieda Grafe. München: Hanser 1971, S. 186–188.

20 Vgl. Jean-Luc Godard: *Einführung in eine wahre Geschichte des Kinos*, aus d. Franz. v. Frieda Grafe / Enno Patalas. Frankfurt am Main: Fischer 1992.

21 Vgl. Vrääth Öhner: Was heißt: Filme politisch machen? http://www.republicart.net/disc/representations/oehner01_de.htm (Zugriff am 20.10.2014).

22 Andrej Ždanov: Die Sowjetliteratur, die ideenreichste und fortschrittlichste Literatur der Welt. In: Hans Jürgen Schmitt / Godehard Schramm (Hrsg.): *Sozialistische Realismuskonzeptionen. Dokumente zum I Allunionskongreß der Sowjetschriftsteller*. Frankfurt am Main: Suhrkamp 1974, S. 43–50, hier S. 47.

mag durchaus auch auf die These von der Vollendung des gescheiterten Projekts der sowjetischen Avantgarde durch den Sozialistischen Realismus anspielen.[23] Aus dieser Perspektive gewinnt das Projekt einer Erneuerung der Avantgarde im russischen Kontext besonderes Profil, weil nun umgekehrt sein Vermögen behauptet wird, den gescheiterten Realismus zu integrieren.

Filme im Sinne Godards politisch zu machen, heißt auch, die Frage zu stellen, wer im Film spricht.[24] Dies beinhaltet die für die neue Linke zentrale Aufgabe der Definition eines neuen politischen Subjekts. In erster Linie heißt das, jenseits des dissidentischen Konzepts des ‚Homo sovieticus' und der totalitären Verzerrungen des sozialutopischen Projekts des Neuen Menschen wieder ein positives Verständnis des sozialistischen Subjekts im klassischen marxistischen Sinn zu etablieren. Früher wie heute, so die These, sei die unterdrückte Klasse der wichtigste revolutionäre Faktor und die sowjetische Erfahrung nicht nur in historischer Perspektive wichtig, sondern angesichts der monströsen Banalität der kapitalistischen Gegenwart auch hochaktuell.[25] Diese reaffirmierende Arbeit am sowjetischen Subjekt ist pragmatisch-realistisch, sie realisiert sich in konkreter Erinnerungsarbeit für Personen, die Opfer politischer Willkür wurden, und in einer Evokation des kommunistischen Subjektideals. Dies markiert durchaus auch eine Gegenposition zum ereignisbasierten Subjektbegriff eines Alain Badiou, mit dem sowohl Dmitrij Vilenskij als auch Aleksej Penzin in einen kritischen Dialog treten.[26] An die Stelle des Erscheinens des Subjekts im revolutionären Ereignis setzt Penzin die Auseinandersetzung mit Theorien der Subjektivierung, die es möglich machen, den sowjetischen Erziehungsbegriff jenseits einer entsubjektivierenden Disziplinierungslogik als Arbeit am Subjekt neu

23 Vgl. Boris Groys: *Gesamtkunstwerk Stalin. Die gespaltene Kultur in der Sowjetunion*, aus d. Russ. v. Gabriele Leupold. München: Hanser 2008.

24 Vgl. Dmitry Vilensky: What Does It Mean to Make Films Politically? In: *Newspaper of the Platform Chto Delat* 4-28 (2009). http://chtodelat.org/b8-newspapers/12-45/what-does-it-mean-to-make-films-politically-2/ (Zugriff am 19.09.2014).

25 Vgl. Alexey Penzin / Dmitry Vilensky: What's the Use? Art, Philosophy, and Subjectivity Formation. In: *What Is the Use of Art. Newspaper of the Platform Chto Delat* 1-25 (2007). http://chtodelat.org/b8-newspapers/12-48-1/alexei-penzin-dmitry-vilensky/ (Zugriff am 10.10.2014).

26 Vgl. Dmitrij Vilenskiy: Tezisy o sovetskom. http://xz.gif.ru/numbers/65-66/dmitriy-vilenskiy/ (Zugriff am 10.01.2015).

zu denken. Exemplarische Bedeutung hat in diesem Zusammenhang die Profilierung von Michel Foucaults *Hermeneutik des Subjekts* gegenüber seinen biopolitischen Ansätzen. Die „Sorge um sich“ avanciert so zu einer emanzipatorischen Praxis, die einerseits die Formierung neuer politischer Subjekte bestimmt und andererseits in historischer Perspektive auch erlaubt, Marx' Forderung nach einer Veränderung der Welt anstelle ihrer bloßen Interpretation nicht mehr als Absage an Philosophie zu lesen, sondern als Moment der Entstehung einer praktischen Philosophie.[27]

In der ästhetischen Praxis des Kollektivs hat die Arbeit am Subjekt dementsprechend zwei Dimensionen: Sie ist dialektisch, indem sie immer wieder die Dynamik von Unterdrückung und Widerstand reaktualisiert, und sie ist dialogisch, indem sie auslotet, in welchem Verhältnis die historische Erfahrung zu den aktuellen Umständen stehen. In aktionskünstlerischen Projekten wie etwa *Gnev čeloveka buterbroda* (*Der Zorn der Sandwich-Plakat-Träger*, 2006) wird der städtische Raum als Ort einer politischen Gegenöffentlichkeit in einem Demonstrationszug angeeignet, der in dem ehemaligen Petersburger Arbeiterviertel startet, in dem die Revolution von 1905 ihren Ausgang genommen hat. Die Sandwich-Plakate offenbaren in diesem Zusammenhang eine widersprüchliche Geschichte: In der sowjetischen Ära waren sie als Symbol einer ausbeuterischen kapitalistischen Praxis verpönt, die Menschen zu Werbeträgern degradiert, und wurden als Propagandainstrument neu erfunden. Im Postsozialismus hatten die menschlichen Werbeträger im Dienste des Konsums wieder Konjunktur, eine Wiederholung der Geschichte, die es rückgängig zu machen gilt.[28] Dieser retrograde Impuls spiegelt sich in der Grundkonzeption der Aktion, die als Visualisierung von Bertolt Brechts *Lob der Dialektik* entworfen wurde. Die feierlich vorgetragene Lesung des

27 Vgl. Aleksej Penzin: Formirovanie novych političeskich subjektivnostej: meždu "toskoj" I izobreteniem obščej žizni. http://chtodelat.org/b9-texts-2/penzin/lr-4/ (Zugriff am 15.10.2014).

28 In einer frühen Arbeit zu dem Thema mit dem Titel *Ostanovi mašinu* (*Stoppt die Maschine*, 2003) wurden Interviews mit Menschen geführt, die als Plakatträger arbeiteten. Besonders frappant erschien dabei, wie ergeben die Interviewten ihre erniedrigende Situation hinnahmen. Sie sahen ihren Kampf ums nackte Überleben offensichtlich als alternativlos. Vgl. David Riff / Dmitry Vilensky: The Story of Angry Sandwich People or In Praise of Dialectics. http://chtodelat.org/b7-art-projects/angry-sandwichpeople-2005/#_ftnref2 (Zugriff am 07.02.2015).

Textes am Ende der Veranstaltung soll vor allem die Frage aufwerfen, inwieweit nach dem Scheitern des historischen revolutionären Projekts ein neues revolutionäres Pathos möglich ist. Das Video zur Aktion zeigt die Ereignisse allerdings nicht in Echtzeit, sondern formalistisch verfremdet in einer Fotoserie, die Momentaufnahmen des Protestzugs mit der Brecht-Lesung als Voice-over kombiniert.
Dieses formale Verfahren liegt auch der Videoarbeit *Stroiteli* (*Die Erbauer von Bratsk*, 2005) zugrunde, die den Dialog mit dem historischen Arbeiterideal als Reenactment realisiert. Viktor Popkovs klassischer Beitrag zum Strengen Stil im Sozialistischen Realismus, das Gemälde *Stroiteli Bratska* (*Die Erbauer von Bratsk*, 1960/61), zeigt eine Gruppe von Arbeitern während einer Arbeitspause. Dem Bildbetrachter mit direktem Blick zugewandt, verharren die ernsten Figuren in einer Kontemplation, die Erschöpfung und Entschlossenheit zugleich sichtbar macht. Im Video wird das Gemälde kontrastiert durch seriell montierte Fotografien, die zeigen, wie sich die Protagonisten allmählich so formieren, bis sie schließlich als Ensemble genauso gruppiert sind wie im Bild. Als off-Kommentar ist ein Gespräch der Mitglieder von Chto delat über das Bild zu hören, das assoziativ um die Gemeinsamkeiten und Unterschiede zwischen den sowjetischen Proletariern und dem eigenen Selbstverständnis kreist.
Gail Day hat diese Arbeit als Allegorie einer politisch-ästhetischen Aporie gelesen, die sich medial durch das Einfrieren der Dynamik des Reenactments in den fotografischen Stills realisiert.[29] Dieser Kommentar bringt die ambivalente Wirkung des Stils auf den Punkt, den Chto delat entwickeln: Die Wiederbelebung eines revolutionären Pathos mündet nicht selten in einer aporetischen Situation, in der bisweilen eher die unwiderrufliche Vergangenheit des kommunistischen Ideals erkennbar wird als die Notwendigkeit, dieses Ideal wiederzubeleben. Die Kommentare in *Die Erbauer von Bratsk* verstärken diesen Effekt. Denn während die historische Rolle der sowjetischen Arbeiter als Erbauer einer neuen Welt eindeutig definiert war, müssen die Künstler und Aktivisten von Chto delat ihre konkrete Aufgabe erst noch bestimmen. „For us, the feeling that we are building something

29 Vgl. Gail Day: Realism, Totality and the Militant Citoyen (or What Does Lukacs Have to Do with Contemporary Art?). In: Timothy Bewes / Timothy Hall (Hrsg.): *Georg Lukács: The Fundamental Dissonance of Existence: Aesthetics, Politics, Literature*. New York: Continuum 2011, S. 203–220, hier S. 214.

is important. So we try to find out what we are building."[30] Das Ideal der kommunistischen Gemeinschaft und der sowjetischen Arbeiter erscheint aus dieser Perspektive nahezu unerreichbar. Jenseits dieser philosophischen Dimension deutet der visuelle Kontrast zwischen dem strengen realistischen Stil des Bildes und der dokumentarischen Selfmade-Ästhetik der Fotografien und Gesprächsmitschnitte auch an, dass der sozialistische Realismus als ästhetischer Stil aus der Perspektive der Gegenwart fragwürdig wird: „I can derive some aesthetic pleasure from this painting, but it doesn't move me socially." Gleichzeitig realisiert sich in diesem Moment die Differenz zwischen der mimetischen Suggestionskraft des Sozialistischen Realismus einerseits und der Brecht'schen Methode, die an die Ratio appelliert. Diese Differenz wiegt in genereller Hinsicht schwer, denn die Absage an realistische Verfahren im Dialog mit dem bildmächtigen Arbeiterideal wirft die Frage auf, wie das suggestive Potential der Mimesis durch dialektische Verfahren kompensiert werden kann.

Postrevolutionäre Gegenwart: Die Erfahrung der Perestrojka

Neben den historischen Revolutionen des frühen 20. Jahrhunderts nimmt auch die Perestrojka eine wichtige Stellung in der geschichtsrevisionistischen Arbeit von Chto delat ein. In der Auseinandersetzung mit diesem letzten Kapitel des real existierenden Sozialismus geht es vor allem darum, die neoliberale Version eines vor allem ökonomisch bedingten Zusammenbruchs der Sowjetunion herauszufordern, um den revolutionären Charakter der Perestrojka zu behaupten.[31] Das Singspiel *Perestrojka-Songšpil'. Pobeda nad putčem* (*Perestroika-Singspiel. Sieg über den Putsch*, RU 2008, R: Ol'ga Egorova-Caplja), dem ersten Teil eines Singspiel-Tryptichons zu konkreten Ereignissen der jüngeren Geschichte in Russland und Serbien, ist die wohl wichtigste

30 Boris Buden hat diesen Zustand als schrankenlose Angst, als absolute Verunsicherung von Gemeinschaft im Sinne Paolo Virnos interpretiert. Vgl. Boris Buden: Getting out of here. In: Edit András (Hrsg.): *Transitland. Video Art from Central and Eastern Europe 1989–2009*. Budapest: Ludwig Museum – Museum of Contemporary Art 2009, S. 69–77, hier S. 75–76.

31 Vgl. dazu Boris Kagarlitsky / Artemy Magun: The Lessons of Perestroika. In: *What* Does *It Mean to Loose? Experience of Perestroika. Newspaper of the Platform Chto Delat* 19 (2008); Artemy Margun: *Negative Revolution. Modern Political Subject and Its Fate after the Cold War.* London u. a.: Bloomsbury 2013; Kai Ehlers: *25 Jahre Perestroika – Gespräche mit Boris Kagarlitzki.* Hamburg: Laika 2014.

Arbeit der Gruppe zu diesem Thema. Das Singspiel gehörte für eine Weile zu den produktivsten Genres in der Arbeit des Kollektivs, in dem die Brecht'sche Methode besonders unmittelbar zur Nachahmung kommt. Das Stück verhandelt die Niederschlagung des restaurativen Staatsstreiches im August 1991.

Wie in allen Singspielen, für einige Zeit das bevorzugte Genre in der Arbeit des Kollektivs, werden auch hier formalästhetische Elemente des antiken Dramas mit Elementen der Brecht'schen Lehrstücke zusammengeführt. Die Darstellung basiert auf einem Wechselgesang zwischen fünf ProtagonistInnen der Perestrojka (Demokrat, Geschäftsmann, Revolutionär, Nationalist und Feministin), die als typisierte Charaktere unterschiedliche Interessen und Sichtweisen repräsentieren, und einem der antiken Theatertradition entlehnten Chor, der diese historische Erfahrung aus der Gegenwart kommentiert. Tenor dieses Kommentars ist die Erinnerung daran, dass der Traum vom möglichst schnellen und reibungslosen Übergang zur Demokratie und zur Marktwirtschaft, den ein Teil der Akteure träumte, sich schnell zerschlug. Aber die Auftritte der Akteure zeigen auch, dass kommunistische Kräfte in dieser Zeit nur eine marginalisierte Rolle spielen konnten. Dennoch erscheint die Perestrojka im Singspiel als revolutionärer Moment, in dem auch eine Erneuerung der Ideale des Kommunismus möglich schien, bevor diese Hoffnungen durch das korrupte Regime zunichte gemacht wurden.[32]

Zusätzlich zum Singspiel hat Dmitrij Vilenskij auf Grundlage des recherchierten dokumentarischen Materials die *Chroniki perestrojki* (*Perestrojka-Chroniken*, RU 2008, R: Dmitrij Vilenskij) realisiert. Der 16-minütige Film, montiert aus Material der St. Petersburger Dokumentarfilmstudios, zeigt Szenen unterschiedlicher Demonstrationen aus den Jahren 1987–1991 in Petersburg, unterlegt mit Musik des Komponisten Mihail Krutik, der auch die Musik aller Singspiele geschrieben hat.

Was diese beiden Filme jenseits ihrer unterschiedlichen formalästhetischen Ansätze eint, ist, dass sie die Perestrojka als Ereignis einer tiefen Vergangenheit inszenieren. Dies geschieht vor allem durch die Arbeit mit als eindeutig alt markierten Genres. Die *Chroniki perestrojki*

32 Vgl. Nataša Ilić: Über Chto delat's Songspiele. http://eipcp.net/transversal/0311/ilic/de (Zugriff 29.01.2015).

sind so gestaltet, dass das verwendete Archivmaterial bei weitem älter wirkt, als es tatsächlich ist. Formal zitiert der Film die Tradition der sowjetischen Kinochronik (Wochenschauen) als dokumentarisches Genre der Stummfilmzeit. In den historischen Kulissen der Petersburger Innenstadt treten die Insignien des Modernen wie Kleidung und Autos bisweilen so stark zurück, dass der Eindruck entsteht, die Aufnahmen könnten aus den 1910er oder 20er Jahren stammen. Krutiks Klavierkomposition, die an die Begleitmusik eines Stummfilms erinnert, komplementiert diesen visuellen Eindruck auditiv. Die Widersprüche zwischen der alten Formsprache und dem modernen Inhalt produzieren einen Verfremdungseffekt im formalistischen Sinn,[33] der eher auf die aisthetische Erfahrung eines Neuen Sehens abzielt als darauf, didaktische Argumente zu formulieren.

Im *Perestrojka-Songspil* dominiert ein episch-lehrhafter Diktus, der mittels eines historisierenden Verfremdungseffekts im Brecht'schen Sinn erzeugt wird. „Ein wirkliches Verstehen des Verfremdeten ist erst möglich, wenn das Verhalten der Figuren auf der Bühne als durch den Gang der Geschichte Überholtes und Überholbares"[34] dargestellt ist. Die anti-illusionistische Inszenierung des Bühnenraums, in dem historische Requisiten wie altertümliche Fundstücke wirken, der Chorgesang, die Kostüme der Protagonisten und ihr gestisches Spiel, das ihre Hoffnungen und Ambitionen erklärbar macht – alle Gestaltungselemente sind auf diesen Effekt hin angelegt. Allerdings wird auch das Genre selbst in dieser formal strengen Ausführung historisiert. Das Lehrstück über die Perestrojka reproduziert ein historisches Wissen über die Perestrojka, die in dieser Inszenierung als buchstäblich überholt erscheint. Als kritisch-historischer Kommentar schreibt sich das Singspiel damit eher in einen intellektuellen Diskurs über politische Kunst ein, als eine Form der Agitation zu entwickeln.

Dies entspricht dem Selbstverständnis des Kollektivs als Protagonisten einer politischen Kunst in der Tradition der historischen Avantgarde, die dem Anspruch auf die Umgestaltung der Wirklichkeit mit den Mitteln der Kunst treu bleiben wollen, ohne utilitaristisch

33 Vgl. grundsätzlich zum formalistischen Verfremdungsbegriff aus filmwissenschaftlicher Perspektive Frank Kessler: Ostranenie. Zum Verfremdungsbegriff von Formalismus und Neoformalismus. In: *Montage A/V* 5,2 (1996), S. 51–65.

34 Bertolt Brecht: Neue Technik der Schauspielkunst. In: Ders.: *Gesammelte Werke*, Bd. 16. Frankfurt am Main: Suhrkamp 1967, S. 341–357, hier S. 347.

vereinnahmt zu werden.[35] Zanny Begg und Dmitrij Vilenskij formulieren mit Blick auf diese Frage eine Programmatik, die die besondere Stellung der Avantgarde gerade daraus herleitet, dass sie die Autonomie ästhetischer Erfahrung auch als Kunst in einem konkreten sozialen Kontext behauptet:

> The radicality of art, therefore, cannot be reduced to its connection to social or political imperatives nor to formal stylistic innovation but must also be understood through its poetic force; its ability to question and destabilise the very notion of the political, social, cultural and artistic. The avant-garde is a coup d'etat against history making visible new possibilities in both art and politics.[36]

Rein pragmatisch bedeutet das für Chto delat auch, Kunst als Intervention in die politische Realität vom direkten gesellschaftspolitischen Aktivismus zu unterscheiden. Dafür nehmen sie in Kauf, dass die bewusste Distanznahme zu vielen konkreten aktivistischen Initiativen dem Kollektiv nicht selten den Vorwurf der elitären Selbstbezüglichkeit einbringt.

> During a recent discussion, when a number of activists criticized the practices of Chto Delat for their lack of direct engagement, I also once again thought hard about why we, despite our political sympathies and solidarity, don't participate "enough" in real struggles. Now I would say that for us, perhaps, this aspect of distancing ourselves from many practices of social activism and art is a characteristic trait. These practices take the form of producing service packages for normalizing the lives of problem communities. That is, for us, they are obviously conservative and defensive in character: they are of "*little interest*" to us because at bottom they are normalizing in nature. And that is why we are so often accused of ratcheting up a revolutionary pathos that now just ends up sagging.[37]

35 Im internationalen linksintellektuellen Milieu, in dem ihre Kunst rezipiert wird, finden sich sowohl Lesarten, die den Beitrag des Kollektivs zu einer politischen Kunst vor allem in der Formulierung eines aktivistischen Ansatzes sehen (vgl. etwa Ekaterina Egot: A New Order. Reports from Moscow. In: *Artforum International* 42,3 (2010), S. 107–110), als auch solche, die Chto delat vor allem als Theoretiker der theoretischen Praxis selbst verstehen (vgl. Sezgin Boynik: Discontents with Theoretical Practice in Contemporary Political Artworks: Theory as Vanishing Mediator in the Art of Chto Delat. In: *Journal of Visual Art Practice* 10,2 (2011), S. 125–148.

36 Zanny Begg / Dmitry Vilensky: On the Possibility of Avant-Garde Compositions in Contemporary Art. In: *Debates of the Avantgarde. Newspaper of the Platform Chto Delat* 17 (2007). http://chtodelat.org/b8-newspapers/12-57/on-the-possibility-of-avant-garde-compositions-in-contemporary-art/ (Zugriff am 14.08.2014).

37 Penzin / Vilensky: What's the Use?

Für Marx… und die Erneuerung der sowjetischen Spielfilmtradition

Zwischen einer neoavantgardistischen, linksintellektuellen Kunst, die vor allem ein entsprechend informiertes internationales Publikum erreicht, und linkspolitischem Sozialaktivismus könnte sich eine linksengagierte Kunst für ein breiteres Publikum etablieren, um neokommunistische Positionen zu popularisieren. Svetlana Baskovas *Za Marksa…* (*Für Marx…*), der 2012 in Soči Premiere hatte, ist ein solcher Versuch auf dem Gebiet des zeitgenössischen russischen Films. Produziert wurde der Film von der kleinen, unabhängigen Produktionsgesellschaft *CineFantom* gemeinsam mit dem Aktionskünstler und Kurator Anatolij Osmolovskij, der regelmäßig mit Chto delat kooperiert.[38] Auch Baskova selbst ist ganz eindeutig von den Ansätzen des Kollektivs beeinflusst.

1999 hatte sich Baskova mit *Zelenyj slonik* (*Kleiner grüner Elefant*), einem klaustrophoben, verstörend gewaltgeladenen Kammerspiel über die Verrohung einer militarisierten Gesellschaft, einen Namen als radikale Underground-Autorenfilmerin gemacht. In *Za Marksa…* erprobt sie eine neue, formal komplexe Filmsprache, die nicht auf Provokation, sondern Einfühlung und Aufklärung angelegt ist.

Der Film erzählt vom Versuch einer Gruppe von Aktivisten der Belegschaft eines Stahlwerks irgendwo in der russischen Provinz, eine unabhängige Gewerkschaft zu gründen. Baskova hat für dieses Projekt umfangreiche Recherchevorarbeiten betrieben. Seit 2009 hatte sie Demonstrationen und Meetings von unabhängigen Gewerkschaften sowie Arbeiterinitiativen in unterschiedlichen russischen bzw. ukrainischen Städten begleitet und Interviews mit Aktivisten geführt. Aus diesem Material entstand der vierteilige Dokumentarfilm *Odno rešenie – soprotivlenie* (*Eine Lösung ist Widerstand*, RU 2011). Das Projekt versteht sich als Investigation der Realität eines 1996 von Boris Jelzin erlassenen Gesetzes, das die vollständige Unabhängigkeit der Gewerkschaften in der Russischen Föderation garantiert.

Frustriert von den erbärmlichen Arbeitsbedingungen sowie ständigen Lohnkürzungen und der Untätigkeit der offiziellen staatlichen Gewerkschafter, die auf der Bestechungsgeldliste der Betriebsleitung

38 Neben Osmolovskij zeichnen Gleb Olejnikov und Andrej Silvestrov für die Produktion des Films.

stehen, beschließen die Aktivisten, sich politisch zu organisieren. Das Trio der Anführer bleibt namenlos, Sergej Pachomov spielt einen Brigadier, Aleksandr Kovalev einen Werkmeister und Lavrentij Svetličnyj einen marxistischen Aktivisten mit juristischer Ausbildung. Der skrupellose und gegenüber den Belangen der Arbeiterschaft vollkommen ignorante Firmeninhaber Pavel Sergeevič (gespielt von Vladimir Epifancev) ist fest entschlossen, den Widerstand mit aller Härte niederzuschlagen. Zumal er gerade so viel Geld wie möglich aus seinem Betrieb pressen will, um eine Kunstsammlung anzulegen, mit der er unter anderem Büroräume schmücken und deutsche Investoren beeindrucken will. Ein sündhaft teures Rodčenko-Bild soll den Anfang machen.

Pavel Sergeevičs Assistent Dodik versucht, mittels eines Vertreters der offiziellen Gewerkschaft Einfluss auf die Störenfriede auszuüben, im Auftrag der Firmenleitung werden zwei Aktivisten erschossen, darunter auch der erste der drei führenden Köpfe. Den Brigadier zwingt man unter Androhung von Kündigung zur Kooperation und Denunziation, ein Streikversuch kann so durch Aussperrung der Arbeiter verhindert werden. Nach der ersten Demonstration, deren Erfolg fraglich ist, wird der Werkmeister von einem Auto überfahren und stirbt ebenfalls. Sein Tod markiert die Peripetie dieses Dramas, denn wie sich herausstellt, war er der zweite, uneheliche Sohn des Firmenpatriarchen Sergej Viktorovič. Der Firmenboss Pavel Sergeevič, der den Anschlag befohlen hatte, steht nun als Brudermörder da. Die Verantwortung dafür soll Dodik übernehmen, doch der will sich damit nicht abfinden. Er fädelt eine Konfrontation zwischen Pavel Sergeevič und dem verzweifelten Brigadier ein, der in einem finalen Kampf den Mörder seiner Genossen ersticht, bevor er selbst von dessen Entourage erschossen wird.

Was wie eine Mischung aus sozialkritischem Kino und Actionthriller klingt, ist auch eine, und das hat Programm. *Za Marksa…* wird mit der Tagline „Neues sowjetisches Kino" beworben, was die Auffassung vom sowjetischen Film als „Form einer ideologischen Position" in Erinnerung ruft.[39] Jenseits des Bekenntnisses zum Film als Medium des Politischen evoziert der Slogan damit auch die unterschiedlichen

39 Barbara Wurm: Klassenkampf, antipostmodern. In: *die tageszeitung*, 09.01.2014. http://www.taz.de/1/archiv/digitaz/artikel/?ressort=ct&dig=2014%2F01%2F09%2Fa0017 (Zugriff am 20.10.2014).

Darstellungs- und Erzähltraditionen des sowjetischen Kinos, deren Aktualität hier behauptet und vorgeführt wird. Dies realisiert sich in einer komplexen, formal offenen, generisch hybriden Struktur, die darauf angelegt ist, mehrere Lesarten gleichzeitig anzubieten: Sein realistischer Stil, der Elemente und Genres des Sozialistischen Realismus mit Formen des Hollywood-Erzählkinos kombiniert, befördert eine mimetische, affektive Rezeption, die allerdings durch gezielte Verfremdungseffekte immer wieder durchbrochen wird, um den didaktischen Effekt zu stärken. Jenseits dessen baut der Film ein dichtes Netz visueller und diskursiver Zitate, die nicht in einer geschlossenen realistischen Darstellung aufgehen, sondern auf einer metatextuellen Ebene als intellektuelle Reflexion über das Verhältnis von Avantgarde und Realismus, Kritik und Affirmation, Zitation und Affirmation, Tradition und Innovation in den Künsten zu lesen ist.

Eine Schlüsselszene im Hinblick auf die metatextuelle Lesart zeigt ein langes Gespräch der Aktivisten nach einer ihrer konspirativen Planungssitzungen. Es gibt mehrere solcher Debatten über Politik, Geschichte, Literatur und Film im Film, die wie Lehrstunden in russisch-sowjetischer Geschichte funktionieren und in denen vor allem auch der politische Bildungsehrgeiz der Aktivisten betont wird. In der längsten derartigen Szene mit einer Länge von fast zehn Minuten sprechen die Protagonisten u.a. auch über Filme: Der juristisch gebildete Aktivist, Mitglied eines Arbeiterfilmclubs, erzählt begeistert und etwas unbeholfen von der Revolution des Kinos in der französischen Nouvelle Vague, von der er dort erfahren hat, von Godard und der Anwendung der Brecht'schen Methode im Film, von der bedenklichen Sublimierung negativer Energien im illusionistischen Hollywoodkino. Der Brigadier greift dies auf und erzählt, die Kinder der großen Regisseure begännen nun selbst, Filme zu drehen, die allerdings wie Parodien der Filme ihrer Väter wirkten. Der Werkmeister kommentiert dies mit der einschlägigen Passage aus Marx: „Wie hat Marx doch gesagt: Die Geschichte wiederholt sich zweimal. Einmal als Tragödie, einmal als Farce."

Die Szene bietet nicht nur diskursiv eine Lehrstunde über die Brecht'sche Methode, sie wird im gestischen Spiel der Schauspieler gleichzeitig performativ realisiert. Hier wird exemplarisch die Programmatik des Films anschaulich, die darin besteht, formalästhetische Verfahren für ein neu zu definierendes politisches Kino zu etablieren,

und gleichzeitig potentiellen Zuschauern die notwendigen methodischen Kenntnisse zu servieren, mittels derer diese Verfahren zu lesen sind. *Za Marksa…* klärt also nicht nur über die sozialen Verhältnisse auf, sondern auch über Filmtheorie. Ein ambitioniertes Programm, das mit Blick auf formale Kohärenz durchaus problematisch ist, zu schematisch und aufdringlich wirkt dieses ‚entblößte Verfahren' im Kontext des dramatischen Sujets mitunter. In einer selbstreflexiven Lesart allerdings liest sich die Szene als Kommentar zur Realität der aktuellen Filmkultur in Russland, der zu Bedenken gibt, dass eine Erneuerung der Filmsprache ohne eine kritische Reflexion der Sehgewohnheiten des Publikums unvollständig bleibt.[40]
Die Marx-Paraphrase öffnet für den entsprechend theoretisch informierten Zuschauer einen Assoziationsraum, in dem neben der Frage nach der Aktualität des Marxismus (Derridas *Brumaire*-Lektüre) auch das Problem greifbar wird, dass bei der Erneuerung des politischen Erzählkinos mit dem Erbe der sowjetischen Filmtradition umzugehen sei. Sie ist Teil des intertextuellen Verweissystems, in dem sich der philosophisch-theoretische Aufklärungsanspruch realisiert, mit dem Svetlana Baskova antritt:

> In unserem Land gibt es nur einen peripheren Kapitalismus, anders als in Europa, wo es einen europäischen (zivilisierten) Kapitalismus gibt, und auch die Arbeiten von Marx nimmt man dort ernst. Aber bei uns herrscht ein ungebildeter Kapitalismus. Vielleicht lesen wir nicht genug von den richtigen Büchern?[41]

Der Zusammenhang zwischen der Lektüre marxistischer Literatur und der Ausbildung eines „zivilisierten Kapitalismus" mag überraschen, im Lichte dieser Äußerung zeigt sich jedoch, dass Baskova auch für eine Übersetzung westlicher neomarxistischer Positionen

40 Interessant in diesem Zusammenhang ist, dass diese Szene in den dokumentierten Zuschauergesprächen gerade wegen ihrer „Unwahrscheinlichkeit" bzw. „Unglaubwürdigkeit" wiederholt als irritierend bezeichnet wird. Svetlana Baskova verweist an dieser Stelle gern darauf, dass sie erstens keine gewöhnlichen Arbeiter zeige, sondern Aktivisten, die durchaus sehr belesen seien, es sich zweitens um keine Dokumentation, sondern einen Spielfilm handele, und drittens das Brecht'sche Konzept der Geste entscheidend für das Verständnis von *Za Marksa…* sei. Vgl. dazu die Stenogramme der Publikumsgespräche nach den Vorführungen des Films in unterschiedlichen russischen Städten, die auf der Website des Films einsehbar sind: Svetlana Baskova: Vstreči so zriteljami. http://baskova.com/za_marksa_intervju (Zugriff am 23.01.2015). Dieser ungewöhnliche dokumentarische Aufwand unterstreicht die sozialempirischen Ambitionen des Projekts.

41 Ebd.

in den postsowjetischen Kontext plädiert. Dafür steht vor allem auch der Filmtitel, der auf Louis Althussers gleichnamige Marx-Interpretationen von 1965 anspielt und so daran erinnert, dass in Westeuropa in den Sechziger Jahren eine neue Linke ihren Anfang nahm, während in Osteuropa der Marxismus im rituellen staatssozialistischen Diskurs erstarrte.

Unmittelbar richtet sich die Kritik an der neuen Regiegeneration, die der Brigadier formuliert, wohl gegen Figuren wie Fjodor Sergeevič Bondarčuk, den Sohn des namhaften sowjetischen Regisseurs Sergej Bondarčuk. Während Sergej Bondarčuk als Schauspieler und Regisseur an einer Reihe von Verfilmungen literarischer und historischer Stoffe wie *Anna Karenina* und *Boris Godunov* beteiligt war, die als Klassiker des sowjetischen Films gelten, wählt sein Sohn, der wohl kommerziell erfolgreichste russische Gegenwartsregisseur, grundsätzlich ähnliche Stoffe. Allerdings realisiert er sie mit den Mitteln einer am Hollywood-Film orientierten Filmästhetik, die, wie der Arbeiteraktivist berichtet, die Zuschauer betäubt, anstatt sie aufzuklären. Neben dem postsowjetischen kommerziellen Unterhaltungskino wird auch das sozialkritische Kino Objekt der Kritik, weil es sich zu ausschließlich auf die Darstellung der negativen Seiten der russischen Realität konzentriere, ohne eine Perspektive für ihre Überwindung zu entwickeln.

Neues sowjetisches Kino und das Gesetz des Genres

Abgesehen davon, dass die Film-Debatte in *Za Marksa…* durch die Gleichzeitigkeit eines didaktischen Diskurses über künstlerische Methoden und ihre performative Realisierung in doppelter Hinsicht erzieherisch wirkt, ist sie, wie der Film insgesamt, auch ein Appell für die Wiederbelebung einer Kultur des politischen Films. Realisiert wird sie in einem Durcharbeiten unterschiedlicher avantgardistischer, sozialistisch-realistischer, konzeptualistischer Film- und Bildtraditionen.

Ein wichtiger Bezugspunkt auf der Motiv- und Genreebene ist die sowjetische Avantgarde. Der erste diesbezüglich wichtige Intertext ist Sergej Ėjzenštejns *Stačka* (*Streik*) von 1925, der erste Langfilm des Regisseurs, der die Genese, den Verlauf und die Niederschlagung eines Streiks in einem zaristischen Betrieb zeigt. Als erster Film einer auf acht Teile angelegten Serie mit dem Titel *K diktature* (*Zur*

Diktatur) war die Proletkult-Produktion das Projekt einer historisch-ästhetischen Selbstversicherung der jungen Sowjetunion: Die Serie sollte die Geschichte des Arbeiterkampfes vor der Oktoberrevolution zeigen.[42] *Za Marksa…* ist als Wiederholung dieses Anfangs einer Filmtradition zu lesen, und dies in einem sehr konkreten Sinn insofern, als der Film die industrielle Arbeitswelt und den Arbeiter als Spielfilmhelden nach langer Abwesenheit wieder zurück auf die Leinwand holt.

Jenseits dieser grundsätzlichen Programmatik sind die Unterschiede in der formalästhetischen Gestaltung allerdings groß. Ėjzenštejn hatte das Sujet zugunsten der Arbeit am Thema mittels serieller Attraktionsmontagen abgewertet, Baskova entwickelt zwei Sujetlinien – Arbeitskampf und Brudermord –, die im dramatischen Finale zusammenlaufen, und setzt auf Verfremdungseffekte statt auf unmittelbare Stimulation. In *Stačka* tritt zum ersten Mal die revolutionäre Masse an die Stelle des individuellen Helden, Baskova restituiert den Arbeiteraktivisten als politisch-ethisches Subjekt. Damit knüpft sie an das Genre des Produktionsdramas an, das vor allem in den Siebziger Jahren zu den innovativsten und meistdiskutierten Genres der sowjetischen Filmproduktion avancierte.

Arbeit als Thema des Films hatte natürlich auch in den Jahrzehnten zuvor eine große Rolle gespielt, galt sie doch im Sinne des dialektischen Materialismus als entscheidender Faktor für die Herausbildung eines sozialistischen Bewusstseins. In der damaligen Stagnation der Brežnev-Ära in den Siebziger Jahren, in denen sich im Land Ernüchterung angesichts der politischen Realitäten des gesellschaftlichen Stillstands und der Ineffizienz des aufgeblähten, erstarrten bürokratischen Staatsapparats breitmachte, sollte eine institutionelle Reform die Filmproduktion auf dem ideologisch korrekten Kurs halten und dafür sorgen, dass die Errungenschafen des ‚entwickelten Sozialismus' angemessen widergespiegelt würden. Produktionsfilmen kam in diesem Kontext die Rolle zu, den Kampf um die Modernisierung der Wirtschaft zu zeigen und dabei auch das Bild des sozialistischen Helden zu erneuern. Die Auseinandersetzungen zwischen progressiven Kämpfern für den wirtschaftlich-technischen Fortschritt und bürokratischen Verweigerern wurden dementsprechend zum zentralen Thema.

42 Vgl. James Goodwin: Strike. The Beginnings of Revolution. In: Ders.: *Eisenstein, Cinema and History*. Champaign, IL: University of Illinois Press 1996, S. 37–56.

Was das Produktionskino dieser Zeit so interessant macht, ist, dass längst nicht in allen Filmen nur schematisch die ideologischen Muster reproduziert wurden. Stattdessen nutzten eine Reihe von Regisseuren das Genre, um eine offenere, kritischere Darstellung der gesellschaftlichen Konflikte zu versuchen.[43] Das Produktionsdrama wird damit zur Form, mittels der die Missverhältnisse zwischen ideellen Ansprüchen und politischen Realitäten verhandelt werden konnten. Was das Produktionskino dieser Zeit interessant macht, ist aber gerade die Tatsache, dass nur in den schlechten Filmen schematisch die ideologischen Muster reproduziert wurden. Das Produktionsdrama steht damit grundsätzlich für die Möglichkeit, ein politisch vereinnahmtes Genre kritisch anzueignen und so auch die Konventionen und Grenzen des Genres neu zu definieren. *Za Marksa…* liest sich aus dieser Perspektive nicht nur als Beitrag zu einer Erneuerung der Genretradition des Produktionskinos, sondern es evoziert auch diesen grundsätzlichen kritischen Gestus.

Dies verweist auf den grundsätzlichen Ansatz des Films, die Suche nach einer neuen Form für neues linkes Kino performativ zu realisieren. Der stilistische Eklektizismus ergibt sich aus einer Arbeit am Genrekino, die programmatisch die „Verunreinigung"[44] des Genres betreibt. Das beinhaltet sowohl die Reaktualisierung genuin sowjetischer Traditionen als auch die Inszenierung eines Dialogs zwischen ihnen und dem Unterhaltungskino amerikanischer Prägung. In der diesbezüglich entscheidenden Szene, die das finale Duell zwischen dem letzten überlebenden Aktivisten und seinem Ausbeuter zeigt, wird deutlich sichtbar, dass diese Arbeit am Genre noch keine klar konturierte Form hervorbringt. Das bühnentheatrale Spiel der Sterbeszene passt regelrecht nicht zu ihrer filmdramatischen Dynamik, auch hier stehen sparsam, aber gezielt eingesetzte Verfremdungseffekte einer illusionistischen Rezeption entgegen. Man kann diese Inszenierung für unausgereift halten, jenseits dessen repräsentiert sie aber den Anspruch, Unterhaltung, Aufklärung und Agitation im Film zusammenzubringen.

43 Vgl. Dmitrij Davidenko: *Čelovek i dejstvitel'nost' v otečestvennom kinematografe 70-ch godov*. Dissertacija na soiskanie učenoj stepeni kandidata nauk iskusstovedenija. Moskva 2004.

44 Jacques Derrida: Das Gesetz der Gattung. In: Ders.: *Gestade*, aus d. Franz. v. Monika Buchmeister / Hans-Walter Schmidt. Wien: Passagen 1994, S. 245–284.

In diesem Zusammenhang ist es bemerkenswert, wie der Film zwischen dokumentarischen und fiktionalen Erzählweisen changiert. In der Rezeption des Filmes kam regelmäßig die Frage auf, inwieweit die Darstellung der Protagonisten im Film realistisch sei, vor allem auch in Bezug auf die Gewerkschafter. Dahinter steht die wichtige Grundsatzfrage nach dem Konzept des revolutionären Subjekts.[45] Svetlana Baskova verfolgt in ihrem Film eine doppelte Agenda. Einerseits postuliert sie die Bedeutung der unabhängigen Gewerkschaftsbewegung als wichtige politische Größe in Russland, die ihrer Meinung nach sogar der Moskauer Oppositionsbewegung des Winters 2011/12 klar überlegen ist. Denn diese agiere mit der pauschalen Forderung nach freien Wahlen und einem Russland ohne Putin eher symbolisch als pragmatisch. Die Gewerkschaftsbewegung hingegen verfüge über straffe Organisationsstrukturen und eine klare politische Programmatik. Jenseits dieser sozialkritischen Perspektive entwirft sie aber ganz eindeutig auch ein idealisiertes Bild des Arbeiter-Aktivisten.
Dieses Ideal entsteht retrospektiv, durch die emphatische Darstellung des sowjetischen Arbeiters in der postsowjetischen Epoche. Durch die Evokation des historischen – auch filmisch – verfertigten Ideals des sowjetischen Arbeiters wird mit Blick auf die Gegenwart die Erfahrung des sozialistischen Menschen proklamatorisch wieder aufgewertet. In einer breiteren Perspektive arbeitet der Film damit auch daran, ein kritisches Bewusstsein dafür zu entwickeln, dass die Krise der Arbeit ein gesamtgesellschaftliches Phänomen ist, das nicht nur wenige marginalisierte Milieus betrifft.[46]
Neben dem Film ist die Bildende Kunst das zweite Referenzsystem in *Za Marksa…*. Die diskursiven und motivischen Zitate im Film haben eine doppelte Funktion. Einerseits werden sie benutzt, um Kritik am Ausverkauf der Kunst im postsowjetischen Kapitalismus zu üben. Im Zentrum steht hier die manische Sammelleidenschaft des Fabrikbesitzers, der ganz offensichtlich keinerlei ästhetisches oder historisches Interesse an der hochkarätigen Kunstsammlung

45 Dem kritischen Einwand, derart gebildete und eloquente Arbeiter gebe es wohl eher nicht, begegnet Baskova mit dem Hinweis, dass sie keine gewöhnlichen Arbeiter zeige, sondern Aktivisten, die, das hätten auch ihre Recherchen gezeigt, politisch sehr gebildet seien. Baskova: Vstreči so zriteljami.

46 Svetlana Baskova: Svoboda segodnja stala zataskannym slovom. Levoe kino i sobstvennoe zrenie. http://zasekin.ru/kultura/2013/03/26/svetlana-baskov/ (Zugriff am 15.03.2015).

hat, die er anlegen will, sondern ein rein ökonomisches. Als Pavel Sergeevič in einer der ersten Filmszenen sein Vorhaben ankündigt, einen Rodčenko zu kaufen, erwähnt er auch Kazimir Malevičs *Schwarzes Quadrat*: „Das Schwarze Quadrat. Je höher das Prestige, desto mehr Kohle." Eine Bemerkung, die die symbolische Bedeutung des Bildes als ‚Nullpunkt der Malerei' in eine rein ökonomische Vision des größtmöglichen Profits verkehrt. Die Kommerzialisierung der Kunst erscheint als Angriff auf ihre Autonomie in Gestalt des fiesen Typus des Fabrikbesitzers um nichts weniger brutal als ihre ideologische Instrumentalisierung.[47]

Jenseits dieser pessimistischen Perspektive stehen die Bildzitate aber vor allem auch für die Vision einer Wiederbelebung einer politischen Kunst. Das schwarze Quadrat wird in diesem Zusammenhang als Ikone der avantgardistischen Negation restituiert. Dies realisiert sich vor allem in der letzten Filmszene. Sie zeigt nach dem dramatischen Finale in einer surreal anmutenden, stummen Sequenz den ums Leben gekommenen Brigadeleiter. Er steigt auf einen Turm, die nächste Einstellung zeigt in der Totale die Turmspitze und ihr oberstes Fenster, in dem der Brigadeleiter erscheint und stumm stammelnd wild zu gestikulieren beginnt. In der nächsten Einstellung ist aus der Halbtotale die stumme Gestik deutlicher zu erkennen, bevor der Brigadeleiter wieder aus dem Fenster verschwindet, um es dann von innen mit einer schwarzen Folie zu verschließen, so dass das Fenster ein schwarzes Quadrat zeigt.

Svetlana Baskova ist in Gesprächen und Interviews oft nach der Bedeutung dieser Szene gefragt worden, hat eine Antwort aber stets verweigert. Mit Blick auf ihr explizites Anliegen, mit ihrem Film ein möglichst breites Publikum zu erreichen, ist das nur konsequent. Indem sie die semantische Offenheit behauptet, lässt sie unterschiedlichste Lesarten gelten. Auch ohne die performative Reinszenierung des *Schwarzen Quadrats* im Stummfilm-Setting als Zitat zu identifizieren, ist leicht zu verstehen, dass diese Szene nach dem verlorenen

47 Malevičs suprematistische Gemälde haben schon eine eigene Geschichte als Symbol der Unterwerfung der Kunst unter die Logik des Kapitals. Erinnert sei in diesem Zusammenhang an den Anschlag des Aktionskünstlers Aleksandr Brener auf das Bild Suprematismus im Amsterdamer Stedelijk-Museum 1997. Brener hatte ein grünes Dollarzeichen auf das Gemälde gesprüht, um zu zeigen, dass seine wahre Bedeutung durch den Kunsthandel verdrängt wird.

Arbeitskampf und der buchstäblichen Auslöschung der Bewegung den Appell für eine Fortsetzung des Kampfes symbolisiert. Interpretiert man konkreter mit Blick auf das Bildzitat, liest sich die Szene als Wiederholung der Forderung nach neuen künstlerischen Formen zur Darstellung der Wirklichkeit, für die Malevičs suprematistisches Manifest steht. Und mit Alain Badiou gelesen, vollzieht sich hier der Abstraktionsgestus als konstitutives Merkmal einer zeitgenössischen, nicht-imperialen Kunst.[48]

Tragik der verlorenen Revolution und die Frage der Erlösung

Karl Marx verhandelt im *Brumaire* die Frage nach dem Verhältnis von Erbe und Innovation in Revolutionen anhand der Gegenüberstellung von Tragödie und Farce. In den neomarxistischen kunstphilosophischen Debatten, die sich an diese Dichotomie anschließen, um die Perspektiven einer Erneuerung linker Kunst zu bestimmen, steht dementsprechend auch die Frage nach der Funktion des Tragischen in dieser Kunst. Die Frage, ob und, wenn ja, unter welchen Umständen die Tragödie heute noch ein Genre politischer Kunst sein kann, steht bei Chto delat paradigmatisch für die Grundsatzdiskussion um den Status der eigenen künstlerischen Praxis, insbesondere mit Blick auf die Brecht'sche Methode. Das beinhaltet den Versuch, Brechts Kritik der aristotelischen Katharsis einer kritischen Revision zu unterwerfen, auch mit Blick auf die Bedeutung tragischer Elemente für Brechts eigene Theaterpraxis. Ziel einer solchen Kritik ist es, Einfühlung und kritische Distanznahme durch Verfremdung nicht mehr als einander ausschließende rezeptionsästhetische Zustände zu verstehen, sondern die Nähe der beiden Konzepte im Hinblick auf ihr kritisches Potential herauszuarbeiten. Die mimetische Furcht der aristotelischen Tragödie erscheint aus dieser Perspektive als Anschauung, die Leiden und Reflexion über dieses Leiden hervorruft.[49] Die einzige Möglichkeit, Katharsis zu legitimieren, besteht für Brecht darin, sie als dialektische Erkenntnis zu rationalisieren. In diesem Sinne kann auch die Praxis von Chto delat als „Brecht'sches Spiel mit

48 Vgl. Alain Badiou: 15 Thesen zur zeitgenössischen Kunst. In: *Inästhetik – Nr. 0. Thesen zur zeitgenössischen Kunst.* Zürich / Berlin: Diaphanes 2008, S. 11–26, hier S. 20.

49 Vgl. Artemy Magun: Tragedy as the Self-Critique of Spectacle. In: *Tragedy or Farce? Newspaper of the Platform Chto Delat* 7-31 (2010), o. P. http://chtodelat.org/b8-newspapers/12-41/pdf-2/ (Zugriff am 16.10.2014).

der Tragödie"[50] verstanden werden. Grundsätzlich aber überwiegt die Kritik am Tragischen – weil es ein übermenschliches, heroisches Subjekt installiert, das es so nicht mehr gibt, weil seine geschlossene Form der Struktur der gesellschaftspolitischen Gegenwart nicht entspricht. David Riff hat mit Blick auf diese Situation eine bemerkenswerte Paradoxie ausgemacht: Einerseits diagnostiziert er die Dominanz anti-aristotelischer Darstellungsweisen in der zeitgenössischen politischen Kunst, die Krisen und Missstände so zeigt, dass die kathartische Erlösung suspendiert wird. Gerade das retrograde Projekt der Reanimation revolutionärer Impulse in der postdramatischen Praxis von Chto delat erweist sich im Gegensatz zu diesen Praktiken aber andererseits als Katharsis-affin:

> Namely, if there is any subject still worthy of tragedy today, it is still that of failed revolution. I am immediately sorry for saying this only now and not long before because actually, it now sounds like an exhortation for the defeated left to wallow in self-pity by reenacting every previous unrealized possibility of revolution in objects, installations, wargames, and songspiels then displayed to the middle class audience of contemporary art who goes home relieved that the period of revolutions indeed is over, that the tragedy of revolution, like tragedy in general, has finally exceeded its dual limitations, dissolving into a kind of overflowing Hegelian foam that is somehow everywhere. [...] That is the fundamental danger in the theater after theater of contemporary art. The point is not to give the audience a stage where it can see itself as a foamy collective subject that has survived a tragic-heroic age of revolutions, but to do something quite different.[51]

Diese unerwünschte Katharsis, wie Riff sie sich pessimistisch ausmalt, ist in produktionsästhetischer Hinsicht auch Effekt einer Wiederholung der Brecht'schen Methode, wie sie vor allem im *Perestrojka-Songspil'* zu beobachten ist. Wenn der historische Gegenstand mit formalästhetischen Mitteln dargestellt wird, die als anachronistisch erscheinen, läuft die dialektische Erkenntnis ins Leere.

Daraus muss aber nicht zwingend eine Absage an die Darstellung der Revolution als Tragödie folgen. Svetlana Baskovas *Za Marksa*... kann

50 The Zero Point Where the Poles Converge, or, The Comic Reality of the Tragic // A Conversation between Olga Egorova (Tsaplya), Artemy Magun, Natalia Pershina-Yakimanskaya (Gluklya), and Alexander Skidan. In: *Tragedy or Farce? Newspaper of the Platform Chto Delat* 7-31 (2010), o. P. http://chtodelat.org/b8-newspapers/12-41/pdf-2/ (Zugriff am 16.10.2014).

51 David Riff: Reluctant Notes on Tragedy. In: *Tragedy or Farce? Newspaper of the Platform Chto Delat* 7-31 (2010).

als Versuch gelten, die Tragödie für ein neues politisches Kino zu profilieren. Durch die in das Produktionsdrama eingelassene Erzählung vom unwissentlichen Brudermord, den der Firmenboss Pavel Sergeevič am Arbeiteraktivisten begeht und der im Finale des Films gerächt wird, erscheint die Perestrojka als entscheidender historischer Wendepunkt, der die politische Situation vorbereitete, in der sich das Land insgesamt und die Familie des Firmenpatriarchen als ihr metonymisches pars pro toto befindet: Der Großvater des Aktivisten hatte als hochrangiger KGB-Funktionär und Mitglied des Staatskomitees für den Ausnahmezustand im August 1991 an dem Versuch mitgewirkt, Michail Gorbačev abzusetzen. Sein Vater hatte die Unterstützung aus den Regionen leisten sollen, aber politischen Verrat begangen und somit zum endgültigen Zerfall der Sowjetunion beigetragen. In der Generation der Enkel kommt der Antagonismus zwischen den kapitalistischen Nutznießern dieses Verrats, die sich seit den Neunziger Jahren bereichert haben und die Zeichen der Krise der Nuller Jahre komplett ignorieren, und denen, die damals auf lange Zeit erniedrigt wurden, voll zum Ausbruch. Die Inszenierung dieses genealogischen Konflikts als politisches Aufklärungsdrama mit tragischer Wendung versucht die Gratwanderung zwischen einer affektiven Bindung des Zuschauers an das Geschehen und einer rational-dialektischen Erkenntnis der historischen Dimension der Perestrojka für die politische Gegenwart. Die Perestrojka hat ihre Kinder gefressen, und der politische Film sucht nach Formen, um jenseits dieser Niederlage Widerstand neu zu inszenieren.

Leere Leinwand, weißes Blatt

Der Anfangsmoment künstlerischen Schaffens als topisches Bildmotiv

Leena Crasemann

In Hermann Melvilles Roman *Moby-Dick* aus dem Jahr 1851, der die Odyssee des Walfangschiffes *Pequod* und die Jagd der Besatzung auf einen weißen Wal schildert, ist das Weiß des Wals äußerst ambivalent kodiert, was der Ich-Erzähler Ishmael an einer Stelle detailliert ausführt. Seine Rede beginnt er mit folgenden Worten: „Es war die Weiße des Wals, die mich mehr als alles andere entsetzte“, um kurz darauf nicht nur seine angstbesetzte Wahrnehmung der weißen Farbe, sondern auch in einem allgemeineren Sinn die Mehrdimensionalität des Weiß zu erläutern.[1] Die weiße Farbe des Wals, die vor dem Hintergrund etablierter Farbenlehren[2] als „Abwesenheit von Farbe“ und zugleich „Verdichtung aller Farben“ beschrieben wird, signifiziere Ishmael zufolge „eine gewisse königliche Überlegenheit“[3], aber ebenso die grauenerregende „marmorne Blässe“[4] von Toten, womit sie sowohl Höherwertigkeit und Göttlichkeit[5] als auch

1 Herman Melville: *Moby-Dick; oder: Der Wal.* Frankfurt am Main: Zweitausendeins 2004, S. 265–276.

2 Dies bezieht sich u. a. auf die Farbenlehren von Isaac Newton und Johann Wolfgang von Goethe.

3 Zu allen vorangegangenen Zitaten siehe Melville: *Moby-Dick*, S. 265.

4 Ebd., S. 270.

5 Weiße Tiere galten im alten Ägypten als göttlich, wenn das entsprechende Tier ein Albino war. Katrin Schmidt: *Melvilles Moby-Dick als altägyptische Seelenreise*. Norderstedt: BoD 2010, S. 109.

Unheimlichkeit und Endlichkeit evoziert. Diese Ambiguität zwischen Ablehnung und Apotheose gilt als spezifisches Charakteristikum des Weiß.[6] Jenseits dieser semantischen Aufladungen zieht der Erzähler aus *Moby-Dick* aber auch eine Verbindung zum Diskurs ethnischer Markierung und der machtvollen Identitätsposition von Weißen, wenn er kritisch anmerkt, dass die Überlegenheit des Weiß „vor dem Menschengeschlecht selbst nicht haltmacht und dem Weißhäutigen ideelle Herrschaft über jeden dunklen Stamm einräumt"[7]. Gegen Ende seiner Rede begründet er die komplexe Semantisierung des Weiß mit der „stumme[n] Abwesenheit von allem", die „hochbedeutungsvoll" ist.[8]

Diese Beschreibung des Melville'schen Weiß des Wals und das chiastische Verhältnis aus Leere, Unmarkiertheit und Absenz zum einen und Bedeutungsfülle, Markierung und Präsenz zum anderen bildet die Folie für die folgenden Ausführungen. In der Bildenden Kunst, so die Überlegung, stellt die weiße, leere Fläche über die Jahrhunderte hinweg einen Topos dar, der den – teilweise auch angstbesetzten – Anfangsmoment künstlerischer Produktion immer wieder neu inszeniert und installiert. Wie und auf welche Weise wird der Anfang in der Kunst verhandelt, in dem jegliche künstlerische Spur noch abwesend ist? Und wie sieht solch ein Anfangen aus, das auf der leeren, aber nichtsdestotrotz bedeutungsschwangeren, weißen Fläche generiert werden muss? Wie also wird die paradoxe Offenheit dieser weißen Fläche annektiert und in das System der Repräsentation überführt?

Der Anfangsmoment künstlerischer Produktion wurde in der Bildenden Kunst immer wieder zum Thema eines Werkes gemacht; insbesondere der unbearbeitete Mal- oder Zeichenuntergrund, sei es in Form einer leeren Leinwand oder eines weißen Blattes, avancierte über die Jahrhunderte und Genres hinweg zum Bildmotiv oder objekthaften Gegenstand mit eigenem Ausstellungswert. Ob Pablo Picasso 1956 auf einem seiner Gemälde eine weiße Leinwand als leere Fläche im Atelierraum darstellt; Raffael im Porträt von Marcantonio Raimondi im Jahr 1520 gedankenverloren vor einer leeren Tafel porträtiert

6 Vgl. Wolfgang Ullrich: Einleitung. In: Ders. / Juliane Vogel (Hrsg.): *Weiß*. Frankfurt am Main: Fischer 2003, S. 7–16, hier S. 11.

7 Melville: *Moby-Dick*, S. 266.

8 Ebd., S. 275.

wird; oder Ceal Floyer 2010 einen Stapel leerer weißer Blätter als minimalistische Skulptur in den Ausstellungsraum überführt: Diese Kunstwerke inszenieren die weiße, unbearbeitete Fläche jeweils als Leerstelle, die dem eigentlichen Beginn künstlerischer Produktion vorausgeht, während, paradoxerweise, vor unseren Augen jedoch eine fertig bemalte Leinwand, bedruckte Grafik oder geformte Skulptur steht. Insofern indizieren diese Objekte im Moment der Rezeption einen Endpunkt, da wir sie nur in ihrer fertigen Form und *als* eben diese abgeschlossenen Objekte wahrnehmen können – und verweisen damit auf die ihnen je eigenen Grenzen. Diese symptomatische Ineinsblendung von Anfang und Ende der künstlerischen Produktion, die sich in dem Bild von der leeren Leinwand oder dem weißen Blatt in besonderem Maße konkretisiert, wird von einer weiteren Kontradiktion eingeholt, die sich bereits bei Melvilles Exkurs andeutet: Das Weiß markiert eine Leere, ein Nichts, einen Anfangspunkt, dessen besondere Potentialität sich recht eigentlich erst über seine semantische Offenheit, seine Vieldimensionalität herstellt. Dies ist nicht ohne Grund so, wie im Folgenden argumentiert werden soll. Aus identitätstheoretischer Perspektive nämlich stellt sich *whiteness*, also ‚weiße' Identität oder Weißsein,[9] ebenfalls über dieses Paradox aus neutraler Unmarkiertheit und machtvoller Bedeutungsstiftung her; *whiteness* ist zugleich sichtbar und nicht sichtbar, präsent und absent, bedeutungslos und bedeutungsvoll. Weißsein muss als eine Norm verstanden werden, die ihre Macht aus dem Bündnis von struktureller Unsichtbarkeit *und* hegemonialem Universalismus bezieht[10] und

9 Im deutschsprachigen Diskurs gibt es unterschiedliche Positionen zur Begrifflichkeit. Der meist verwendete Begriff Weißsein ist aufgrund seiner etymologischen Struktur keine ideale Übersetzung von Whiteness, evoziert das inhärente Wort ‚sein' doch einen der weißen Identitätsposition eigenen ontologischen Essentialismus. Der Begriff Weißheit wiederum wird in der Theoriebildung zumeist abgelehnt, da die Verbindung zum Wort ‚Weisheit' eine problematische Konnotation mit sich bringt. Im Folgenden wird daher der Begriff Weißsein favorisiert. Vgl. hierzu Susan Arndt: Mythen des *weißen* Subjekts. Verleugnung und Hierarchisierung von Rassismus. In: Dies. / Maureen Maisha Eggers / Grada Kilomba Ferreira / Peggy Piesche (Hrsg.): *Mythen, Masken, Subjekte. Kritische Weißseinsforschung in Deutschland.* Münster: Unrast 2005, S. 340–362, hier S. 343. Siehe auch Eske Wollrad: *Weißsein im Widerspruch. Feministische Perspektiven auf Rassismus, Kultur und Religion.* Königstein i. Ts.: Helmer 2005, S. 21–22.

10 Insbesondere zum deutschsprachigen Diskurs um Weißsein vgl. Arndt / Eggers / Kilomba Ferreira / Piesche (Hrsg.): *Mythen, Masken, Subjekte*; Gabriele Dietze / Daniela Hrzán / Jana Husman-Kastein / Martina Tißberger (Hrsg.): *Weiß* –

als unmarkiert gilt, obgleich die weiße Norm kontinuierlich Markierungen und Setzungen vornimmt. Weißsein ist dabei nicht nur unter dem Vorzeichen der Hautfarbe zu verhandeln und auf soziale Identitäten und Prozesse der Rassifizierung zu beziehen, vielmehr ist es ein ideologisch wirksames Dispositiv[11], das strukturell und institutionell verankert ist. Unter den Bedingungen der westlichen Moderne hat es sich in Gesetze, kulturelle Traditionen, wissenschaftliche Aussagen, Formen der Wahrnehmung oder ästhetische Konzepte eingeschrieben. Weiße Normen sind auf die stetige Wiederholung angewiesen – etwa in Akten der Präsentation und Repräsentation –, um ihre Macht zu erhalten. Dies ähnelt der Butler'schen Konzeption einer machtvollen, normativen Geschlechterordnung, die sich in performativen Prozessen nachhaltig festigt und erst so die jeweiligen geschlechtlichen Identitäten bedingt.[12] Der Anschein einer fixen, weißen Identität kann folglich nur *in* der und *über* die performative Re-formulierung erzeugt werden, wobei die Gesamtheit von derlei normativen Akten und Diskursen das Dispositiv von Weißsein verursacht und sich in diesem sedimentiert – das wiederum nicht unabhängig von einer bestehenden Geschlechterordnung zu denken, sondern genuin mit dieser verbunden ist.

Vor diesem Hintergrund wird im Folgenden eine Lesart vorgeschlagen, die den künstlerischen Anfang, die leere Leinwand und die Vieldimensionalität der Farbe Weiß als intrinsisch miteinander verbunden begreift, was anhand exemplarisch ausgewählter Kunstwerke aufgezeigt werden soll,[13] während diese Konstellation darüber hinaus innerhalb des Dispositivs von Weißsein verortet wird.

Weißsein – whiteness. Kritische Studien zu Gender und Rassismus. Frankfurt am Main: Lang 2006. Siehe zudem Ruth Frankenberg (Hrsg.): *Displacing Whiteness. Essays in Social and Cultural Criticism.* Durham / London: Duke UP 1997.

11 Der Begriff des Dispositivs, wie er hier verwendet wird, bezieht sich auf Michel Foucault, dessen zentrales Interesse u.a. dem Sexualitätsdispositiv galt. Michel Foucault: *Dispositive der Macht. Über Sexualität, Wissen und Wahrheit.* Berlin: Merve 1978. Siehe zudem Giorgio Agamben: *Was ist ein Dispositiv?* Zürich / Berlin: Diaphanes 2008.

12 Vgl. Judith Butler: *Das Unbehagen der Geschlechter.* Frankfurt am Main: Suhrkamp 1991.

13 Die Auswahl ist thematisch begründet und ließe sich in einem größeren Rahmen zweifellos weiterführen. Es sei zudem erwähnt, dass die Auswahl von vier männlichen Positionen gegenüber einer weiblichen intendiert ist und einmal mehr das geschlechtlich bedingte Gefälle in der Kunst vor Augen führt – zumal wenn dabei auch mehrere Jahrhunderte zurückliegende Positionen einbezogen werden.

Abb. 1: Pablo Picasso: *Das Atelier von La Californie*, 1956.
Öl auf Leinwand, 114 x 146 cm. Musée Picasso, Paris.

Picassos Bild im Bild

Ein im Jahr 1956 entstandenes kleinformatiges Gemälde von Picasso zeigt eine in Grau-, Blau- und Ockertönen gehaltene Raumansicht, die aufgrund der groben Pinselführung und scheinbar skizzenhaft hingeworfenen Muster mehr flächig denn tiefenräumlich gestaltet ist. (Abb. 1) Den Bildgrund füllen in Grau und Schwarz alternierende vertikale Flächen, die von Bogenformationen strukturiert werden – offenbar handelt es sich um die Wände, Tür- und Fensteröffnung eines Innenraums, genauer: des Ateliers von Picasso in der Villa *La Californie* in Cannes, wie auch der Bildtitel lautet. Der Bogen rechts gibt den Blick frei auf die für den mediterranen Raum typischen Palmen, im Bildmittelgrund sehen wir links einige Möbel, etwa einen rustikalen Schrank und einen Beistelltisch. Die untere Bildmitte nimmt prominent eine Staffelei ein, auf der eine leere Leinwand platziert ist.

Vor allem in der Mitte der 1950er Jahre, also im letzten Viertel seines Lebens, setzt sich Picasso wiederholt mit dem Motiv des Ateliers auseinander, Ort des Produktionsprozesses und der künstlerischen Selbstbefragung.[14] Das Atelierbild oder die Darstellung des Künstlerateliers avanciert seit dem 15. Jahrhundert zum programmatischen Motiv und erfährt im Laufe seiner typologischen Verfestigung zahlreiche Variationen.[15] Denis Diderot definierte in seiner *Encyclopédie* von 1751 das Atelier als Werkstatt des Künstlers;[16] damit konnte aber auch ein gemeinschaftlicher Arbeitsplatz in der Akademie, ein Zimmer im privaten Wohnbereich oder seit dem 20. Jahrhundert vermehrt ein nicht topografisch fixierter Ort gemeint sein, der „im Kopf des Künstlers loziert" wird oder gar eine Wissensform darstellt, wie Michael Diers und Monika Wagner konstatieren.[17] Nicht ohne Grund initiierte das derart hochgradig aufgeladene Atelier somit „vielfältige Selbstentwürfe" und „programmatische Inszenierungen"[18] von Seiten der Künstlerinnen und Künstler, die ihre eigene Position immer wieder über diese Lokalität auf unterschiedlichste Weise repräsentierten und definierten, wenngleich die in den letzten Dekaden einsetzende Relativierung der Bedeutsamkeit des Ateliers eine Dekonstruktion der Künstlerfigur als das kreativ inspirierte Genie mit sich brachte – und *vice versa.*[19]

Picasso stellte mehrere Bilder des Atelierraums *La Californie* her, die durch Perspektive, Ausschnitt, Farbigkeit und das verwendete Medium (Zeichnung, Tusche, Gemälde) variieren. Er selbst bezeichnete seine

14 Vgl. Kathrin Elvers-Švamberk: Die Welt im Blick. Zu Picassos Atelierbildern der fünfziger Jahre. In: Ralph Melcher (Hrsg.): *Pablo Picasso – die 50er Jahre.* Ausstellungskatalog Saarlandmuseum Saarbrücken. Heidelberg: Kehrer 2007, S. 35–41.

15 Vgl. Werner Spies: Das Psychodrama im Atelier. In: *Maler und Modell.* Ausstellungskatalog Staatliche Kunsthalle Baden-Baden. Baden-Baden: Staatliche Kunsthalle 1969, o. P. Siehe auch Daniel Buren: The Function of the Studio. In: Joan Copjec / Douglas Crimp / Rosalind Krauss / Annette Michelsen (Hrsg.): *October. The First Decade, 1976–1986.* Cambridge, MA: MIT 1988, S. 201–207.

16 Vgl. Denis Diderot, s. v. Attelier. In: Ders.: *Encyclopédie, Ou Dictionnaire Raisonné des Sciences, Des Arts et Des Métiers.* Neufchatel: Société Typographique 1778, Bd. 1, S. 839–840, hier S. 839.

17 Vgl. Michael Diers / Monika Wagner: Topos ATELIER. Werkstatt und Wissensform. In: Dies. (Hrsg.): *Topos ATELIER. Werkstatt und Wissensform.* Berlin: Akademie 2010, S. VII–X, hier S. VII. Siehe auch Eva Mongi-Vollmer: *Das Atelier des Malers. Die Diskurse eines Raumes in der zweiten Hälfte des 19. Jahrhunderts.* Berlin: Akademie 2004. Siehe auch *Texte zur Kunst* 49,13 (2003): Atelier.

18 Diers / Wagner: Topos ATELIER, S. VIII.

19 Vgl. Julia Gelshorn: The Making of the Artist. Das Atelier als Ort männlicher Selbsterschaffung. In: Diers / Wagner (Hrsg.): *Topos ATELIER*, S. 93–110.

Atelierbilder als „paysages d'interieur"[20] und verbindet mit diesem Begriff zwei konträre Prinzipien: den freien Außenraum der Landschaft und den abgeschlossenen Innenraum des Privaten. Verfügt die Interieurdarstellung üblicherweise über ein Personal an Figuren, so sind in *L'atelier* keine Personen zu sehen. Werner Spies erklärte das Sujet ‚Maler und Modell' zum ‚Lieblingsmotiv'[21] Picassos, hier jedoch okkupieren weder das Modell noch der Künstler den Bildraum. Der Hauptakteur des Gemäldes ist vielmehr der Malgrund der weißen Leinwand, die den medialen Ausgangspunkt des künstlerischen Schaffens darstellt.

Die weiße Fläche der leeren Leinwand im Bild von Picasso nimmt die tatsächlichen Begrenzungen des Gemäldes in sich auf, da sie bildparallel zu diesen angeordnet ist – trotz der Unterschiedlichkeit im Format. Das weiße, hochformatige Rechteck annektiert so die untere Bildmitte und tritt sowohl in eine Spannung zu dem Querformat des tatsächlichen Bildträgers, den wir als Betrachterinnen und Betrachter vor uns haben, als auch zu zwei bisher unerwähnten anderen Bildelementen: Unterhalb des rechten Fensterbogens mit den Palmen sind zwei weitere Malflächen dargestellt, die offenkundig an die Fensterbrüstung gelehnt sind. Das linke Bild zeigt eine abstrakte Komposition aus grauen Linien auf weißem Grund, das rechte eine mit Blau, Schwarz und Gelb gemalte weibliche, hockende Person mit großen Brüsten. Auf bildformaler Ebene, entsprechend der Leserichtung von links nach rechts, ergibt sich ein Verweis auf den Prozess des künstlerischen Schaffens, steht doch die leere Leinwand in der Bildmitte für den Ausgangspunkt, die graue Skizze rechts davon für die Vorstudie, und die mit Farbe und Figur gefüllte Bildfläche ganz rechts für das fertige Produkt der künstlerischen Arbeit.

Die Zusammenstellung dieser drei Bildflächen impliziert darüber hinaus weitere Lesarten. Bemerkenswerterweise ist der Künstler selbst, entgegen der Tradition des Atelierbildes, nicht auf dem Bild zu sehen, etwa vor der Staffelei bei der Arbeit. Stellt das gemalte Frauenbild den Gegenpart zu seiner Identität dar (zumindest hinsichtlich Geschlechterposition und Arbeitsaufteilung: männlicher Maler, weibliches Modell), so führt die Komposition dieser drei Leinwände die

20 Pierre Daix: *Dictionnaire Picasso.* Paris: Laffont 1995, S. 293–295, 522–524.

21 Vgl. Spies: Das Psychodrama im Atelier, o. P.

Absenz des Malers nur umso deutlicher vor Augen. Dort, wo seine Position im Bildraum wäre, nämlich vor der Staffelei, sehen wir nur die leere, weiße, unbemalte Leinwand, sodass die Unmarkiertheit der sichtbaren weißen Fläche mit der Identität des nicht-sichtbaren Künstlers in eins geblendet werden kann. Unterstrichen wird diese gegenseitige Bezüglichkeit von einem bestechenden Detail: Die Füße der Staffelei nämlich sind vermittels einer gemalten, hellen, dreieckigen Fläche am unteren Bildrand über die ästhetische Grenze hinweg mit dem eigentlichen Platz *vor* dem Bildträger verbunden; dem Ort jenseits des Bildraumes also, an dem sich der Künstler im Malprozess tatsächlich befunden hat als er dieses Gemälde fertigte.
Dem leeren, noch ungefüllten Malgrund, der auf der Staffelei im Atelier seiner Bearbeitung harrt, wohnt folglich alle Potentialität inne, da der Malakt, zumindest auf der Ebene der Repräsentation, noch nicht begonnen wurde. Zugleich signifiziert die weiße Fläche auf der Ebene der Produktion einen Abschluss, ein Ende, schließlich muss der Pinsel überall die Textur der Leinwand berührt haben, um das Gesehene Bild werden zu lassen, so auch das weiß getünchte, scheinbar unbemalte Viereck. Picassos Atelierbild führt auf diese Weise die Reziprozität von unbemalter Leerstelle und weißer Farbfläche, von künstlerischem Beginnen und Beenden sowie von Produktion und Repräsentation vor Augen – nicht ohne dabei die ausgeblendete Position des weißen männlichen Künstlerselbst über das Stellvertreterobjekt der weißen Leinwand indirekt in das Bildgeschehen einzuholen.

Raffaels Hände

Die Ateliersituation – also der Moment, der die Künstlerin oder den Künstler im Prozess des künstlerischen Schaffens vor Ort zeigt – ist in der Geschichte der Kunst ein Topos, in dem sich vieles durchkreuzt: Selbstbilder wie künstlerische Identitäten werden produziert oder befragt, Schöpfungsmythen wie Anti-Haltungen stabilisiert oder dekonstruiert, der Ort als solcher idealisiert, öffentlich gemacht, aufgekündigt, negiert. Es gibt vielzählige Werke ob älteren oder jüngeren Datums, die den Produktionsprozess bildmotivisch umsetzen, zumal wenn die Mal- oder Zeichenfläche unseren Blicken verborgen bleibt, sodass das nicht sichtbare Werk in Form der den Blicken entzogenen Leinwand „für die künstlerische Idee und die Vielfalt dessen [steht],

Abb. 2: Rembrandt van Rijn: *Der Maler in seinem Atelier*, um 1628. Öl auf Holz, 24,8 x 31,7 cm. Museum of Fine Arts, Boston.

was sie generieren kann"[22]. Exemplarisch erwähnen ließe sich hier etwa Rembrandt van Rijns Selbstporträt aus dem Jahre 1626, das sich im Museum of Fine Arts in Boston befindet. (Abb. 2) Auf diesem Bild nimmt die rechte Hälfte des dargestellten kargen Innenraums eine Staffelei mit Malgrund ein, auf der linken Bildhälfte sehen wir etwas abseits den Künstler mit seinen Malutensilien in den Händen. Rembrandt ist von der Staffelei zurückgetreten und richtet seinen Blick auf uns. Er ist also nicht vertieft bei der Arbeit und im Moment des konzentrierten Vollzugs zu sehen, im Gegenteil: Es scheint, als habe er noch nicht begonnen, als würde er nun erst vor diese Leinwand treten und vergewissere sich mit seinem Blick aus dem Bildraum heraus derer, die ihr Urteil später über das Werk fällen werden – sodass die Konstellation aus ästhetischer Produktion und Rezeption

22 Andreas Beyer bezieht sich hier auf *Las Meninas* (1656) von Diego Velázquez. Siehe Andreas Beyer: Künstler ohne Hände – Fastenzeit der Augen. Ein Beitrag zur Ikonologie der Unsichtbarkeit. In: Jürgen Stöhr (Hrsg.): *Ästhetische Erfahrung heute.* Köln: DuMont 1996, S. 340–358.

zum eigentlichen Bildthema wird. Das Dreiecksverhältnis zwischen Künstlerselbstbild, nicht-sichtbarer Bildtafel und Betrachtern jenseits des Bildraumes apostrophiert damit die Grundkoordinaten der Kunst: Produzent, Material und Rezipient. Dieses oder ähnliche Motive (wie das schon fast ikonische Gemälde *Las Meninas* von Diego Velázquez) sollen hier jedoch außen vor bleiben, da die unbearbeitete Malfläche, die unseren Blicken nicht verborgen, sondern *zugänglich* ist, den Fokus der vorliegenden Ausführungen bildet.

Eine Grafik aus dem 16. Jahrhundert besticht in ihrer kompositorischen wie inhaltlichen Ausrichtung in diesem Zusammenhang besonders: 1520 porträtiert Marcantonio Raimondi den Künstler Raffael im Medium des Kupferstichs. (Abb. 3) Raimondi arbeitete eng mit Raffael zusammen, ihm kam als Stecher in der Werkstatt Raffaels eine besondere Stellung zu, da seine Reproduktionen von Raffaels Bildern eine wesentliche Grundlage für deren Verbreitung und Bekanntheitsgrad waren.[23] Auf dem reduzierten Porträt Raimondis sehen wir Raffael auf einer Stufe sitzen und in einen Mantel gehüllt, links neben ihm befinden sich eine Palette und Farbtöpfe, rechts von ihm steht, an die Wand gelehnt, eine leere Bildtafel. Entwickelte sich der Begriff des *disegno*, der für Form, Zeichnung, Komposition steht und die Form gewordene Idee bezeichnet,[24] im Italien des 15. und 16. Jahrhunderts zu einer fundamentalen Kategorie, so porträtiert Raimondi Raffael gewissermaßen als Inbegriff des intellektuell tätigen Künstlers, der ganz im Sinne des *disegno* sein *concetto* im Geist bildet und die *idea* durch sein eigenes Vorstellungsvermögen erzeugt.[25] Nicht ohne Grund wird Raffael mit verschatteten Augen, nach innen gerichtetem Blick und ‚ohne Hände' dargestellt, denn erst so kann sein versunkener Blick das Postulat von künstlerischer Geistesarbeit evozieren und die Verhüllung der Hände den Verweis auf das handwerkliche Schaffen negieren.[26] Das Attribut der leeren Tafel unterstreicht dieses

23 Vgl. Lisa Pon: *Raphael, Dürer, and Marcantonio Raimondi. Copying and the Italian Renaissance Print.* New Haven: Yale UP 2004.

24 Vgl. Valeska von Rosen: Disegno und Colore. In: *Metzler Lexikon Kunstwissenschaft. Ideen, Methoden, Begriffe*, hrsg. v. Ulrich Pfisterer. Stuttgart: Metzler 2003, S. 71–73.

25 Vgl. Ursula Link-Heer: ‚Raffael ohne Hände' oder das Kunstwerk zwischen Schöpfung und Fabrikation In: Wolfgang Braungart (Hrsg.): *Manier und Manierismus.* Tübingen: Niemeyer 2000, S. 203–219, hier S. 210.

26 Vgl. Hana Gründler: Marcantonio Raimondi. In: Heiko Damm / Hein-Theodor Schulze Altcappenberg / Ulf Sölter / Michael Thimann (Hrsg.): *Disegno. Der Zeichner*

Abb. 3
Marcantonio Raimondi:
Raffael in seiner Werkstatt,
um 1518.
Kupferstich, 13,9 x 10,6 cm.
Bibliothèque Nationale de
France, Département des
arts graphiques, Paris.

Verhältnis einmal mehr. Sie ist unmittelbar auf der Höhe seines Kopfes platziert, dem Ort des menschlichen Körpers, in dem der Geist lokalisiert wird, sodass die Tafel zum symptomatischen Indiz für den künstlerischen Anfangsmoment gerinnt, in dem die angestellten Vorstellungen und Ideen des Künstlers der Werkausführung vorausgehen und gewissermaßen als *idea* allein im Geiste auf diese leere Fläche projiziert werden – um danach in der Ausführung händisch realisiert werden zu können.[27]

Bezeichnet der Begriff Genie, *ingenium*, die phantasievolle, intellektuell anspruchsvolle Begabung, die geistreich und voller Witz ist, so galt Raffael stets – neben seinem Zeitgenossen und Kollegen

im Bild der Frühen Neuzeit. Ausstellungskatalog Kupferstichkabinett, Staatliche Museen zu Berlin. München: Deutscher Kunstverlag 2007, S. 72; Hana Gründler / Toni Hildebrandt / Wolfram Pichler: Zur Händigkeit der Zeichnung. In: *Rheinsprung – Zeitschrift für Bildkritik* 11,3 (2012). Siehe auch Beyer: Künstler ohne Hände, S. 345. Differenziert untersucht Anne Bloemacher die Rolle von Raffaels Händen in Darstellungen des 16. bis 19. Jahrhunderts, vgl. dies.: Raphael's Hands. In: *Predella* 3 (2011): Chirurgia della creazione. Mano e arti visive, S. 79–96.

27 Vgl. von Rosen: Disegno und Colore, S. 72.

Michelangelo Buonarotti etwa[28] – als Inbegriff eines solchen ‚genialen' Künstlers, der hervorbringende Gestaltungskraft (*creatio*) und bildhafte Vorstellungskraft (*imaginatio*) in sich vereint.[29] Raimondi verdeutlicht dies in seinem Porträt auf subtile Weise. Die leere Tafel neben dem sitzenden Raffael wartet auf ihre Bearbeitung, zusammen mit den Farbtöpfen und der Palette auf der anderen Seite des Bildes flankiert sie den Künstler und markiert dessen potentielle Schöpferkraft. Diese Idee des kreativ tätigen, genialisch schöpfenden Künstlers setzt Künstler und Gott in eine Analogie zu einander, was im Stich von Raimondi in dem Motiv der leeren Tafel eine visuelle Zuspitzung erfährt – und nicht etwa, wie es ebenfalls möglich wäre, in der Darstellung des aktiv, mit den Händen ‚arbeitenden' Künstlers: Auf diese Weise wird der Porträtierte als *artifex divinus* gekennzeichnet, als ein mit Gott vergleichbarer Künstler also, der die leere, bereitgestellte Tafel vermittels einer *creatio ex nihilo*, einer genuinen Schöpfung aus dem Nichts, zukünftig mit seinen künstlerischen Mitteln zu füllen weiß.[30] Der unbearbeitete Zustand der Tafel signifiziert damit den Anfangsmoment im künstlerischen Schaffensprozess und eröffnet einen Horizont von Erwartungen eines möglichen, aber noch nicht realisierten Bildes, das erst von dem Künstler aus der Latenz in die Präsenz geholt werden muss. Der Schöpfungsakt aus dem Nichts korrespondiert insofern mit der faktischen Offenheit und gleichzeitigen Vieldimensionalität der Leere, mit der der Künstler in Anbetracht der weißen, unbehandelten Malfläche konfrontiert ist.

Welchen Personen nun eine solche sogenannte geniale künstlerische Fähigkeit attestiert wurde und wer überhaupt mit dem Begriff des Genies belegt wird, wandelt sich je nach Ort und Zeit – was wiederum den wechselseitigen Kräften von Auflösung und Verfestigung,

28 Vgl. Kia Vahland: *Michelangelo & Raffael. Rivalen im Rom der Renaissance*. München: Beck 2012.

29 Zur Bestimmung des Genie-Begriffs, der im Englischen mit dem Wort *wit* korrespondiert, siehe Wolf-Dietrich Löhr: Genie. In: *Metzler-Lexikon Kunstwissenschaft*, S. 117–122. Diese zwei Eigenschaften benannte etwa auch Giovanni Fontana Mitte des 15. Jahrhunderts als besondere Fähigkeiten des begabten Künstlers. Siehe Giovanni Fontana: Liber de omnibus rebus naturalibus (1450–54). In: Ulrich Pfisterer (Hrsg): *Die Kunstliteratur der italienischen Renaissance. Eine Geschichte in Quellen*. Stuttgart: Reclam 2002, S. 201.

30 Vgl. Steffen Bogen: Gott/Künstler. In: *Lexikon Kunstwissenschaft*, S. 160–163. Siehe auch Erwin Panofsky: *Idea. Ein Beitrag zur Begriffsgeschichte der älteren Kunsttheorie*. Berlin: Hessling 1960, S. 71.

von Stabilisierung und Entfixierung zuzuschreiben ist, die jeder Diskurs notwendig mit sich bringt. Ein sich immer wieder herausbildender Fixpunkt im Diskurs um das Künstlergenie, den man vor allem aus heutiger Perspektive rückblickend zu konstatieren vermag, ist die soziale Identität, die der Genie-Typus verkörpert. Denn als Genie wurde und wird zumeist eine männliche Person bezeichnet, die darüber hinaus weiß ist, ein „white European male"[31] also, wie Wolf Lohr schreibt. Der Genie-Diskurs ist damit an die Hervorbringung einer spezifischen sozialen Position, nämlich der weißer Männlichkeit, gekoppelt; und umgekehrt etabliert und verfestigt die soziale Position einzelner Individuen die Idee des Genies erst. Auf diese Weise sind die Mechanismen der Herstellung von sozialen Positionen Einzelner mit den Mechanismen der Herstellung einer Idee von ‚Genie' intrinsisch aufeinander bezogen und miteinander verbunden. Schließt dieser Prozess bestimmte soziale Identitäten ein und andere aus, so kann und muss er als indirekte Auswirkung des Dispositivs weißer Dominanz[32] begriffen werden.

Carduchos *tabula rasa*

Das, was die Malerei dem Künstler an Gestaltungskraft (*creatio*) und Vorstellungskraft (*imaginatio*) im künstlerischen Schaffensprozess abverlangt, um ein entsprechendes Ergebnis zu erzielen, ist auch das Thema des spanischen kunsttheoretischen Traktats *Diálogos de la pintura*[33] von Vincente Carducho von 1633, der Hofmaler und Kunsttheoretiker unter Philipp III. und Philipp IV. war. Dabei nimmt das Bild der noch leeren Malfläche und die Idee von künstlerisch-genialem Einfallsreichtum eine prominente Funktion ein, und diese Konstellation ist mit der Thematik von Raimondis Stich vergleichbar. Das Traktat Carduchos gliedert sich in acht Dialoge, die jeweils ein Gespräch zwischen Meister und Schüler inszenieren und von

31 Löhr: Genie, S. 146. Löhr weist auch darauf hin, dass etwa Cesare Lombroso geniale Frauen ihrem Wesen nach für Männer hielt.

32 Katharina Walgenbach: Weiße Dominanz – zwischen struktureller Unsichtbarkeit, diskursiver Selbstaffirmation und kollektivem Handeln. In: Sylke Bartmann / Karin Gille / Sebastian Haunss (Hrsg.): *Kollektives Handeln. Politische Mobilisierung zwischen Struktur und Identität.* Düsseldorf: Hans-Böckler-Stiftung 2002, S. 123–136, hier S. 124.

33 Vicente Carducho: *Diálogos de la pintura – su defensa, origen, esencia, definicion, modos y diferencias* [1633], hrsg. v. Franciso Calvo Serraller. Madrid: Turner 1979.

Abb. 4: Vicente Carducho: *Diálogos de la Pintura*, 1633. Buchillustration aus Vicente Carducho: *Dialogos de la Pintura. Su defensa, origen, esencia, definición, modos y diferencias.* Madrid 1865.

vereinzelten Grafiken illustriert werden. Ganz am Ende des Buches, unmittelbar vor dem Register, befindet sich ein Emblem, auf dem, umgeben von einem Lorbeerkranz mit Banderole, ein weißes Blatt dargestellt ist, das von der Spitze eines Pinsels berührt wird, der frei über der leeren Fläche schwebt, ganz so als würde er von Geisterhand geführt. (Abb. 4) Die zwei wesentlichen Utensilien aus dem Materialarsenal des Künstlers, leere Malfläche und Pinsel, werden in Carduchos Emblem zum zentralen Bildgegenstand erhoben. Der unter dem Emblem befindliche Vierzeiler lautet übersetzt: „Die leere Tafel erschaut alle Dinge in ihrer Möglichkeit, allein der Pinsel vermag mit souveränem Wissen, die Möglichkeit in den Akt zu überführen." Dieser Vierzeiler und die Inschrift der um den Lorbeerkranz gewundenen Banderole, die einen Spruch mit ähnlichem Sinngehalt aufführt (Potentia ad actum tamquam tabula rasa[34]), versinnbildlichen im Verbund mit dem Dargestellten die Überwindung der leeren Fläche durch den Akt der Malerei, sodass „alle Möglichkeitsformen in einen Handlungsakt“[35] überführt werden – wobei der Lorbeerkranz als Insignie des Erfolgs allein das entsprechende Resultat honoriert. Carducho führt in diesem Emblem also sinnfällig vor Augen, dass das weiße, leere Blatt „vom Künstler mit Zeichen als Hervorbringungen […] seines *concetto* bedeckt“[36] werden muss, um die geistig-abstrakte Idee auf dem Blatt in die Anschaulichkeit zu überführen.

Von Bedeutung ist, dass der Pinsel nicht von einer Hand geführt und so jeglicher Verweis auf eine auktoriale Instanz oder gar eine individuelle Künstlerperson negiert wird. Victor Stoichita hat auf die Bedeutung des Schattens hingewiesen, der als gestrichelte Linie von der Pinselspitze auf die weiße Leere des Blattes fällt. Dieser Schlagschatten übernimmt, so Stoichita, „die Funktion des Strichs“ [37] und ist von metaphorischer Gleichwertigkeit wie dieser, nicht zuletzt eben weil er schraffiert und damit unverkennbar gezeichnet ist. So ist es auch plausibel, dass diese Schattenschraffur des noch nicht gezogenen Pinselstrichs den antiken Gründungsmythos der Entstehung der Malerei aus dem Schatten alludiert.[38] Realisiert sich demnach die Malerei im Emblem von Carducho in der Wiedergabe des Schattens, so bleibt offen, wer diesen Pinsel führt und letztlich die erwartete Malerei auf dem leeren Blatt entstehen lässt. Da der Pinsel frei schwebt und seinen Schatten gewissermaßen ohne Autor und aus sich selbst heraus generiert – „mit souveränem Wissen“, wie es in der Inschrift heißt –, so wird der Verweis auf die von Hand realisierte Ausführung suspendiert und zwar zugunsten eines geistigen Konzepts, was ganz der *disegno*-Lehre entspricht: Die leere Tafel ‚erschaut‘ die auf ihr zu

34 Wörtlich zu übersetzen mit: „Das Vermögen zu handeln wie eine abgeschabte Tafel (= ein unbeschriebenes Blatt).“

35 Horst Bredekamp: *Die Fenster der Monade. Gottfried Wilhelm Leibniz' Theater der Natur und Kunst*. Berlin: Akademie 2004, S. 67.

36 Norbert Schneider: *Die antiklassische Kunst. Malerei des Manierismus in Italien*. Berlin: Lit 2012, S. 240.

37 Victor I. Stoichita: *Eine kurze Geschichte des Schattens*. München: Fink 1999, S. 95. Siehe auch Bredekamp: *Fenster der Monade*, S. 66. Er weist darüber hinaus auf das Verhältnis von Schattenwurf und Perspektive hin.

38 Vgl. ebd.

erschaffenden Dinge bereits vor der Realisierung, vor ihrem eigentlichen Anfang, so wie Raffael im Stich von Raimondi ohne Hände und allein vor seinem geistigen Auge eine Idee, ein Konzept entwirft, das erst danach auf der leeren Fläche eine von außen wahrnehmbare Form annimmt.

Der autorlose, sich verselbständigende Strich bei Carducho beinhaltet aber noch eine weitere Dimension, die auch bei Raffael bereits angesprochen wurde: Die Negation jedweden handwerklichen Aktes muss auch hier als Verweis auf das Ideal einer göttlichen, ingeniösen Schöpferkraft und die Ineinsblendung von Künstler und Gott verstanden werden. Einen zentralen Stellenwert nimmt in diesem Gefüge die leere Tafel ein, als *tabula rasa* von der Inschrift bezeichnet. Der mittellateinische Begriff *tabula rasa* steht für eine abgeschabte und wieder beschreibbare Schreibtafel und meinte in der Antike eine geweißte oder mit Wachs bestrichene Holzfläche, von der das darauf Geschriebene wieder getilgt werden konnte.[39] Carducho stellt sein Emblem der Malerei an das Ende seines Traktats, also auf die letzte Seite seiner *Diálogos*, und zwar ganz so, als solle sein schriftlicher Diskurs zur Malerei nun von der Schreibtafel abgeschabt werden, damit die leere Tafel mit den Mitteln der Malerei erneut gefüllt werden kann – und seine theoretischen Äußerungen im Folgenden durch die praktischen Umsetzungen auf eine weitere Stufe gehoben werden. Das Emblem beschließt also einerseits ein theoretisches Argument und initiiert andererseits einen praktischen Anfang, nämlich die vom Künstler zukünftig auszuführende Tätigkeit des Malens. Die leere Tafel, die *tabula rasa*, inszeniert so einen Moment des doppeldeutigen Stillstandes, der das Ende des abgeschlossenen theoretischen Arguments (als *nicht mehr*) und den Anfang des zu vollführenden praktischen Akts (als *noch nicht*) gleichermaßen in sich vereint. Diese Doppeldeutigkeit von *nicht mehr* und *noch nicht* beschreibt den Bedeutungshorizont von Carduchos Emblem: Ebenso wie es das zentrale Merkmal der *tabula rasa* ist, gezogene Striche und Linien zu tilgen und wieder zu erneuern, ebenso steht das Weiß – ganz im Sinne von Melvilles eingangs erwähnter ambivalenter Kodierung bei *Moby-Dick* – für die Gewissheit der Leere einerseits und die Ungewissheit der potentiellen Möglichkeiten andererseits.

39 S. v. Tabula rasa. In: *Brockhaus. Enzyklopädie in 30 Bänden*, Bd. 26. Leipzig: Brockhaus 2006, S. 799.

Abb. 5: Robert Rauschenberg: *Erased de Kooning Drawing*, 1953.
Spuren von Tinte und Kreide auf Papier in Passepartout und Blattgoldrahmen, 64,1 x 55,2 cm. Museum of Modern Art, San Francisco.

Rauschenbergs Ausradierung

Im heutigen sprachlichen Gebrauch steht der Begriff ‚tabula rasa machen' für das rücksichtslose Schaffen einer Ordnung,[40] wobei das darin ebenfalls anklingende, umgangssprachliche ‚reinen Tisch machen' mit dem Schaffen klarer Verhältnisse assoziiert ist. Die Idee der *tabula rasa* als Tafel, die es, sozusagen rücksichtslos, abzuschaben und leer zu fegen gilt, wird vor allem in einer fast schon ikonisch gewordenen künstlerischen Arbeit des 20. Jahrhunderts beim Wort genommen wie sonst nirgendwo – und damit vollziehen wir einen großen Sprung zurück in das 20. Jahrhundert: 1953, also fast zeitgleich zur Entstehung von Picassos eingangs erwähntem Atelierbild,

40 Vgl. ebd.

als junger 28-jähriger, noch kaum bekannter Künstler erstand Robert Rauschenberg von dem gut 20 Jahre älteren, etablierten Künstlerkollegen Willem de Kooning eine Zeichnung. Mit der Einverständniserklärung von de Kooning radierte Rauschenberg nach und nach jeden einzelnen der in Tinte, Kreide und Bleistift ausgeführten Striche der Zeichnung De Koonings aus. Rauschenberg betitelte das leere Blatt, das nur hauchdünne Radierspuren der vormaligen Zeichnung aufwies, mit *Erased de Kooning Drawing*, erklärte es zu seinem eigenen Werk und versah es zusätzlich mit Passepartout und Rahmen. (Abb. 5) De Kooning dominierte zu dieser Zeit die US-amerikanische Kunstszene, seine Werke erzielten auf dem Kunstmarkt hohe Preise, und er galt neben Jackson Pollock als wichtigster Vertreter des amerikanischen abstrakten Expressionismus.[41] Allein aufgrund der Kontextualisierung und Rahmung sowie der Positionierung gegenüber dem etablierten Künstlerkollegen funktioniert Rauschenbergs Arbeit.[42] Im Zuge der zeitgenössischen wie der späteren Rezeption wurde es mit den unterschiedlichsten Bewertungen etikettiert: als bewundernde Hommage, ödipale Geste, neo-dadaistisches Statement oder kunstmarktkritische Aktion. Ohne eine Einordnung diesbezüglich vornehmen zu wollen – oder überhaupt als sinnvoll zu erachten –, kann festgehalten werden, dass *Erased de Kooning Drawing* den Versuch darstellt, ein Kunstwerk nicht durch die Akkumulation von gezeichneten Strichen und Linien hervorzubringen, sondern durch das Entfernen eben dieser. Rauschenberg demonstrierte, wie ein von fremder Künstlerhand bemaltes Blatt Papier durch den Akt der Tilgung und Auslöschung in ein Kunstwerk mit eigenem Status überführt werden konnte. Nicht über den Prozess des Herstellens, sondern über den des Auslöschens transportiert *Erased de Kooning Drawing* einen Sinngehalt: Rauschenberg radiert Spuren aus, dekonstruiert einen Künstlermythos und kehrt an das Anfangsstadium von De Koonings Werk zurück – zum leeren Blatt ohne gezeichnete Striche und Linien –,

41 Vgl. Leo Steinberg: *Encounters with Rauschenberg*. Chicago: University of Chicago Press 2000, S. 16.

42 „In deleting the older artist's marks, Rauschenberg created a new icon, but one that was completely dependent on what was formally there" (Amelia Groom: There's Nothing to See Here: Erasing the Monochrome. In: *e-flux* 2012. http://www.e-flux.com/journal/there's-nothing-to-see-here-erasing-the-monochrome/, Zugriff am 08.02.2016).

während er in gleichem Maße neue Spuren legt, einen konzeptuellen Neuanfang setzt und eine Ikone der Moderne erschafft.[43]
Aus heutiger Perspektive ließe sich diese Konstellation gewissermaßen als Neuauflage des bereits seit der Antike existierenden Künstlerwettstreits[44] lesen – wobei jedoch der seinerzeit weitaus bekanntere De Kooning nur bedingt in diesen ‚Wettstreit' involviert war und der junge Rauschenberg sich vielmehr an dem Status De Koonings abarbeitete. Bemerkenswerterweise versuchte Rauschenberg das Original des bekannten De Kooning unsichtbar zu machen und nicht nur die gezogenen Striche, sondern vor allem auch den an das Werk gebundenen Originalitätsstatus auszulöschen, um letztlich die Idee des künstlerischen Genies zu suspendieren – das, wie bereits deutlich wurde, sich seit mehreren Jahrhunderten bis dato hartnäckig gehalten hatte und sich im weißen, männlichen Künstler verkörperte. Rauschenbergs offenkundige Intention war es, diese Konstellation aufzubrechen. Im weiteren Verlauf sollte die Hartnäckigkeit des kunsttheoretischen Diskurses jedoch zeigen, dass letztlich Rauschenberg sich mit seiner Aktion in die Geschichte der Kunst einschrieb und seine Position als berühmter, genialer Künstler – der nicht zuletzt weiß und männlich ist – auf diese Weise sicherte.
Im Kontext der hiesigen Argumentation ist wichtig, dass es bei *Erased de Kooning Drawing* nicht mehr um die leere Fläche *als* Motiv geht, die in das Repräsentationsgefüge des Bildes integriert wird; es ist das leere Blatt, das in seiner Objekthaftigkeit vor Augen tritt. Dieses leere Blatt, inklusive der Auslöschung seiner Zeichen, gerät als künstlerisches Material in den Fokus, und zwar als tatsächlicher,

43 Eingeschoben sei an dieser Stelle ein Hinweis, der vor Augen führt, welche Blüten die Frage nach dem Ursprung treiben kann: Das San Francisco Museum of Modern Art, in dem sich *Erased de Kooning Drawing* befindet, initiierte im Rahmen des sogenannten *Rauschenberg Research Project* die Herstellung eines digital bearbeiteten Infrarot-Scans, das dem Ursprung der ausradierten Striche De Koonings auf den Grund gehen wollte – die Neugier über die ‚verlorene' Zeichnung war offenbar zu groß. Ein Versuch also, den Anfängen des Originals hinter dem Original doch irgendwie habhaft zu werden.

44 In seiner *Naturalis historia* aus dem Jahr 77 n. Chr. beschreibt der römische Gelehrte Plinius den Wettstreit der Maler Zeuxis und Parrhasios, die sich gegenseitig vermittels der mimetischen Qualitäten ihrer Malerei zu überbieten versuchen. Vgl. C[ajus] Plinius Secundus: *Naturkunde*, Lat./Dt., Buch XXXV: Farben, Malerei, Plastik, hrsg. u. übers. v. Roderich König in Zus. mit Gerd Winkler. München: Heimeran 1978, S. 55–57.

gegenständlicher Bildträger und Zeichenuntergrund, den wir als solchen an der Museumswand vor uns haben. Diese Objekthaftigkeit der leeren, weißen Fläche an der Wand beschreibt auch Georges Didi-Huberman in einem publizierten Brief an Gerhard Richter.[45] Didi-Huberman reflektiert seinen Besuch im Atelier von Richter und das, was er dort vorgefunden hatte: An den Atelierwänden hingen vier große, leere, weiße Leinwände, die der Absender in seinem Brief als „[h]offnungslos weiß. Wartend. Aber auf was?"[46] beschreibt, um sich nachfolgend zwischen kunstphilosophischen Diskursen, persönlichen Gedanken, autobiographischen Erinnerungen und photographischen Bildbesprechungen zu bewegen und sich mit dem Weiß des Wartezustands dieser vier „Noch-nicht-Gemälde"[47] zu befassen. In einer Passage des Briefes geht es um Gerhard Richters Umgang mit der leeren Leinwand und um die Rolle der aufgetragenen Farbe.[48] Demzufolge beruht ein wichtiger Bestandteil seines Arbeitsprozesses nicht auf dem Hinzufügen von Farbe, sondern auf dem Akt des Entfernens. Richter selbst finde es demnach immer wieder wichtig, „das, was gemacht worden ist, wieder auszulöschen, wieder wegzunehmen, wegzukratzen"[49]. Aus dieser Perspektive sind solche zunächst disparat erscheinenden Arbeiten wie Vincente Carduchos leeres Blatt, Robert Rauschenbergs *Erased De Kooning Drawing* und Gerhard Richters leere bzw. abgekratzte Leinwand als immer wieder neu zu bearbeitende *tabula rasa*, als leere Tafel zu begreifen, deren Besonderheit in dem chiastischen Prinzip von Entfernen und Hinzufügen, von Zerstören und Erschaffen, von Anfangen und Beenden begründet liegt.

45 Vgl. Georges Didi-Huberman: Aus dem Planen heraus (Brief an Gerhard Richter). In: Hans Ulrich Obrist (Hrsg.): *Gerhard Richter. Bilder/Serien*. Ausstellungskatalog Fondation Beyeler. Riehen/Basel. Ostfildern: Hatje Cantz 2014, S. 154–173.

46 Ebd., S. 155.

47 Ebd., S. 157.

48 Didi-Huberman zitiert hierzu eine Stelle aus Richters Aufzeichnungen, in der sich dieser über die leere Leinwand äußert. Es heißt dort: „Die leere Leinwand zeigt nichts, erschreckend und herausfordernd, weil das Etwas, das an die Stelle des Nichts treten soll, sich nicht aus dem Nichts entwickeln läßt, obwohl letzteres eine so fundamentale Existenz hat, dass man glauben will, genau davon ausgehen zu müssen." (Gerhard Richter: Notizen, 13. November und 27. Dezember 1985. In: *Text 1961–2007*, S. 143, zit. n. Didi-Huberman: Aus dem Planen heraus, S. 162.)

49 Zit. n. ebd., S. 168.

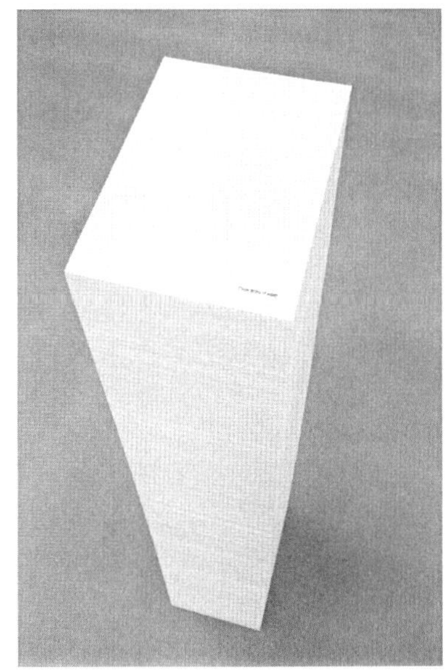

Abb. 6
Ceal Floyer:
Page 8680 of 8680, 2010.
Tinte auf Papier,
8680 Blätter DIN A4-Papier.

Floyers Blätterstapel

In den erwähnten Beispielen ist es ganz maßgeblich immer auch das *hinter*, *über* oder *vor* dem Werk stehende Konzept, das entscheidend ist. Bei Rauschenbergs *Erased De Kooning Drawing* wird die Idee über die Ausführung gestellt, entsprechend der in den nachfolgenden Jahren aufkommenden Conceptual Art[50]. Zwar gibt es in Rauschenbergs Arbeit das Moment der praktischen Ausführung (das Wegradieren

50 Erstmals taucht der Begriff bei Sol LeWitt auf: Paragraphs on Conceptual Art. In: *Artforum* 5,10 (1967), S. 79–83. Es ist nicht leicht, den Begriff der Konzeptkunst heute auf *eine* Definition zu bringen. Zugespitzt formulieren dies Goldie und Schellekens folgendermaßen: „It is even sometimes claimed that there are as many definitions of conceptual art as there are conceptual artists." (Peter Goldie / Elisabeth Schellekens: *Who's Afraid of Conceptual Art?* London: Routledge 2010, S. 9.) Peter Osborne wiederum beschreibt die Conceptual Art rückblickend als Produkt einer Revolte gegen Prinzipien, die die westlichen Kunstinstitutionen der 1960er Jahre prägten und die sich u. a. in Clement Greenbergs Text „Modernist Painting" kondensierten. Neben der Idee von Meisterschaft und Autonomie wendete sich die Konzeptkunst der 1960er und 70er Jahre dementsprechend gegen die Materialität und Visualität des Kunstwerks – zentrale Bezugsgrößen der Kunst, zumindest im damaligen Greenberg'schen Verständnis. Vgl. Peter Osborne: *Conceptual Art*. New York: Phaidon 2002, S. 18. Siehe auch Clement Greenberg: Modernistische Malerei (1960). In: Ders.: *Die Essenz der Moderne. Ausgewählte Essays und Kritiken*, hrsg. v. Karlheinz Lüdeking. Amsterdam / Dresden: Verlag der Kunst 1997, S. 265–278.

gewissermaßen als handwerklicher Vollzug), doch konstituiert die der Arbeit inhärente Idee erst die Faktizität des Kunstwerks. Dem Konzept, oder der *idea*, wie es im frühneuzeitlichen Diskurs geheißen hätte, kommt also eine entscheidende Rolle zu.

Auf der ersten Seite des erwähnten Briefes von Georges Didi-Huberman an Gerhard Richter stellt der Absender bereits nach ein paar Sätzen die Frage: „Womit also beginnen?“, um kurz danach zu konstatieren: „Hier sitze ich also nun vor einem schlichten Stapel hoffnungslos weißer DIN-A4-Bögen“[51] – und so seine Reflektion über die leeren Leinwände von Richter einzuschlagen. Diesem Stapel weißer, leerer DIN-A4-Blätter sollen die letzten Zeilen meiner Überlegungen gewidmet sein, taucht das leere DIN-A4-Blatt doch prominent und in großer Zahl in einer Installation aus dem Jahr 2010 der britischen Künstlerin Ceal Floyer auf: Ein turmhoher Stapel, bestehend allein aus mehreren tausend aufeinander getürmten weißen, Din-A4-formatigen Blättern Papier formt ein pfeilerartiges Gebilde, das frei im Raum steht. (Abb. 6) Das oberste Blatt ist, wie auch alle darunter befindlichen Blätter, bis auf eine in schwarzen Lettern gedruckte Information leer: Am unteren Rand des obersten Blattes lesen wir die Zeile *Page 8680 of 8680*, die auch titelgebend ist.[52] Es handelt sich also nicht um *ein* leeres Blatt, sondern um mehr als 8.000 Blätter. Diese Blätter formen eine weiße, geometrische Skulptur, die ganz ohne handwerklichen Akt auskommt. Als Ausdruck eines herkömmlichen Word-Dokuments ist und bleibt dieser Stapel immer auch ein Alltagsding, das als solches in den Ausstellungsraum überführt wurde. Man könnte die Arbeit von Floyer als Monument des Anfangs lesen, als eine Monument gewordene Hommage in zweierlei Hinsicht: Eine Hommage zum einen an die Anfänge und die Devise der Conceptual Art als Kunstform, die die Ausführung der Idee unterordnete. Denn sowohl in dieser als auch in anderen

51 Didi-Huberman: Aus dem Planen heraus, S. 155. Die in dieser Frage sich andeutende Unklarheit, die sich gegenüber dem leeren Blatt einstellt und den Beginn des Schreibprozesses selbstreflexiv thematisiert, wurde von verschiedenen Schriftstellern immer wieder verhandelt, etwa von Stéphane Mallarmé oder Paul Valéry, um nur zwei prominente Beispiele zu nennen.

52 Es sei erwähnt, dass die durchlaufende Beschriftung der Seiten „Page 1 of 8680, Page 2 of 8680, …“ an die Paginierung von offiziellen Dokumenten erinnert, wie es sich etwa bei Anschreiben des Finanzamtes o. Ä. findet. Vielen Dank an Maria Remesat für diesen Hinweis.

Arbeiten von Ceal Floyer geht es stets um die abgezirkelten Grenzen von Kunst und Nicht-Kunst, die Reduktion von Bedeutung und das dem Werk zugrunde liegende Konzept, ist doch die eigentliche, ‚handwerkliche' Ausführung bei ihr zweitrangig bis bedeutungslos.[53] Zum anderen wäre der turmhohe Stapel eine Hommage an alles bisher nicht oder *noch* nicht auf weiße Blätter Geschriebenes, Gezeichnetes oder Gemaltes – ganz im Sinne von Didi-Hubermans Frage „Womit also beginnen?", die ihn im Angesicht des vor ihm liegenden leeren Blattes überkommt –, womit der Stapel dieser 8680 Din-A4-Blätter eine Aufforderung wäre, die ein Weiter und immer Weiter impliziert. Ceal Floyer ist dem porträtierten Raffael ‚ohne Hände' also gar nicht so unähnlich, wenn sie gewissermaßen ihre Idee im Geiste entwickelt und ein *concetto* vor Augen hat, das ohne ihre schöpferisch tätigen Hände ausgeführt werden kann.[54] In dieser Lesart ist ihre Arbeit eine konsequente, aktualisierte Neuauflage älterer kunsttheoretischer Konzepte. Nur mit dem Unterschied, dass Raffael – ganz Inbegriff des *ingenium* – letztlich selbst noch zum Pinsel griff, um diverse leere Tafeln mit Farben und Formen zu füllen.

Auch wenn die erwähnten Arbeiten äußerst unterschiedlichen Zeiten und Orten entstammen, wurde deutlich, dass die leere, weiße Mal- oder Zeichenfläche über die Jahrhunderte hinweg zum Gegenstand kunstpraktischer wie kunsttheoretischer Auseinandersetzung wurde. Gerade die Wiederholung dieser motivischen Figur der weißen, leeren Fläche sowie die Variation in der Wiederholung verunmöglicht es, gänzlich *tabula rasa* zu schaffen und an irgendeiner Stelle neu anzusetzen – ob produktionsästhetisch oder rezeptionsästhetisch. Vielmehr markiert die weiße Leinwand aus dieser Perspektive einen künstlerischen Topos, der sich in der stetigen Re-Inszenierung manifestiert und auf diese Weise den Anfangsmoment der jeweiligen Werkgenese immer wieder neu reflektiert und aktiviert. Bemerkenswert ist, dass die weiße Leinwand bzw. das leere Blatt dabei zwischen unmarkierter Leerstelle und neutraler Fläche sowie hochgradig aufgeladenem Bildträger und vieldimensionalem Mal- und Zeichengrund oszilliert. Es ist die Ambivalenz dieser weißen Leere, die den Anfangsmoment

53 Vgl. Leena Crasemann: Ceal Floyer. In: *Künstler. Kritisches Lexikon der Gegenwartskunst* 105,2 (2014), S. 1–10.

54 Diesen Hinweis verdanke ich Karin Harrasser.

der Produktion und das künstlerische Material – bestehend neben Pinseln oder Stiften aus Leinwand, Tafel oder Papierblatt – zu einem Ort der selbstreflexiven Auseinandersetzung in der Kunst gerinnen lässt, dessen Faszination über die Jahrhunderte nicht abzureißen scheint.

Aufgrund des ambivalenten Status dieser weißen Leere wurde eine Lesart vorgeschlagen, der zufolge die semantische Aufladung des Weiß nicht gänzlich von einem umfassenderen Bedeutungshorizont gelöst werden kann, nämlich dem des Dispositivs weißer Identität. Denn insofern sich *whiteness* in seinen Erscheinungsformen als sehr flexibel erweist, wird sie zu einem „umkämpften Ort“[55], der immer wieder neu mit Inhalt gefüllt und ständig neu inszeniert werden muss, auch mit visuellen Mitteln. Und dieser paradoxe Status des Dispositivs weißer Macht, das sich in fortwährender kultureller Einübung festigt und dabei auf der einen Seite nicht wirklich sichtbar, unmarkiert und neutral, auf der anderen Seite aber machtvoll und universalistisch wirksam ist, macht es unabdingbar, auch die Verwendungsweisen von Medien – etwa von weißen Leinwänden und leeren Blättern – davon nicht unabhängig zu denken, um so die Mehrdimensionalität dieses Weiß zu demontieren.

55 Helga Amesberger / Brigitte Halbmayr: *Das Privileg der Unsichtbarkeit. Rassismus unter dem Blickwinkel von Weißsein und Dominanzkultur*. Wien: Braumüller 2008, S. 132.

Wie man Revolutionen anfängt

Lenin und das Agitproptheater

Matthias Warstat

Mit den kommunistischen Agitproptruppen entwickelte sich in den zwanziger Jahren eine Theaterform, die für sich in Anspruch nahm, direkte Impulse für eine Revolution liefern zu können. Schwankend zwischen tagespolitischer Kleinarbeit und weltgeschichtlichem Entwurf, versuchten die Macher dieses Theaters, ihr Publikum auf konkrete Weise in Bewegung zu versetzen. In aktuellen Diskussionen über Chancen und Grenzen politischen Theaters wird die Tradition der Agitproptruppen wenig berücksichtigt. Obwohl politisches Theater heute unter den Vorzeichen des Partizipationspostulats häufig darauf abzielt, das Publikum in unmittelbare Interaktionen zu verstricken, dient das Ideal der direkten Aktion, wie es von den Agitproptruppen realisiert wurde, kaum je als Bezugspunkt. Dies hat möglicherweise mit dem besonderen ‚Anfangscharakter' der betreffenden Truppen zu tun: Vorstellungen von Anstoß und Anfang, Initiation und Impuls bestimmten die künstlerische Arbeit weit mehr als Denkfiguren einer Öffnung, Unterbrechung oder auch Potenzialität, wie sie die heutige Diskussion über das Politische im Theater dominieren. Vordenker des kommunistischen Agitproptheaters war nicht Karl Marx sondern Wladimir Iljitsch Lenin, dessen Konzept einer revolutionären Avantgarde von den Truppenmitgliedern – mehr oder weniger erfolgreich, mehr oder weniger diszipliniert – verinnerlicht und umgesetzt wurde.

Zu Beginn soll an ein Agitproptheater-Projekt aus den frühen dreißiger Jahren erinnert werden, in dem ein bürgerlicher Schauspieler für sich selbst einen neuen Anfang wagte und zu einer ganz und gar politischen Theaterpraxis gelangte. In einem zweiten Schritt wird das Theater der Agitproptruppen als eine Form der politischen Subjektivierung beschrieben, die mit Lenins Modell der Partei als einer revolutionären Avantgarde korrespondiert. Schließlich möchte ich ausloten, was aus heutiger Sicht, d. h. für gegenwärtige Formen politischer Theatralität, aus der Praxis der Agitproptruppen zu lernen ist: Können mit theatralen Mitteln politische Anfänge initiiert werden? Geschieht das längst?

1. Neuanfang eines Schauspielers

Im September 1928 zog der Schauspieler Wolfgang Langhoff mit seiner Frau Renate nach Düsseldorf, und anderthalb Jahre später begann für ihn dort ein neues Leben, das ihn mitten in die heftigsten politischen Kämpfe seiner Zeit führte. Langhoff war als Sohn eines leitenden Angestellten und einer Steuerinspektorentochter in Freiburg aufgewachsen. Als Fünfzehnjähriger brach er die Schule ab und fuhr als Matrose zur See. Nach dem Ende des Ersten Weltkriegs, für den er noch zu jung gewesen war, meldete er sich als Freiwilliger zum reaktionären Kampfverband des Freiherrn von Medem, mit dem er 1919 an militärischen Aktionen zur Rückeroberung des Baltikums teilnahm. Der Feldzug verlief im Sande. Gerade einmal achtzehn Jahre alt, landete Langhoff krank und planlos in Königsberg, wo er nach seiner Entlassung aus dem Lazarett am Stadttheater als Statist anfing. Bald nahm er Unterricht bei dem erfahrenen Ensemblemitglied Hans Peppler und wurde zu einem lokal viel beachteten, als begabt geltenden Jungschauspieler. Von Königsberg führte ihn sein Weg – vorwiegend im Rollenfach des jugendlichen Helden und Liebhabers – über das Hamburger Thalia Theater (1923/24) zum Preußischen Staatstheater Wiesbaden (1924–28) und schließlich an das Düsseldorfer Schauspielhaus des renommierten Prinzipalenpaars Louise Dumont und Gustav Lindemann.[1]

1 Siehe zu diesen und weiteren Aspekten von Wolfgang Langhoffs Lebensweg die Biografie von Esther Slevogt: *Den Kommunismus mit der Seele suchen. Wolfgang Langhoff – ein deutsches Künstlerleben im 20. Jahrhundert.* Köln: Kiepenheuer & Witsch 2011, S. 19–51.

In Düsseldorf stand mit dem 1924 erbauten Wilhelm-Marx-Haus eines der höchsten Häuser des Kontinents, und hier befand sich auch die Zentrale von Europas größtem Konzern, der Vereinigten Stahlwerke AG. Langhoff, der schon in Wiesbaden begonnen hatte, kommunistische Schriften zu lesen, begegnete erstmals allen wesentlichen Typen aus dem Figurenarsenal des Hochkapitalismus: Während auf der Königsallee das Großbürgertum flanierte und im vornehmen Parkhotel Stahlbarone und Waffenfabrikanten ihre Geschäfte einfädelten, lernte Langhoff im Stadtteil Unterbilk, wo er zunächst wohnte, die Lebensumstände von Arbeiterfamilien und Erwerbslosen kennen. Kommunisten und linke Sozialdemokraten hatten am Niederrhein und im Industriegebiet des angrenzenden Bergischen Lands traditionell wichtige Hochburgen. Das Leiden und die Leidenschaften der organisierten Arbeiter erlebte Langhoff schon bald nach seiner Ankunft hautnah im so genannten Ruhreisenstreit, einem Arbeitskampf mit Streiks, Aussperrungen und gewaltsamen Zusammenstößen, der sich Ende 1928 dramatisch zuspitzte.

Im Vorstand des Schauspielhauses, an dem Langhoff zum führenden Schauspieler avancierte, gaben Kaufleute und Industrielle wie der Stahlmagnat Ernst Poensgen den Ton an.[2] Gleichwohl bemühte sich das Direktoren-Ehepaar Lindemann-Dumont, politische Akzente zu setzen, soweit das einem bürgerlichen Repertoiretheater in einem kaufmännisch geprägten Umfeld möglich war. Der klassisch-literarische Spielplan wurde um jene gesellschaftskritischen ‚Zeitstücke' ergänzt, mit denen liberale und sozialdemokratische Autoren in den Spätjahren der Weimarer Republik (ohne tiefergehende Analyse) auf konkrete Missstände in Politik, Moral, Rechtsprechung und Bildungswesen aufmerksam machten. Im Rahmen einer dieser Produktionen politisierte das Theater den Schauspieler Langhoff, noch bevor dieser sein politisches Sendungsbewusstsein selbst so richtig entdeckt hatte. Seit März 1929 spielte er den halbwüchsigen Fürsorgezögling Fritz in Peter Martin Lampels Stück *Revolte im Erziehungsheim* – die Figur eines kämpferischen jungen Mannes, mit der der bis dato politisch wenig hervorgetretene Schauspieler bis in die Arbeitermilieus der Stadt bald so sehr identifiziert wurde, dass man ihn auf der Straße häufig als „Fritz Langhoff" ansprach.[3] Diese quasi

2 Vgl. ebd., S. 83–84.
3 Vgl. ebd., S. 94–95.

vorweggenommene Politisierung qua Theaterrolle vollzog Langhoff im Frühjahr 1930 persönlich nach: Der bürgerliche Schauspieler veränderte seine Theaterpraxis von Grund auf.
Im März 1930 besuchte er eine Versammlung der Interessensgemeinschaft für Arbeiterkultur (IFA), einer Dachorganisation kommunistischer Kulturinitiativen. Auf dieser Zusammenkunft im schmucken Düsseldorfer Apollo-Theater wurde für die IFA eine eigene Sektion Niederrhein gegründet. Dass Langhoff bei diesem Gründungsakt dabei war und sich fortan intensiv in der kommunistischen Kulturszene am Niederrhein engagierte, ist nach Ansicht seiner Biografin Esther Slevogt vor allem dem Einfluss zweier Freunde zu verdanken. Der Lokaljournalist Peter Waterkortte, Redakteur bei der linken Düsseldorfer Tageszeitung *Die Freiheit* und wie Langhoff 28 Jahre alt, vermittelte ihm schon 1929 erste Kontakte zur KPD.[4] Der drei Jahre ältere, politisch aber bereits sehr erfahrene Hans Fladung leitete die Agitpropabteilung der KP Niederrhein; auch er gehörte zum Freundeskreis der Langhoffs.[5] Bald ging Langhoff in der Düsseldorfer KPD-Zentrale ein und aus, traf sich mit kommunistischen Künstlern und führte mehr und mehr ein anstrengendes Doppelleben zwischen anspruchsvoller Schauspielkunst und parteipolitischer Agitation. Während das bürgerliche Publikum auf der großen Bühne noch seinen jugendlichen Liebhaber feierte, hatte dieser sich unter der Hand in einen entschiedenen Kämpfer verwandelt, der davon überzeugt war, dass ein zeitgemäßes Theater als Waffe im Klassenkampf fungieren müsse.
Die neue Entschiedenheit veränderte Arbeits- und Lebensweise gleichermaßen. Langhoffs zweite Düsseldorfer Wohnung in der Benrather Straße nahe beim Schauspielhaus wurde zum Zentrum eines kommunitären, politisch grundierten Zusammenlebens. In häuslicher Gemeinschaft mit Renate und Wolfgang Langhoff lebte dessen stets geldknapper Vater, wenn er nicht gerade auf Mallorca bei einer Freundin weilte, außerdem der Funktionär Hans Fladung und bald auch die 25-jährige Ellen Lueg, eine abtrünnige Industriellentochter, die sich ganz der KPD-Parteiarbeit verschrieben hatte. Langhoffs Biographin Esther Slevogt beschreibt die Wohnsituation wie folgt:

4 Vgl. Slevogt: *Den Kommunismus mit der Seele suchen*, S. 93–94.
5 Vgl. ebd., S. 98.

> Morgens wird gemeinsam gefrühstückt, dann treffen sich alle erst wieder am späten Abend, wenn Langhoff aus dem Theater, Fladung und Ellen Lueg aus Sitzungen und Versammlungen der Partei kommen. Renate Langhoff hat unterdessen gekocht und den Haushalt versorgt. Dann sitzt man zusammen und debattiert, und zwar bei von Renate Langhoff bereitetem Gebäck und Tee, was den Versammlungen bald den Namen ‚Teestube Langhoff' einbringt. Denn oft kommen Bekannte und Freunde dazu, was die Benrather Straße 3 im Laufe weniger Wochen zu einem Zentrum linker Intellektueller, Künstler und auch Arbeiter und KPD-Funktionäre macht. Auch die Feste, die hier gefeiert werden, sind stadtbekannt und werden später der Gestapo Material bieten bei ihrem Versuch, Langhoff als halbseiden und moralisch zweifelhaft zu diskreditieren.[6]

Gänzlich neu war aber vor allem das Theater, das fortan Langhoffs künstlerische Arbeit bestimmte. Im Frühjahr 1930 gründete er mit 24 jungen Arbeiterinnen und Arbeitern die Agitproptheatergruppe Nordwest ran und übernahm deren künstlerische Leitung. Mit dem Namen wurde auf den Tarifbezirk Nordwest und den dortigen, erzkonservativen Arbeitergeberverband der Eisen- und Stahlindustriellen Bezug genommen, der unter der Kurzform Arbeit Nordwest firmierte. Düsseldorf war nicht nur Standort großer metallverarbeitender Fabriken, sondern galt als ‚Schreibtisch des Ruhrgebiets': Von hier aus wurde die riesige rheinisch-westfälische Montanindustrie mit ihren in die Hunderttausende gehenden Arbeitermassen gesteuert. Eine kommunistische Agitproptruppe an einem solchen Ort musste es sich zur Aufgabe machen, die Arbeiter in den Großstädten an Rhein und Ruhr wie auch in den Industriedörfern des Bergischen Landes und des Niederrheins für jene Organisationen zu gewinnen, die einen revolutionären Umsturz verhießen. Am Sonntag, dem 15. Juni 1930, hatte die Truppe auf dem Gelände der Düsseldorfer Galopprennbahn im Grafenberger Wald ihren ersten Auftritt im Rahmen eines Gartenfestes der Interessensgemeinschaft für Arbeiterkultur. Hier gab sich Langhoff erstmals in größerer Öffentlichkeit als Kommunist zu erkennen. Längst hatte er beschlossen, seinen Vertrag mit dem Düsseldorfer Schauspielhaus nicht zu verlängern, um dort nur noch von Zeit zu Zeit auf der Basis von Gastverträgen tätig zu werden. Kaum einer seiner Laienspieler war älter als 25 Jahre. Die Truppe probte in demselben Parteihaus in der Kölner Straße 44, in dem auch die KPD-Bezirksleitung, die revolutionäre Gewerkschaftsopposition und die Agitprop-Abteilung residierten. Mit dabei waren unter

6 Ebd., S. 118.

anderen Werner Eggerath, im Hauptberuf Kraftfahrer; die 21-jährige Arbeitslose Maria Wachter; der 20-jährige Hilarius Gilges, Sohn einer Düsseldorfer Textilarbeiterin und eines afrikanischen Heizers auf einem Rheinschleppkahn; Peter Klingen, der organisatorische Leiter; und Fritz Schöner, gelernter Schauspieler, der sich auf die karikierende Imitation von Nazis spezialisiert hatte.[7]
Langhoff, charismatischer Hauptdarsteller vieler respektabler Klassikerinszenierungen des Düsseldorfer Schauspielhauses, machte eine abenteuerliche zweite Karriere: Er war der rote Feuerwehrmann. Nicht nur als rhetorisch begabter Redner und versierter Anleiter seiner Truppe, sondern auch in einer besonders populären Rolle trat er seit 1930 regelmäßig auf Arbeiterversammlungen und Parteiveranstaltungen auf: Langhoff brillierte mit der Ballade *Der Rote Feuerwehrmann* des kommunistischen Schriftstellers Erich Weinert, die er in Feuerwehruniform und mit Spritze in der Hand zum Besten zu geben pflegte. Mit den Sätzen „Hallo, hier geht es drauf und dran! / Wo brennt's im Land? Wo wackelt die Wand? Ich bin der rote Feuerwehrmann!"[8] sprang er aufs Podium und heizte seinem Publikum gehörig ein, bis das Poem mit seinen vielen Parolen und Ausrufezeichen schließlich in ein veritables Revolutionsszenario mündete:

> Das Zuchthaus brennt! Es brennt die Kaserne!
> Sprengkapseln ran! Hier krachen Konzerne!
> Die Menschenschinder an die Laterne!
> Wir schlagen die alte Welt in Stücke!
> Und wenn die letzte Zwingburg fällt,
> dann rauf auf die Trümmer, und ran mit der Picke!
> Dann bauen wir uns eine neue Welt![9]

Es war klar, dass sich Langhoff mit solchen Auftritten nach 1930, in der Zeit der Notverordnungen und Straßenschlachten, nach und nach in den politischen Untergrund manövrierte. Er wusste das und riskierte es, denn er hatte sich von einer Idee infizieren lassen: der Idee eines Theaters, das nicht mehr Unterhaltung und Erbauung zahlungskräftiger Schichten, sondern ein relevanter Beitrag zum Klassenkampf sein sollte.

7 Vgl. Slevogt: *Den Kommunismus mit der Seele suchen*, S. 93–104.

8 Erich Weinert: *Der rote Feuerwehrmann* (1925). www.wolkenkratzer.blogsport.de/2011/02/06/der-rote-feuerwehrmann (Zugriff am 28.09.2015).

9 Ebd.

2. Lenin als Theoretiker des Anfangens

In den Agitproptruppen der späten zwanziger und frühen dreißiger Jahre manifestierte sich auf dem Gebiet des Theaters eine ideologische Entwicklung, die Teile der internationalen Arbeiterbewegung schon lange vor dem Ersten Weltkrieg vollzogen hatten. Grob gesagt lässt sich bereits im programmatischen Übergang von Marx zu Lenin eine Verschiebung der Grundfragen revolutionärer Bewegung erkennen, die für die Arbeit der Agitproptruppen maßgeblich werden sollte. Hatte Marx in seinen Schriften letztlich die Frage erörtert: ‚Weshalb und unter welchen Umständen wird es zur Revolution kommen?', so formulierte Lenin das Problem um einiges dringlicher: ‚Wie kann man eine Revolution anfangen?' Weil Lenin zumindest für Russland nicht an einen Automatismus der Revolution auf dialektisch-materialistischer Grundlage glaubte, fragte er in seinen Schriften seit etwa 1900 konsequent danach, wie es einer gut geschulten Spitzentruppe der Partei gelingen könnte, den Umsturz der Verhältnisse auch ohne proletarische Massenbasis anzuzetteln. Unter den kommunistischen Theoretikern ist Lenin deshalb derjenige, der sich am meisten Gedanken über das Problem des Anfangens gemacht hat: Wie lässt sich ein Anfang herbeiführen, wie erreicht man eine Initialzündung, wer kann als Avantgarde vorangehen, und wie kann diese Avantgarde trotz ihres Voranschreitens den Kontakt zu den Massen der Unterdrückten aufrechterhalten?

Antworten auf diese Fragen findet Lenin in seiner Schrift *Was tun?* aus dem Jahr 1902. Im zweiten Kapitel dieses Traktats setzt er sich mit einem Leitartikel aus der Petersburger Zeitschrift *Rabotschaja Mysl* auseinander, in dem für eine spontanistische Politik geworben wurde. Demgegenüber behauptet Lenin, dass „jede Anbetung der Spontaneität der Arbeiterbewegung […] die Stärkung des Einflusses der bürgerlichen Ideologie auf die Arbeiter"[10] bedeute. Ausführlich zitiert er aus Karl Kautskys Kritik des Parteiprogramms der österreichischen Sozialdemokraten. Kautsky hatte bestritten, dass ein sozialistisches Bewusstsein der Arbeiter quasi ‚von selbst' aus der Entwicklung des Kapitalismus und den damit verbundenen Klassenkämpfen erwachse. Vielmehr könne, so Kautsky, das moderne sozialistische Bewusstsein nur aufgrund von wissenschaftlichen Einsichten entstehen,

10 Wladimir Iljitsch Lenin: *Was tun? Brennende Fragen unserer Bewegung*. Hamburg: Nikol 2010, S. 48.

die von einzelnen Mitgliedern der bürgerlichen Intelligenz in das Proletariat hineingetragen werden müssten. Lenin bekräftigt, dass „von einer selbständigen, von den Arbeitermassen im Verlauf ihrer Bewegung selbst ausgearbeiteten Ideologie keine Rede sein“ könne. Deshalb dürfe man nicht auf eine spontane Entwicklung der Arbeiterbewegung hoffen, sondern müsse die revolutionäre Aufgabe in einem bewussten „Kampf gegen die Spontaneität“[11] sehen. Von der Partei, hier den russischen Sozialdemokraten, und ihren Funktionären erfordere die Spontaneität der Massen eine „Masse von Bewußtheit“: „Je stärker der spontane Aufschwung der Massen ist, je breiter die Bewegung wird, desto schneller, unvergleichlich schneller wächst das Bedürfnis nach einer Masse von Bewußtheit sowohl in der theoretischen als auch in der politischen und organisatorischen Arbeit der Sozialdemokraten.“[12] Lenin fordert in diesem Sinne Schulung und Organisation, die von einer Avantgarde aus Intellektuellen und theoretisch gebildeten Arbeitern vorangebracht werden müssten. Im fünften Kapitel von *Was tun?* erläutert er sein Konzept einer kleinen, straff gegliederten Partei von Berufsrevolutionären. Diese sollte als Elite dem Kampf der Arbeiter die Richtung geben: theoretisch versiert, strategisch diszipliniert und auf allen Ebenen perfekt organisiert.[13]

Hier wie auch in späteren Schriften erweist sich Lenin vor allem als ein Theoretiker der *Form* revolutionärer Politik. In den Inhalten und im Ziel dessen, was es zu erreichen gilt, weicht er nur wenig von Marx und den an ihn anschließenden Parteiprogrammen ab, aber was ihn umtreibt, ist die Frage, wie man der politischen Bewegung eine Form geben kann, die diese schlagkräftig und widerstandsfähig macht. Daraus ergibt sich die Bedeutung Lenins für ein Nachdenken über Möglichkeiten des Anfangens. Lenin glaubt nicht an Emergenz im Sinne eines spontanen Entstehens revolutionärer politischer Effekte. Die Parteigänger der Revolution dürfen nicht darauf warten, dass irgendwann auf irgendeinem Weg ein situatives Potenzial entsteht, aus dem heraus man zum eigentlichen Kampf übergehen kann. Vielmehr muss der Anfang aktiv herbeigeführt werden: Es kommt darauf an, eine Form zu finden, eine Organisationsform, die klein ist,

11 Lenin: *Was tun?*, S. 51.

12 Ebd., S. 66.

13 Vgl. ebd., S. 137–175.

vollkommen durchdacht, sehr beweglich, in sich geschlossen, aber jederzeit gezielt erweiterbar; und von dieser Form wird, wenn sie erst einmal hergestellt ist, der Anfang der Revolution ausgehen, denn als Avantgarde wird sie den breiten Massen wie auch den politischen Gegnern an theoretischer Einsicht und strategischer Raffinesse einen entscheidenden Schritt voraus sein.

Lenins geradezu obsessive Beschäftigung mit Fragen des Anfangens manifestiert sich auch im Titel eines Artikels aus dem Mai 1901: *Womit beginnen?* fragt er in der vierten Ausgabe der Zeitschrift *Iskra*. Hier wird deutlich, dass die Forderung nach zentraler Lenkung und Organisation bei ihm nicht mit naivem Planungsfetischismus zu verwechseln ist. Lenin ist sich durchaus bewusst, wie sehr „System und […] Plan der praktischen Tätigkeit" gleichwohl mit den Unwägbarkeiten politischer Situationen zu rechnen haben. Am Schluss des Aufsatzes ist es ihm wichtig, Missverständnissen vorzubeugen:

> Wir haben die ganze Zeit nur von der systematischen, planmäßigen Vorbereitung gesprochen, doch wollten wir damit keineswegs sagen, daß die Selbstherrschaft ausschließlich durch eine regelrechte Belagerung oder einen organisierten Sturmangriff gestürzt werden kann. Eine solche Ansicht wäre unsinniger Doktrinarismus. Im Gegenteil, es ist durchaus möglich und historisch weitaus wahrscheinlicher, daß die Selbstherrschaft unter dem Druck eines der elementaren Ausbrüche oder einer der unvorhergesehenen politischen Komplikationen fallen wird, die ständig von allen Seiten drohen. Aber keine politische Partei darf, ohne in Abenteurertum zu verfallen, ihre Tätigkeit auf solche Ausbrüche und Komplikationen aufbauen. Wir müssen unseren Weg gehen, unsere systematische Arbeit unbeirrt tun, und je weniger wir mit Überraschungen rechnen, um so größer ist die Wahrscheinlichkeit, daß uns keinerlei ‚historische Wendungen' überrumpeln werden.[14]

Anders als Marx beschreibt Lenin keine Wahrheiten im Sinne einer umfassenden Gesellschaftsanalyse, vielmehr geht es ihm um das, was Alain Badiou als „Wahrheitsprozeduren" bezeichnen würde: Ihn interessiert die Frage, wie eine Idee bindende Kraft für einen Menschen zu gewinnen vermag, wie sie also subjektivierend wirken und auf diese Weise an einem bestimmten Ort und für eine bestimmte Zeit Wirksamkeit entfalten kann.[15] Um eine solche politische Subjektivierung

14 Wladimir Iljitsch Lenin: Womit beginnen? (1901). www.marxists.org/deutsch/archiv/lenin/1901/05/womitbeg.htm (Zugriff am 28.09.2015).

15 Vgl. Alain Badiou: Die Idee des Kommunismus. In: Costas Douzinas / Slavoj Žižek (Hrsg.): *Die Idee des Kommunismus*, Bd. 1. Hamburg: Laika 2012, S. 13–29, insbes. S. 19.

handelt es sich bei der Konstitution der von Lenin entworfenen revolutionären Partei. Sie entsteht als ein Kollektivsubjekt, das agiert und das durch diese Aktion, im konsequenten Bemühen um die Realisierung der Idee des Kommunismus, eine temporäre, bewegte, aber dafür umso festere Form gewinnt. Das Subjekt einer Idee kann nach Badiou sowohl als individuelles Subjekt wie auch als Kollektivsubjekt gedacht werden.[16] Subjektive Entschiedenheit und Handlungsmacht können in diesem Sinne vorübergehend aus der Begegnung zwischen einer Idee und einem Menschen oder einer Gruppe von Menschen entstehen, die sich von der Idee verpflichten lassen und diese in die Welt zu bringen versuchen.

Lässt man das problematische Konzept des ‚Wahrheitsereignisses' mit seinen universalistischen Implikationen einmal beiseite, so bietet Badious Modell von politischer Subjektivierung immerhin eine Alternative zu dem begrifflich unbehaglichen und methodologisch immer etwas ungeschützten Reden über ‚Gemeinschaften'. Es wird sich letztlich nie nachweisen lassen, ob eine Theaterform wie das Agitproptheater oder der Sprechchor tatsächlich so etwas wie ein Gemeinschaftsgefühl hervorbringen konnte. Es ist nachträglich auch nicht auf sicherer Grundlage zu entscheiden, ob die Agitproptruppen tatsächlich jene verschworenen Gemeinschaften waren, zu denen sie in den Erinnerungen ehemaliger Mitglieder stilisiert wurden. Gewiss ist aber, dass die Truppen in ihren Aufführungen als politische Subjekte agierten, die ihrem Publikum entschlossen, aktivistisch und mit klarem Bezug auf eine zugrundeliegende Idee begegneten. Der Kern einer solchen Subjektivität besteht in der Fähigkeit, politisch zu handeln. Eben dies macht den Charakter des Agitproptheaters aus: Es ist ein ‚Theater der Tat', das sich selbst als politische Handlung versteht und in diesem Sinne auf konkrete Ergebnisse ausgerichtet ist.

3. Theater der Tat

Im Deutschland der späten zwanziger und frühen dreißiger Jahre gab es mehrere parallele Versuche, ein solches ‚Theater der Tat' umzusetzen. Viele linke Theatermacher, unter ihnen Bertolt Brecht, Erwin Piscator, Friedrich Wolf, Gustav von Wangenheim, Hans Otto, Ernst Busch, Maxim Vallentin und Wolfgang Langhoff, waren auf die eine

16 Vgl. Badiou: Die Idee des Kommunismus, S. 14–15.

oder andere Art auf dem Weg zu Lenin: Sie dachten darüber nach, wie ihre Theaterarbeit zu direkter Aktion, zu echtem politischem Handeln werden könnte: Gäbe es eine reale Möglichkeit, mit dem revolutionären Handeln gerade im Theater zu beginnen? Theaterformen wie die politische Revue, das Massenspiel, der proletarische Sprechchor, das Lehrstück oder eben das Agitproptheater markieren unterschiedliche Manifestationen dieses Nachdenkens. Sie bereiten ihre Mitwirkenden und Zuschauer nicht nur auf die Härten und Komplikationen einer politischen Tat vor, sondern können auch selbst als eine solche Tat gelten.

Ich möchte hier nicht detailliert auf die thematischen und formalen Charakteristika des Agitproptheaters eingehen, weil diese in vorhandenen Studien schon gut herausgearbeitet wurden.[17] Stattdessen soll direkter nach den Problemen eines ‚Theaters der Tat' gefragt werden. Welche Schwierigkeiten treten auf, wenn sich Theater selbst als politische Handlung auffasst? Welche Besonderheiten ergeben sich in der Adressierung des Publikums? Was sind mögliche Ergebnisse solcher Theateraufführungen, die darauf hindeuten, dass das Theater als politischer Akt auch wirklich etwas bewirkt hat?

Seit dem Sommer 1930 tourte die Truppe *Nordwest ran* durch die kleineren und größeren Städte des Tarifbezirks. Gespielt wurde entweder direkt auf den Ladeflächen des Lastwagens, mit dem die Truppe an den Wochenenden über Land bretterte, auf öffentlichen Plätzen, vor Werkstoren und auf Parteiversammlungen, häufig aber auch in Arbeiterkneipen und den größeren und kleineren Vereinssälen der Bewegung. Die Auftritte folgten einer konstanten Grundstruktur: Den Auftakt machte eine Kapelle mit Marschmusik und Arbeiterliedern. Irgendwann trat Werner Eggerath, der Ansager und Kraftfahrer der Truppe, auf das Podium. Nach einem Pfiff aus der Trillerpfeife kündigte er an: „Und jetzt tritt an, Nordwest ran!" Das war das Stichwort für die übrigen Truppenmitglieder, in ihren einheitlich blauen Blusen und roten Halstüchern die Bühne zu betreten und das Auftrittslied zum Besten zu geben. Jede Truppe hatte eine solche, häufig

17 Vgl. bes. das Standardwerk von Ludwig Hoffmann / Daniel Hoffmann-Ostwald (Hrsg.): *Deutsches Arbeitertheater 1918–1933*, 2., erw. Aufl., 2 Bde. Berlin: Henschel 1972. Außerdem, mit interessanten Innenansichten einer Berliner Truppe: Richard Bodek: *Proletarian Performance in Weimar Berlin: Agitprop, Chorus, and Brecht*. Columbia: Camden House 1997.

selbst gedichtete Hymne, die über den bloßen Wiedererkennungseffekt hinaus den Akteuren dabei half, eine kämpferische Haltung einzunehmen und sich an den temporeichen, suggestiven Rhythmus der Agitation zu gewöhnen. Im Falle von *Nordwest ran* bot das Lied auch einigen Lokalkolorit, was dem Publikum zeigte, wie gut sich die Truppe mit den Verhältnissen vor Ort auskannte:

> Die Schlote sind schwarz und die Straßen verstaubt,
> Hier wird dem Proleten die Kraft geraubt.
> Die Tage voll Hunger, die Nächte voll Qual.
> Hier herrschen die Herren von Kohle und Stahl. [...]
> Mann für Mann tönt es eisern und schwer:
> Heraus aus den Hütten und Zechen!
> Beginnt, eure Ketten zu brechen!
> Nordwest ran! Nordwest ran![18]

An das Auftrittslied schloss sich meist eine politische Rede zu aktuellen Fragen an, die im Falle von *Nordwest ran* von Eggerath oder Langhoff, häufig aber auch von einem gerade verfügbaren KPD-Funktionär gehalten wurde. Es folgte die für Agitproptruppen typische Mischung aus einfach gebauten Spielszenen, Gesangseinlagen, Sprechchor-Deklamationen und offensichtlichem Klamauk. Je mehr sich die politische Stimmung in den frühen dreißiger Jahren aufheizte, desto schärfer geriet die Veralberung von Nazis und Bonzen. Knalleffekte waren wichtig, manchmal in ganz buchstäblichem Sinne, wenn die Truppe etwa eine fingierte Bombe auf der Bühne detonieren ließ. Esther Slevogt beschreibt die Szene wie folgt:

> Zum Beispiel jagen zwei dumme Polizisten einen listigen Kommunisten und sind dabei so sehr auf ihre Jagd fixiert, dass ihnen entgeht, wie auf offener Bühne ein junger Nazi zur Gaudi des Publikums eine Bombe installiert und zur Explosion bringt. Die Kommunisten sind stets die Mutigen, die Gewieften und Starken, während Staatsbeamte dumm, Nazis noch dümmer sind. Aus diesem naiven Optimismus wird es bald ein böses Erwachen geben. [...] Die Fragen und Widersprüche der Zeit wurden also in dialektischen Milchmädchenrechnungen auf überschaubare Antagonismen heruntergerechnet: Rechts-Links, Böse-Gut, Ausbeuter-Ausgebeutete.[19]

Ich möchte Slevogts Vorwurf des „naiven Optimismus", der in der Literatur über das Agitproptheater weit verbreitet ist, im Folgenden

18 Slevogt: *Den Kommunismus mit der Seele suchen*, S. 102–103.
19 Ebd., S. 107.

diskutieren, um die Praxis dieses Theaters noch etwas genauer zu beleuchten. Es lassen sich drei Argumente anführen, die geeignet sind, den Vorwurf der Naivität zu relativieren und das Agitproptheater doch als einen Versuch verständlich zu machen, unter schwierigen Bedingungen einen politischen Anfang zu finden.

1. Bevor man dem Agitproptheater simplifizierende Antagonismen ankreidet, sollte man konzedieren, dass die Aktivisten dieses Theaters tatsächlich von einer marxistischen und mithin antagonistischen Sicht der Gesellschaft überzeugt waren. In einer Zeit, in der Nationalisten und Faschisten bereits mit Erfolg die Idee der Volksgemeinschaft propagierten und Konservative verschiedener Couleur ein Zurück zum traditionalen Ständestaat forderten, war es alles andere als selbstverständlich, sich öffentlich zu einem klassentheoretischen, antagonistischen Modell von Gesellschaft zu bekennen. Den aktiven Anhängern und Mitgliedern der Arbeiterparteien war selbstverständlich klar, dass sich hinter der plakativen Gegenüberstellung von bösen Kapitalisten und guten Arbeitern eine weit kompliziertere Analyse der Produktionsverhältnisse verbarg, die man allerdings eher in der Lektüre klassischer Schriften und im Rahmen von Vortragsveranstaltungen als anhand von Theatervorführungen zu erörtern pflegte. Anders als das dokumentarische Theater und das epische Theater, die in etwa zur selben Zeit entwickelt wurden, hat Agitproptheater nie für sich beansprucht, eine umfassende Analyse der Gesellschaft vorzuführen. Es verstand sich nicht als analytisches, differenzierendes, erkenntnisstiftendes Theater, sondern als ein Instrument der Aktivierung, Mobilisierung und Solidarisierung. Wer das Agitproptheater für seine Plakativität kritisiert, verkennt in gewisser Weise das Genre. Genauso abwegig wäre es, dem bürgerlichen politischen Kabarett eine typisierende Karikatur von Politikerfiguren vorzuwerfen.

2. Wenn ich das Agitproptheater als ein Theater beschrieben habe, das echte politische Anfänge initiieren wollte, meine ich damit nicht ein sofortiges Ausrufen der Revolution. Es war den Theatermachern durchaus klar, dass ihr Publikum nicht geneigt war, beim Verlassen des Theaters sofort in die bewaffnete Aktion überzugehen. De facto waren die Ziele viel bescheidener gesteckt, standen aber dennoch in unmittelbarer Verbindung mit der von der Parteiführung ausgegebenen Vision der bevorstehenden Revolution. Die Verbindung zur politischen Avantgarde der Partei, gewährleistet durch die regionalen

Agitpropabteilungen und durch Mittelsmänner wie Hans Fladung oder Peter Waterkortte, war gewissermaßen die Lebensader des Agitproptheaters. Über diese Kanäle wurden Agitpropaufführungen in konkrete Kampagnen der Partei eingebettet. Das bedeutete auch, dass sich die Agitproptruppen Ziele vornahmen, die direkt auf die jeweiligen Kampagnen ausgerichtet waren: So konnte es Ziel sein, nach der Vorführung Geld für die Rote Hilfe zu sammeln, Mitgliedsbeiträge für die Gewerkschaften einzutreiben, Abonnements für parteinahe Zeitschriften zu verkaufen oder zur Beteiligung an geplanten Demonstrationen und Kundgebungen aufzurufen. Im Grunde muss man den Erfolg der Agitproptruppen an diesen präzise definierten Zielen messen.

3. Der Optimismus, den man für die ersten Jahre des Agitproptheaters konstatieren kann, verlor sich nach 1930 mit dem Aufstieg der NSDAP und der rechten Kampfbünde. Immer mehr waren die Truppen von Repressionen und physischer Gewalt bedroht. Irgendwann in diesen entscheidenden Monaten der Weimarer Republik schlug die vormals zuversichtliche Haltung in die düstere Ahnung um, dass man sich in einem verzweifelten Rückzugsgefecht, wenn nicht gar schon auf verlorenem Posten befand, dass es also nur noch darum ging, die Bastionen der eigenen Anhängerschaft zu verteidigen und in ihrem Durchhaltevermögen zu stützen. Die brachialen Typisierungen und kruden Überzeichnungen, die Slevogt kritisiert, waren nicht als realistische Problembeschreibungen gemeint, sondern spiegeln einen Humor der Verzweiflung. Sie sollten das Publikum in schwerer Zeit wohl weniger aufklären als belustigen: Gewünscht war ein befreiendes Lachen über die Schläger der Nazis, die Ignoranz des Bürgertums und die Zumutungen der nur scheinbar republikanischen Polizei. Zugleich begannen Autoren wie Friedrich Wolf, die Wirksamkeit der eigenen Theaterarbeit selbstkritisch zu hinterfragen. Wie wenig optimistisch man zu jener Zeit agierte, zeigt ein Blick in die Diskussionszirkel des Arbeitertheaterbundes.[20] Dort begegnet man Aktivisten und Funktionären, die unzufrieden und von Selbstzweifeln

20 So wurde zum Beispiel auf einer nationalen Agitproptruppen-Konferenz des KPD-nahen Arbeitertheaterbundes (ATBD) im April 1931 ausführlich über eine ‚Programmkrise' der Truppen diskutiert. Redebeiträge und andere Materialien von dieser Konferenz finden sich bei Hoffmann / Hoffmann-Ostwald (Hrsg.): *Deutsches Arbeitertheater 1918–1933*, Bd. 2, S. 279–299.

geplagt waren. Ein Theater, das eigentlich revolutionäre Anfänge initiieren wollte, musste sich verständlicherweise schwer tun in einer Phase, die immer mehr als Endzeit der linken Visionen in Deutschland erkennbar wurde.

4. Anfang und Ende

Jenseits dieser historischen Kontexte stellt sich die Frage, was uns dieses kommunistische Theater der Tat heute zu sagen hat. Klar ist, dass für diejenigen, die politische Agitation und Mobilisierung betreiben wollen, das Theater heute nicht mehr das Medium der Wahl darstellt. Zugleich hat sich in den letzten Jahren eine lebhafte Diskussion über das Politische im Theater oder – allgemeiner – über das Verhältnis von Ästhetik und Politik entwickelt. Und zu dieser Diskussion hat das Agitproptheater meines Erachtens doch heute, über achtzig Jahre nach seinem erzwungenen Ende, noch etwas beizutragen. Der Begriff des Anfangs bzw. des Anfangens spielt dabei eine zentrale Rolle. Denn die Diskurshoheit haben Positionen gewonnen, die das Politische des Theaters oder auch das Politische in den Künsten vor allem in dem Eröffnen einer Potenzialität, eines Möglichkeitsraums erkennen möchten. Der Begriff der Potenzialität hat eine beachtliche Tradition im Kontext des Nachdenkens über postdramatisches Theater. Hans-Thies Lehmann hat das Politische des postdramatischen Theaters in der Unterbrechung verortet, d. h. in einer speziellen Form der Transzendenz, die die medialen Endlosschleifen der Tagespolitik hinter sich lässt und Perspektiven auf etwas ganz Anderes eröffnet.[21] Diese Idee vom Politischen als einer Öffnung, die nicht Identitäten festschreibt, sondern eine zumeist nicht näher bestimmte Transzendenz ermöglicht, dominiert bis heute in den Diskussionen über das Politische in den Künsten, begründet im Rekurs auf Theoretiker wie Jacques Rancière, Jean-Luc Nancy, Giorgio Agamben und bisweilen noch Jacques Derrida und Emmanuel Lévinas.

Strenggenommen ist eine Öffnung aber noch kein Anfang. Das Agitproptheater unterscheidet sich in seinem Anspruch deutlich von den genannten poststrukturalistischen Lesarten des Politischen in den Künsten, von vielen heutigen politischen Theaterprojekten, aber

21 Vgl. Hans-Thies Lehmann: Wie politisch ist postdramatisches Theater? In: Ders.: *Das Politische Schreiben. Essays zu Theatertexten*. Berlin: Theater der Zeit 2002, S. 11–21.

auch bereits vom epischen Theater: Während Brecht den Schauspieler im *Kleinen Organon für das Theater* (1948) anweist, jede Handlung so vorzuführen, dass eine Vielzahl weiterer Handlungsmöglichkeiten erfahrbar wird, belässt es das Agitproptheater nicht bei einer virtuellen Vervielfältigung von Möglichkeiten und Richtungen. Es will den Zuschauer zum entscheidenden Schritt in die richtige Richtung animieren. Darin liegt, man kann es aus heutiger Perspektive nicht anders sagen, eine didaktische Zumutung: Agitproptheater ist tatsächlich ein Theater, das uns sagen will, was wir machen sollen! Hinter der suggestiven Form der Agitproprevuen steht der Wunsch nach einem Theaterpublikum, das bereit ist, sich in eine Bewegung ‚einzureihen' wie in eine straff organisierte Kaderpartei. Im Agitproptheater werden politische Handlungsoptionen nicht repräsentiert, sondern ad hoc ermöglicht. Noch in der Aufführung selbst gilt: Der Anfang ist gemacht – das Handeln kann sofort beginnen. Agitproprevuen fordern vom Publikum Leistungen, die umgehend erbracht werden können: einen Mitgliedsantrag unterschreiben, eine Spende entrichten, eine Zeitung abonnieren. Teil der Bewegung werden. In einem alltäglichen, profanen, aber zugleich auch anstrengenden Sinne war das kommunistische Agitproptheater ein Theater des *Hier und Jetzt*. Es ging nicht darum, von der Weltrevolution zu träumen, sondern unverzüglich etwas zu tun.

Das avantgardetypische Ideal der Zuschaueraktivierung bedeutete hier nicht, dass Akteure und Publikum zwangsläufig in eine Interaktion eintreten sollten – darauf kam es jedenfalls nicht an. Wichtig war vielmehr die Bereitschaft zu einem längerfristigen *commitment*, dessen Modalitäten sich nach oder während der Vorstellung mit Helfern und Funktionären vereinbaren ließen, jedoch eher nicht mit den Bühnenakteuren. Diese Art von Aktivität hatte keine im engeren Sinn ästhetische Komponente, sie musste nicht in der Aufführung sichtbar werden (obwohl es natürlich schön war, wenn man erleben konnte, wie sich Zuschauerinnen und Zuschauer schon während der Aufführung um die Spendenbüchse drängelten). Entscheidend war nicht die einzelne Aufführung, sondern die ganze Kampagne: ein vielgliedriges, multimediales Geschehen, in dessen Rahmen auch Demonstrationen, Versammlungen, Reden und Referate, Sitzungen, Plakate, Spruchbänder, Traktate, Filme, Fotografien, Collagen u. v. m. von Bedeutung sein konnten. Der Erfolg der Kampagne war entscheidend, das Schicksal der Aufführung dagegen eher unbedeutend. Für die Landagitation, wie sie Friedrich Wolf für seinen Spieltrupp Süd-West beschrieben hat, galt: Wenn man im einen Dorf nicht landen konnte, zog man eben ins nächste.[22]

Die Wirkungen dieser Art von Theater nachträglich zu ermitteln, ist kaum auf gesicherter Grundlage möglich. Sicher darf man die Rolle, die es im Rahmen größerer Kampagnen der KPD und ihrer Vorfeldorganisationen gespielt hat, nicht überschätzen. Ob beim Publikum tatsächlich direkte Impulse zum Handeln oder gar so etwas wie Gemeinschaftsgefühle entstanden sind, lässt sich aus den vorhandenen Quellen nicht entnehmen. Da nach 1933 öffentliche politische Bekenntnisse zur kommunistischen Sache zu sofortiger Verhaftung führen konnten, kam die kurze Geschichte des Agitproptheaters in Deutschland Anfang der dreißiger Jahre zunächst an ein Ende.[23] Wenn dieses Theater hier dennoch als eine Art und Weise des Anfangens beschrieben wird, dann gebietet es die Vorsicht, dieses Anfangen zuallererst auf die Akteure selbst zu beziehen und sich mit Aussagen über das Publikum zurückzuhalten. Die Akteure arbeiteten in dem Glauben, durch ihre Theaterarbeit zu einem aktiven Faktor in einer beginnenden Revolution zu werden. Für sie war die Theaterarbeit eine Möglichkeit des Anfangens, ein Ausbruch auch aus der Ohnmacht von Arbeitslosigkeit, gesellschaftlicher Marginalisierung und politischer Lethargie. Theater unterscheidet sich von anderen Formen politischer Kunst dadurch, dass menschliche Akteure nicht nur auf Seiten des Publikums, sondern auch auf der Seite des ‚Werkes' anzutreffen sind: Im Theater ist ein Werk im Vollzug zu beobachten, eben eine Aufführung, und die Akteure, die diesen Vollzug tragen, von ihm getragen werden, sind über das Stadium des Anfangens im Grunde immer schon hinaus.

22 Vgl. Friedrich Wolf: Schöpferische Probleme des Agitproptheaters. Von der Kurzszene zum Bühnenstück. Eine Studie [1933]. In: Ders.: *Aufsätze über Theater*. Berlin: Aufbau 1957, S. 12–54.

23 Eine eher verhaltene Renaissance erlebte die Form im Kontext der Protestbewegungen um 1968. Vgl. dazu Agnes Hüfner: (Hrsg.): *Straßentheater*. Frankfurt am Main: Suhrkamp 1970.

Performance für Anfänger

Nicht(s)tun

Krassimira Kruschkova

Statt gleich mit dem Text anzufangen, schreibt Jacques Derrida rechts unter dem Titel seiner *Weißen Mythologie*[1] als Motto einfach – aber einfach ist das nicht – das Wort *Motto* auf. An diesem weißen Ort des Anfangs verfangen sich Texte, als wären sie von etwas gefangen genommen, das ihren Ursprung übersprungen haben wird – als Motto unmotiviert, kein *mot valise*, kein Schlüsselwort anfangs, vielmehr eine markierte Leerstelle, mehr als Anfang und kein Anfang mehr. Keine sogleich anwendbare Gebrauchsanweisung fürs Zusammenstellen eines vorproduzierten Baukastens, vielmehr mehrere zugleich aufgegebene Instruktionen, um stets eine neue Kombinatorik herzustellen. Um Texturen zu bricolieren, zu basteln statt zu ‚baukasteln'. Um das Nützlichkeitsparadigma von Anleitungen außer Kraft zu setzen. Aber was heute damit anfangen? Geht's noch?
„There is no point in being dramatic", sagt der Choreograph Philipp Gehmacher in seiner installativen Lecture-Performance *my shapes, your words, their grey* (2013), indem er sich – in präziser Beiläufigkeit – mit den sensiblen Leerstellen und Leerläufen, mit den nicht gegebenen Körpern, den nicht artikulierbaren Gesten, den melancholischen Geschichten, dem oszillierenden Stillstand, dem minimalistischen Pathos, der unterlassenen Dramatik seiner Tanzästhetik und seiner schöpferischen Erfahrung überhaupt auseinandersetzt. Geht es um

1 Jacques Derrida: Die weiße Mythologie. Die Metapher im philosophischen Text. In: Ders.: *Randgänge der Philosophie*. Wien: Passagen 1988, S. 229–290.

schöpferische Kraft, um Anfangkunst, um Fangkunst, so verweist Friedrich Nietzsche auf die Bewegungen des blinden Seekrebses, „der fortwährend nach allen Seiten tastet und *gelegentlich* etwas fängt: er tastet aber nicht, um zu fangen, sondern weil seine Glieder sich tummeln müssen“[2]. Wenn sich Glieder zweckfrei, unnütz, müßig tummeln, rühren, regen, tanzt eine ungerufene, nicht adressierte Sehnsucht, und ihr Tanz sehnt sich zugleich nach einem Versäumnis – am Saum des Anfangs: Anstatt nach einer geschlossenen Tauschökonomie, nach metaphysischer Spekulation auf Rückerstattung, auf Symmetrie, auf Gabe gegen Gabe, auf Einlösung eines Versprechens, eines Wertes, einer Gegenwart aus der Warte von Wert und Werk.

Werner Hamacher benennt als Afformativ die „Ermöglichung, die in keiner Form ihre Erfüllung finden kann, als Ermöglichung und Verunmöglichung, als Handlung und zugleich Nichthandlung“[3]. Der Afformativ ist „nicht *aformativ*, nicht die Negation des Formativen“[4]. In „Lectio. De Mans Imperativ“ präzisiert Hamacher seinen Neologismus und lässt ihn „die Konstitution der Sprache selber“ denken, die

> nicht nur ein Sprechakt unter anderen, sondern der Performativ par exellence ist und dennoch, seiner Vor-Struktur, seiner Bedeutungsfremdheit und seiner möglichen Figuralität wegen, suspendiert bleiben muss […] und dann nicht einfach als Performativ, sondern als dessen Formations-Bedingung und als ‚Entsetzung‘ gedacht wird.[5]

So lässt sich die afformative Kraft des Entzugs problematisieren, oder aufs Theater bezogen – Performanz hin oder her – die Nichtproduktivität einer Theaterproduktion: Ist wohl Hamlets „To be or not to be“ auch ein Hinterfragen des Handlungsvermögens, ein „To do or not to do“[6]. Und ist wohl *Hamlet* ein genial gescheitertes

2 Friedrich Nietzsche: *Kritische Studienausgabe*, Bd. 9: Nachgelassene Fragmente 1880–1882. München / Berlin / New York: de Gruyter 1988, S. 17.

3 Werner Hamacher: Die Geste im Namen. Benjamin und Kafka. In: Ders.: *Entferntes Verstehen: Studien zu Philosophie und Literatur von Kant bis Celan.* Frankfurt am Main: Suhrkamp 1998, S. 280–323, hier S. 323.

4 Werner Hamacher: Afformativ, Streik. In: Christiaan L. Hart Nibbrig (Hrsg.): *Was heißt ‚Darstellen‘?* Frankfurt am Main: Suhrkamp 1994, S. 340–371, hier S. 346.

5 Werner Hamacher: Lectio. De Mans Imperativ. In: Ders.: *Entferntes Verstehen*, S. 151–194, hier S. 190. Vgl. dazu – in Bezug auf das Theater – Hans-Thies Lehmann: *Postdramatisches Theater.* Frankfurt am Main: Verlag der Autoren 1999, S. 459–461.

6 „To do or not to do“ lautet der Titel von Hans-Thies Lehmanns Vortrag im Rahmen der Redereihe „Nicht(s)tun“ am Tanzquartier Wien, Januar 2014.

Drama, so Heiner Müller, da der Protagonist nicht handelt, so gibt wiederum Heiner Müllers Hamlet in der *Hamletmaschine* sein Nicht-Drama, seine Nicht-Handlung schlichtweg zu: „Mein Drama findet nicht mehr statt."[7]

„Some friends of mine call it potentiality – things waiting to happen."

Ein anders vom Anfang an gescheitertes Drama findet in der Performance *Bloody Mess* (2003) der britischen Gruppe Forced Entertainment nicht statt: Statt gleich mit dem gesprochenen Prolog anzufangen, stellen zwei als Clowns wirkende Performer 7 Minuten lang mehrere Stühle in einer Reihe frontal zum Publikum auf, ab, hin, um, aufeinander, auseinander. Zwei Konfuse, ratlos Tüchtige, rastlos Sinnsüchtige in ihrer aufwändigen Handlung unnütz, nutzlos, umsonst, in ihrem rasanten und rasenden Nichts. Dann, bevor das Stück beginnt (wie sie es explizit vorwegnehmen), wollen alle Performer_innen sich vorstellen – endlich auf den Stühlen sitzend, in einer Art Prolog, 14 Minuten lang. Es stellt sich heraus, dass jede_r der zehn dabei eine andere Vorstellung vom Kommenden, von der kommenden Handlung hat. Es versprechen sich zugleich mehrere szenische Vorstellungen, mehrere aufgegebene Instruktionen: Und zugleich keine mehr, da sie sich eben versprechen, folgenlos, kontingent – ist wohl Kontingenz das Einzige, womit ein *bloody mess* rechnen kann: Ein Versprechen, um mit den Voraussetzungen szenischen Tuns anzufangen, doch Anfänge sind per definitionem voraussetzungslos. So verspricht sich, verfängt sich die Geschichte in *bloody mess* und verbleibt in ihrer Ursprungslosigkeit und spielt mit dem Vermögen, nicht in einen Akt umgesetzt zu werden. Die Story setzt sich immer neu einer stets verabsäumten Handlung aus. Die Handlung setzt sich immer neu mit der Story auseinander, die aussetzt. Aussichtslos.

„Aber auf welche Weise erhält sich das, was-nicht-eher-ist-als-daß-es-nicht-ist, so etwas wie eine Potenz?", fragt Giorgio Agamben in *Bartleby oder die Kontingenz*[8], einer Auseinandersetzung mit Herman Melvilles

7 Heiner Müller: Die Hamletmaschine. In: Frank Hörnigk (Hrsg.): *Heiner Müller Material.* Leipzig: Reclam 1989, S. 41–49, hier S. 46.

8 Giorgio Agamben: *Bartleby oder die Kontingenz, gefolgt von Die absolute Immanenz.* Berlin: Merve 1998, S. 42.

Erzählung *Bartleby, the Scrivener.* In *Bloody Mess* ereignet sich, stößt zu, widerfährt – sei es in verschwenderischer Ausdehnung und Opulenz – weniger als mehr, Potenzialität, Kontingenz, ein ausschweifendes, freigiebiges, unverhältnismäßiges Vermögen zu verzichten, als wäre es ein „I would prefer not to“, so Bartlebys berühmter, entwaffnend höflicher Resistenz-Satz. Unkalkulierbare Sätze und Ansätze werden in der Performanceästhetik von Forced Entertainment überkalkuliert und zugleich zurückgehalten, erst so aus der eigenen Zurückhaltung, Reduktivität, Reversibilität heraus freigesetzt. Die Story wird, vergleichbar einer naturwissenschaftlichen Experimentalanordnung, als ‚Falle‘ gelegt, um die Handlung über Distanz, über Distanznahme dem Material zu delegieren, zu überantworten; eine Handlung, die „noch nicht weiß, was sie nicht weiß“[9], die sich noch tummelt.
Eine Position delegierter Handlung in der Erschaffung von Welt – darum geht es in *Bloody Mess* – beschreibt wiederum Boris Groys in Christoph Schlingensiefs „göttlicher Einstellung zur Welt“; anstatt etwas zu produzieren, löst Schlingensief etwas aus: „Er hat ein gewisses Chaos ausgelöst, diffuse Prozesse in Gang gesetzt und dann beobachtet, was daraus wurde. [...] er schuf Situationen, in denen die anderen etwas tun. Nicht er ist aktiv, sondern die anderen.“[10] Auch die Performer_innen in *Bloody Mess* lösen ein (so der Titel selbst) *pures Chaos* aus, wobei sie nicht um Handlungen verlegen sind, allerdings in ihre Nichtigkeit verliebt: Ohne Einlösung, Symmetrie, Rückerstattung, Rückgabe. Vergeblich ist dabei jede Insistenz auf reduzible Referenz; es geht vielmehr um das präzise Umgehen von Referenzansprüchen – so auch die „absolute Berufung Bartlebys, ein Mann ohne Referenz zu sein“[11]: Bartleby als ein Virtuose der Unterlassung, des entwaffnenden Widerstands gegen Referenz und Intention. Aber wie und ob szenisch einer Intention widerstehen? Wie und ob der Aktion die Intentionalität austreiben? Wie agieren, nicht ohne etwas Konkretes, aber ohne etwas Gewisses zu tun? Um nur *gelegentlich* etwas zu fangen. In *Bloody Mess* beginnt der traurige Clown immer wieder,

9 Diese Formulierung verdanke ich Hans-Jörg Rheinbergers Vortrag im Rahmen der Redereihe „Nicht(s)tun“ am Tanzquartier Wien, Oktober 2013.

10 Boris Groys / Carl Hegemann: Metanoia. Der Künstler als unbewegter Beweger oder die Welt als ewige Ruhestätte. In : *Lettre International* 90 (2010), S. 116–117, hier S. 116.

11 Gilles Deleuze, zit. in Agamben: *Bartleby*, S. 36.

verspricht immer wieder eine Erzählung vom Anfang der Welt: „Some friends of mine call it potentiality. Things waiting to happen", sagt er. Und sogleich kommt die Unterbrechung als Vereiteln voreiliger Potentialitäts-Rhetorik: Schreibt man *potentiality* eigentlich mit einem oder mit zwei ‚l', will der andere Clown unbedingt wissen und unterbricht dadurch abermals den Lauf der Story. Die Handlung läuft leer, die Story läuft leer aus.

Bloody Mess verspricht – als ob dies ihr blutiger Ernst wäre – das blutige Chaos, das Chaos pur einer Erzählung des Ursprungs, des Ursprungs der Welt, der Produktion von Welt. Als würde sie eine Nicht-Produktion heraufbeschwören. Was sich dabei verspricht, sind die Voraus- und Aussetzungen szenischen Tuns als ein Nichts-als-Ereignis, Nichts-als-Chaos: „You got nothing, the complete picture of nothing", sagt der Clown.

„Time cannot be saved by doing things more quickly."

Interessant ist hier das immer neue Aufgeben der Spekulation auf ein Erwartetes, auf einen Zeichen- und Werttausch, die Profanierung im Sinne Agambens – jenseits metaphysischer Determinierung: „Man muss jedes Mal den Vorrichtungen – jeglicher Vorrichtungen – die Möglichkeit des Gebrauchs entreißen, die sie an sich gerissen haben. Die Profanierung des Nicht-Profanierbaren ist die politische Aufgabe der kommenden Generation."[12] Allerdings ist das Kommende, die kommende Generation oder die *kommende Gemeinschaft*[13] immer in der Komplexität des Ungerufenen[14], des Potenziellen verwickelt; dessen, das nur aufgrund seiner Uneinlösbarkeit an Signifikanz gewinnt. So auch die beharrlichen Tonproben der zwei als Bühnenarbeiter Agierenden in *Bloody Mess*, als könnten die Tonproben eben nur Proben ohne richtige Aufführung bleiben. „One, two, two, two" wiederholen sie und setzen das Geschehen ein und aus, vergeben ihm nur als Latenz, als Probe eine Stimme: „one, two, two": „things waiting *to* happen", könnte man wohl *two* und *to* homophon

12 Giorgio Agamben: *Profanierungen*. Frankfurt am Main: Suhrkamp 2005, S. 90.

13 Vgl. Giorgio Agamben: *Die kommende Gemeinschaft*. Berlin: Merve 2003.

14 Vgl. Sigrid Gareis / Krassimira Kruschkova (Hrsg.): *Ungerufen. Tanz und Performance der Zukunft / Uncalled. Dance and Performance of the Future*. Berlin: Theater der Zeit 2009.

kurzschließen: Die Unabschließbarkeit eines doppeldeutigen *to/two*. Die Desartikulationen jeder versprochenen Ordnung als Versuchsanordnung werden bei Forced Entertainment oft von einer Aufstellung der Performer_innen frontal zum Publikum markiert; mehrere Geschichten wollen gleichzeitig beginnen, vielmehr gesprungene Geschichten – diese Geschichten auf dem Sprung, die sich beeilen, zu scheitern.

„Time cannot be saved by doing things more quickly. Time cannot be saved", repetiert der Chor in der jüngsten Arbeit von Forced Entertainment *The Last Adventures* (2013). Die Sätze des Chors anfangs springen und sprengen poetisch ihre Logik, tautologisch, die Logik taut, sie taugt nicht(s). Das chorische Vorsprechen erinnert an Fremdsprachübungen, ans Versprechen einer Sprache. Die Story wird verzögert, sie zögert, zweifelt, verzweifelt. Aber auch dies – nur ein Versprechen. Ein Privileg. Das Spiel der gebrochenen, gesprungenen, gesprengten Worte, Versprechen und Herzen setzt stets ein und aus, um immer neu die lineare Ordnung der Referenz, der Repräsentation mit der vertrackten Ordnung des Versprechens zu brechen. Der Mensch sei, so Nietzsche, ein Tier, das verspricht. So begründet das Versprechen als souveräne Kraft die Gesellschaft. Paul de Mans Rousseau-Lektüre *Promises (Social Contract)* erinnert, dass hier der rhetorische Status der Sprache im Spiel ist, auf dem Spiel steht – die referentielle Autorität der Sprache wird durch ihre figurative Logik sowohl bestätigt als auch unterlaufen, Sprache wird durch diejenigen Aporien zerrissen, die sie konstituieren: „*Die Sprache verspricht (sich)*", schreibt de Man (im Original deutsch).[15] Die Sprache macht nicht mit, könnte man sagen, dies ist ihr Nicht(mit)tun. Was im Sprechakt des Versprechens geschieht, ist „ein Aktverzicht [...] insofern ist es reine Enthaltung, *epoché* [...]". Andererseits wird „Sprache [...] erst im Versprechen als *eine* Sprache – als in sich einheitliche und für viele gemeinsame Sprache – entworfen"[16].

15 Vgl. Paul de Man: Promises (social contract). In: Ders.: *Allegories of Reading. Figural Language in Rousseau, Nietzsche, Rilke, and Proust.* New Haven: Yale UP 1979, S. 246–277, hier S. 277.

16 Werner Hamacher: Wilde Versprechen. Zur Sprache ‚Leviathan'. In: Manfred Schneider (Hrsg.): *Die Ordnung des Versprechens. Naturrecht – Institution – Sprechakt.* München: Fink 2005, S. 171–200, hier S. 180–182.

Oder anders, mit Jean-Luc Nancy: Diese *eine* Sprache markiert unser „gemeinsames Ausgesetztsein", unser *Singulär plural sein*[17]; oder anders: unser Mitsein als Nichtmittun. Wir in der Falle. Kein großer Experimentator, der sie gelegt haben wird, die Handlung aber an uns delegiert, sei sie die Handlung blinder Seekrebse, und ihre Nichtigkeit erst recht als ein Handlungsvermögen, ein Vermögen, das Gliedern, Gemüt und Gedanken erlaubt, sich zu tummeln.

„No falling in love in this place, no falling out of love either."

Die Handlung in Meg Stuarts und Benoît Lachambres *Forgeries, Love and Other Matters* (2005) stockt ganz von Anfang an, als könnte jede Bewegung im Unentscheidbaren verbleiben, in schüchterner Erschütterung des Akts. Entweder erstarren die beiden, kurz bevor sie einander in die Arme fallen, nein, bevor sie übereinander herfallen, die Bewegung verharrt im *still*: Stillstand als liminale Handlung limitierter Stabilität, als Liquidation des Liquiden, als Grund und Abgrund für stets neue situative Stabilisierungen. Indem er die Gesten stilllegt, hebt der zeitgenössische Tanz sie nicht aus der Zeit, aber aus der Intentionalität heraus. Stillgestellte, stillgelegte, als *still* gesetzte Bewegung, die das Tun perforiert – und uns zu sehen gibt, was auf der Bühne nie getan wurde. Fast im Sinne Walter Benjamins Geschichtsschreibung, die das, was nie geschrieben wurde, liest:

> Die historische Methode ist eine philologische, der das Buch des Lebens zugrunde liegt. ‚Was nie geschrieben wurde, lesen', heißt es bei Hofmannsthal. Der Leser, an den hier zu denken ist, ist der wahre Historiker.[18]

Im Sinne Benjamins kann, was als Geschichte geschah, nur artikuliert werden, wenn unaufhörlich das, was möglich war, ein Nicht-Geschehen also, aufscheint. In diesem Sinne können ‚Afformances' sichtbar machen, was sie nie realisieren: als Potenzialität oder als einen „vielleicht erlösenden Fehler" – „[…] gesucht: die Lücke im Ablauf, das Andere in der Wiederkehr des Gleichen, das Stottern im sprachlosen Text, das Loch in der Ewigkeit, der vielleicht erlösende Fehler […]"[19].

17 Jean-Luc Nancy: *Singulär plural sein*. Berlin / Zürich: Diaphanes 2004.

18 Walter Benjamin: Anmerkungen zu „Das dialektische Bild". In: Ders.: *Gesammelte Schriften*, Bd. I.3. Frankfurt am Main: Suhrkamp 1991, S. 1238.

19 Heiner Müller: Bildbeschreibung. In: Hörnigk (Hrsg.): *Heiner Müller Material*, S. 8–18, hier S. 13–14.

Das Bewegungsmaterial in *Forgeries, Love and Other Matters* gerät außer Fassung und wird zurückgespult, wieder und wieder, oder wird bis ins Nichts verlangsamt. Selbst die Narration einer vereitelten Liebesszene hier als ein *coitus interruptus* in *slow motion*. Die Bewegung steht sich selbst im Wege und tappt in den eigenen Fußspuren, als separierte, verteilte und vereitelte Verausgabung, die nicht in einen Akt übergeht. „No laughter, no tears in this place. No falling in love in this place, no falling out of love either." Und später repetiert Benoît Lachambre: „No falling out of love". Auch wenn er gleich instruiert: „No repetition here": Fast wie eine nüchterne Replik auf Yvonne Rainers *No-Manifesto*[20] (1965, überdacht 2008 in *A Manifesto Reconsidered*), das sich wiederum wie eine *postmodern dance*-Vorversion von Gilles Deleuze' *Ein Manifest weniger*[21] über Carmelo Benes *Ein Hamlet weniger* lesen lässt: In all dem skeptischen Entzug dessen, was *minoritaire* (Deleuze) sein will, vielmehr weniger und nicht mehr, wiederholt und differiert, wieder und wider, als Repetition und Widerruf zugleich. Als Mimesis ohne Nachgeahmtes, als „Anspielung jedoch auf nichts, Anspielung, ohne das Eis/den Spiegel (*glace*) zu (zer)brechen, ohne Jenseits des Spiegels (*miroir*)"[22], als Wiederholung ohne Wiederholtes, als (k)ein Anfang, als Nicht(s)tun. Oder anders: als eine „Erinnerung an das, was nicht war"[23]. Aber was und wie damit anfangen?

Xavier Le Roy verliert angeblich die Erinnerung, die Möglichkeitsbedingung seines szenischen Tuns: In seiner Lecture-Performance *Everything different?* (2010) behauptet er anfangs, gar nicht zu wissen, warum er eigentlich da sei, es stehe lediglich der Termin in seinem Kalender. „I'm sorry, it's embarrassing", murmelt er, denn er hat sich doch entschieden, diesmal den Veranstaltern zuzusagen, wörtlich Le

20 Yvonne Rainer: No-Manifesto. In: Dies.: *Work 1961–1973*. Halifax: Press of the Nova Scotia College of Art and Design 1974. „No to spectacle / No to virtuosity / No to transformations and magic and make-believe / No to the glamour and transcendence of the star image / No to the heroic / No to the anti-heroic / No to trash imagery / No to involvement of performer or spectator / No to style / No to camp / No to seduction of spectator by the wiles of the performer / No to centricity / No to moving or being moved" (ebd., S. 51). Vgl. dazu Mette Ingvartsens *Yes-Manifesto* (2005).

21 Gilles Deleuze: Ein Manifest weniger. In: Ders.: *Kleine Schriften*. Berlin: Merve 1980, S. 37–74.

22 Jacques Derrida: Die Zweifache Séance. In: Ders.: *Dissemination*. Wien: Passagen 1995, S. 193–322, hier S. 230.

23 Agamben: *Bartleby*, S. 64.

Roy: „and not to say: I prefer not to". Aber eben, er weiß nicht weiter. Dieses gespielte Zaudern wird immer wieder ironisch-dramatisch vom lauten Soundtrack des Films *Mission: Impossible* (USA 1996) gebrochen. Als eine *mission impossible* bezeichnet Le Roy seinen eigenen Auftritt – oder eben als eine Art *omission*, könnte man sagen: Weglassen, Unterlassen, Verunmöglichen. „But how impossible?", fragt er sogleich nach dem nicht-optionalen Modus des *not to*. Eine Art *omission statement*, das die szenische Handlung als nicht gegeben voraussetzt. Das Interessante an einer szenischen Setzung, ihr Problem also, ist ihr Vermögen des Stillsetzens, Stillstellens, Stilllegens eines gesetzten Ablaufs – jenes Vermögen, das Heiner Müller als das „Spezifische am Theater" bezeichnet: das Vermögen nicht des Lebendigen, sondern des „potenziell Sterbenden"[24], das Vermögen des dauernd kommenden Nichts.
Oder anders: Am 17. Juni 2013 entscheidet der inzwischen als *standing man* bekannte Tänzer Erdem Gündüz, mitten auf dem Taksim-Platz schweigsam stillzustehen, Stillstand liquidiert das Liquide. Oder anders: Während der Occupy-Wall-Street-Bewegung gibt es Marathon-Lesungen von *Bartleby, the Scrivener*, des Textes, der an die Wall Street des Jahres 1853 führt. Gesprengte, gesprungene Geschichten. Ihre Geschichtsschreibung liest das, was nie verfügbar war. Aber wie die Bedingungen dieser Unverfügbarkeit szenisch austesten? Sofern ihr Ereignis nur aufgrund seiner Grundlosigkeit stattfindet. Das szenische Tun verunmöglicht in dem Maße das, was es ermöglicht, indem es *on stage* zugleich *ob-scaena*[25] bleibt. Indem es sich versäumt – und gerade über seine Lücke figuriert wird. Um im Modus der Seh(e)nsucht die Szene zu betreten – als Phantomschmerz. Oder als unaufgeregter Regungsmodus eines blinden Seekrebses. Ein Modus des Tummelns, aber auch des Tumults, des Aufruhrs, des Chaos, des Aufbegehrens. Dabei geht es nicht um ein virtuoses Spiel der Negation hin zur Beliebigkeit. Es geht zwar um das Ausharren in der referentiellen Unentscheidbarkeit, in der intentionalen Instabilität, ein Ausharren jenseits Gegebenheit und Ergiebigkeit, diesseits

24 Alexander Kluge / Heiner Müller: *Ich bin ein Landvermesser. Gespräche.* Hamburg: Rotbuch 1996, S. 95.

25 Vgl. Krassimira Kruschkova (Hrsg.): *Ob?scene. Zur Präsenz der Absenz im zeitgenössischen Tanz, Theater und Film.* Wien / Köln / Weimar: Böhlau 2005.

der präzisen Neu-Kombinatorik, der Anagrammatik[26] des Materials, die Bedeutungen stiftet, indem sie das Material auseinander- und neu zusammenstellt und stets anders instruiert, indem sie den Ursprung wie die Linearität vermisst, im Doppelsinn vermisst, ermangelt, aber auch absteckt.

„...and here we would be together."

Ein Ausharren immer im Konjunktiv choreografiert Laurent Chétouane in seinem *Tanzstück #4. Leben wollen (zusammen)* (2010), in dem Text und Bewegung nur Optionen markieren, nichtgegebene Optionen: „And here there would be a house [...] and here there would be a little river [...] and here we would be together", setzen die Tanzenden an, indem sie während jeder Aufführung – und das ist das Wagnis dieser Arbeit, die in jedem Moment in präziser Unschärfe verweilt – ihre Bewegungs- und Textsequenzen immer neu an- und umordnen, anagrammatisch. Eine vermessene und versäumte Optionalität. Ein Nicht(mit)tun, um mit-zu-sein. Die Tanzenden formulieren immer neue imaginäre Bühnenlandschaften, buchstabieren diese gestisch statt sie zu illustrieren, sofern das explizite Buchstabieren zur Nachahmung wird, die das Nachgeahmte unmöglich macht. Die konjunktiven Versuchsanordnungen der Konjunktion, der Verbindung zwischen den Tanzenden in *Tanzstück #4*, die den Sinn ihrer gefundenen Bewegungs- und Textsequenzen immer neu, kontingent untereinander aufteilen, fokussieren eine paradox überschwängliche Ökonomie der Bewegung, jenseits ökonomischer Konjunktur, als ökonomischen Überschwang im Sinne von Marcus Steinweg:

> Ich würde das eine präzise Überschreitung nennen, einen nahezu ökonomischen Überschwang [...] Ökonomie und Anökonomie – Kalkül und Leidenschaft, Vernunft und Unvernunft, Verstand und Emotion (oder das, was man so nennt) – kooperieren, in der Liebe wie anderswo. Es ist eine Unschärferelation. Ich bin immer entweder zu kalkulatorisch oder zu verschwenderisch. Zu keinem Zeitpunkt hält sich das die Waage. Zur Liebe gehört die Affirmation dieser Unschärfe und der ihr korrelativen Aporie. Ihre Rechnung geht nur im Scheitern auf. Deshalb ist es gut, mit dem Scheitern zu rechnen, das Nichtkalkulierbare ins Kalkül einzubeziehen.[27]

26 Zur Szene des Anagramms vgl. Krassimira Kruschkova: Defigurationen. Zur Szene des Anagramms im zeitgenössischen Tanz und in Performance. http://www.corpusweb.net/defigurationen-3.html (Zugriff am 10.04.2015).

27 Marcus Steinweg: *Philosophie der Überstürzung*. Berlin: Merve 2013, S. 149–150.

Chétouane entwirft wiederum eine Ethik der Performance im Sinne einer Ethik des Scheiterns, eines „dichterischen" Scheiterns (wie er Friedrich Hölderlin zitiert), auch indem jeder geprobte Moment während der Aufführung aleatorisch das richtige Momentum abwarten muss. Und wenn es manchmal nicht kommt, dann nehmen die Tanzenden diese ins Kalkül einbezogene, verfehlte Option untereinander sicherlich umso schärfer wahr. Und es geht wohl erst über ihre mögliche Gemeinschaft als Gruppe um unsere, auch mit ihnen. Das Momentum des Mitseins lässt sich nicht festlegen. Das Zusammen-Leben ist nicht gegeben, in der Liebe schon gar nicht, es ist am Kommen, künftig, es könnte immer nur entstehen, wie der Tanz, im Konjunktiv. „Das Zusammen verschwindet im selben Moment, damit es nicht erstarrt", sagt Chétouane. Und wie diese Fragilität proben? Die Tänzerin Sigal Zouk dazu:

> Indem man seine Gewohnheiten und Muster ganz und gar aufgibt [...] Meg Stuart z.B. hilft mir dabei, ein Vokabular zu generieren und es zu transformieren. Aber Laurent kommt nicht vom Tanz. Er kann mir nicht sagen, was ich tun soll. Aber er hat einen guten Blick. Er sieht etwas und ich versuche, es zu wiederholen und herauszufinden, was es ist [...].[28]

Vielleicht hat gerade die Tatsache, dass Chétouane nicht vom Tanz kommt, mit dem Status des Erinnerns in seinen Choreographien zu tun, mit dem Erinnern dessen, was nicht war. Eine gewagte Korrespondenz zu Sigal Zouks Gedanken: „Der einzige Weg, herauszubekommen, welchen Film Michelangelo im Kopf hatte, war diesen Film nun tatsächlich zu machen"[29], schreibt Wim Wenders über seine Zusammenarbeit mit Michelangelo Antonioni, die von Antonionis Handicap nach einem Schlaganfall gezeichnet war. Ein künstlerische Kollaboration inspirierendes Handicap – sei es a priori oder a posteriori –, das Arbeitsprozesse und das Medium selbst neu denken lässt. Während seiner Zusammenarbeit mit den Tänzer_innen in den

28 Irmela Kästner: Poetische Vermessung des Tanzes. Ein Portrait. http://www.corpusweb.net/sigal-zouk.html (Zugriff am 10.04.2015).

29 Wim Wenders: *Die Zeit mit Antonioni*. Frankfurt am Main: Verlag der Autoren 1995, S. 18. Michelangelo Antonioni bekam einen Schlaganfall, der eine Aphasie verursachte. Mit dem Verlust des Sprechvermögens war auch die Fähigkeit des Buchstabierens verloren gegangen, so dass er weder sprechen noch korrekt schreiben und sich nur durch Zeichnungen verständigen konnte. Über diese Umstände, unter denen der Film *Jenseits der Wolken* gedreht wurde, berichtet Wim Wenders, der zusammen mit Antonioni Regie führte.

Proben[30] spricht Chétouane vom Arbeiten an Zuständen, vom Üben grundverschiedener Präsenzen zur Zeit und zum Raum, von einer Bewegung aus einer Erinnerung heraus, einem Déjà-vu. Und es sind, könnte man sagen, zugleich kontingente Zustände in seinen Arbeiten, von einem vielmehr umgekehrten Déjà-vu gezeichnet, die vielmehr vorläufigen und nicht nachträglichen Spuren nachspüren.
Chétouane untersucht das Zusammensein – explizit nach Roland Barthes – als Idiorrythmie, als gelegentliche Synchronisierung von Handlungsrhythmen, die divergierend bleiben. In *Tanzstück #4. Leben wollen (zusammen)* bekommt die Bühne – erschütternd leicht, aber abgründig – zugleich zu viele Möglichkeiten und zu wenig Möglichkeit in ihren Blick. Immer neu zurückgehaltene Intension statt hingehaltener Intention, als Erinnerung an das Zaudern, an dieses bittere Privileg – ganz explizit wiederum in Chétouanes *Hommage an das Zaudern* (2011) und mit Joseph Vogl: „Das Zaudern [...] operiert an den Anschlüssen, an den Fugen, an den Synapsen und Scharnieren, die über die Kohärenz von Weltlagen entscheiden, oder genauer: an denen der Aggregatzustand dieser Welt, ihre Festigkeit und ihre Verlaufsform auf dem Spiel stehen."[31] Diese durchsichtige Undurchlässigkeit des Zauderns, wie Glas, „ohne das Eis/den Spiegel (*glace*) zu (zer)brechen"[32]. Die Tanz-Welt von Chétouane ringt stets um die Festigkeit und Verlaufsform ihrer, unserer Welt: Ein singulärer Aggregatzustand der so choreographisch „entschriebenen"[33] Körper und ihrer entwendeten Geschichten. Ein Désœuvrement, ein Zaudern:

> Die interne Wiederholungsfigur des Zauderns choreographiert einen Zirkel, der im anfänglichen Setzungsakt, im zornbewegten Verhängnis DES Gesetzes eingeschlossen liegt. [...] Wo Taten sich manifestieren und wo Handlungsketten sich organisieren, wird ein Stocken, eine Pause, ein Anhalten, eine Unterbrechung markiert.[34]

Diese simultane Entfesselung und Hemmung, diese disjunktive Gegenläufigkeit als Prinzip der choreographischen Handlungsketten in Chétouanes Arbeiten, ihrer entspannten Gespanntheit nach

30 Am Tanzquartier Wien, wo die meisten Tanzarbeiten von Chétouane uraufgeführt wurden, hatte ich die Gelegenheit, mehrere Proben zu sehen.

31 Joseph Vogl: *Über das Zaudern.* Berlin / Zürich: Diaphanes 2007, S. 23.

32 Derrida: Die Zweifache Séance, S. 230.

33 Vgl. Jean-Luc Nancy: *Corpus.* Berlin / Zürich: Diaphanes 2007, S. 21.

34 Vogl: *Über das Zaudern,* S. 23–24.

Außen, die anhält, stockt, pausiert, unterbricht, indem sie doch aufbricht. Er setzt sich choreographisch mit der prekären Temporalität und ungleichmäßigen Temperiertheit des Zauderns auseinander, unzeitgemäß in unserer Zeit vollständiger Ökonomisierung. Diese Auseinandersetzung wird komplexer in den Momenten, in denen das Schwanken ins Kritische übergeht, wenn es zum Problem wird – in die Aporie des Nicht(s)tuns überführt. Wenn sich hier etwas zeigt, dann wie es stets anders hätte sein können. Statt Konjunktur Konjunktiv: Um immer mehrere Optionen und so auch mehr als Optionen gleichzeitig nebeneinander schweben zu lassen, als tanzten sie nach einer Ethik der Mehr-als-Optionalität.

„How to work for activation more than activate or participate?“
Zurück zu Xavier Le Roys Lecture-Performance *Everything different?* Hier beginnt jede Sequenz mit einem: „What if I…“ Und zwischendurch stellt Le Roy folgende Frage: „How active is ‚not passive‘? How active can one be, without fulfilling but rather challenging our expectations? How to work for activation more than activate or participate?“ Um gegen Ende die Anti-Hypothese aufzustellen: „Maybe I could produce an ‚anti-production‘, something neither proactive nor cynical, but critical, something that could disintegrate the situation, at least temporally.“
Auch in seinem Solo *Product of other circumstances* (2010) verwirft Le Roy eine Stückoption nach der anderen, um uns lediglich eine Rekonstruktion des Verworfenen vorzustellen oder vielmehr zu versprechen. Ein subversives Versprechen, das – im Pakt mit dem Kalkül – immer neu gebrochen wird. Stellten wir uns Bartleby alias Le Roy als Tänzer vor, dann als einen, der die Kunst des Tanzes perfekt beherrscht in dem Moment, in dem er zugleich nicht tanzt: Wie „der Schreiber, der nicht schreibt (dessen äußerste, erschöpfte Gestalt Bartleby ist), die vollkommene Potenz ist, die nunmehr ein Nichts vom Akt der Schöpfung trennt“[35].
Welche Erschöpfung. Welche unspektakuläre Virtuosität. Es ist die lässige, unterlassene Virtuosität des zeitgenössischen Tanzes, die Virtuosität reflektierter Zwanglosigkeit, präziser Beiläufigkeit, sehnsüchtigen Entzugs. Eine der scheiternden Optionen, die Le Roy in *Product*

35 Agamben: *Bartleby*, S. 18.

of other circumstances explizit in Erwägung zieht, ist, das Stück ganz im Dunkeln zu spielen. In seiner Aristoteles-Lektüre schreibt Agamben über die Farbe der Potentialität und das Vermögen, Dunkelheit zu sehen:

> […] darkness, we may therefore say, is in some way the colour of potentiality […] *we see darkness* […] human beings can, instead, see shadows (*to skotos*), they can experience darkness: they have the *potential* not to see, the *possibility of privation* […].[36]

Oder anders: Menschen vermögen es, den Duft des Entzugs zu riechen, sie haben das Potenzial, nicht zu tun. Eine Haltung, Zurückhaltung, um Handlungsvermögen erst recht zu verantworten. Gerät, so Michel Foucaults Analyse, der Körper ins Zentrum der Aufmerksamkeit eines modernen Zeitregimes, in dem Gesten und Haltungen festgelegt und Bewegungsanläufe optimiert werden,[37] statt sich zu tummeln, wie können wir am Puls dieser Zeit sein, allerdings am kritisch gestoppten Puls einer nicht mehr mit der Uhr gestoppten Zeit? Als könnten wir für Nicht(s)tun plädieren, nicht jenseits, diesseits der Zeit, des Tuns, komplementär, für einen kritischen Akt diesseits der Opposition passiv/aktiv. Als könnten wir die Kontingenz, die Voraussetzungslosigkeit und zugleich Nachträglichkeit eines szenischen Anfangs kritisch nachvollziehen und vollziehen.

„…weil ich nicht die Speise finden konnte, die mir schmeckt."

Antonin Artaud suchte dem, was man Kultur nennt, Vorstellungen abzugewinnen, deren lebendige Kraft gleich der des Entzugs, des Hungers sei, „identique à celle de la faim"[38]. Auf die Frage, warum er hungert, erklärt Franz Kafkas Hungerkünstler: „‚Weil ich', sagte der Hungerkünstler, hob das Köpfchen ein wenig und sprach mit wie zum Kuss gespitzten Lippen gerade in das Ohr des Aufsehers hinein,

36 Giorgio Agamben: *Potentialities. Collected Essays in Philosophy*. Stanford: Stanford UP, S. 180–181.

37 Vgl. Michel Foucault: *Überwachen und Strafen. Die Geburt des Gefängnisses*. Frankfurt am Main: Suhrkamp 1977, S. 191–192. Vgl. dazu Julian Pörksen: *Verschwende deine Zeit. Ein Plädoyer*. Berlin: Alexander 2013, S. 35–36.

38 Antonin Artaud: *Le théâtre et son double. Œuvres complètes IV*. Paris: Gallimard 1987, S. 9.

damit nichts verlorenginge, ‚weil ich nicht die Speise finden konnte, die mir schmeckt.'"[39]
Zur Frage, wie es möglich ist, dass der Inhaber des Weltrekords im Schwimmen gar nicht schwimmen kann, so in einem Fragment, entstanden wahrscheinlich am 28. August 1920 in Prag, notiert Kafka etwa zwei Monate später:

> Ich kann schwimmen wie die andern, nur habe ich ein besseres Gedächtnis als die andern, ich habe das einstige Nicht-schwimmen-können nicht vergessen. Da ich es aber nicht vergessen habe, hilft mir das Schwimmen-können nichts und ich kann doch nicht schwimmen.[40]

Von der Rede seines Vorredners glaubt der Schwimmer nicht viel zu wissen, „aber dieses Wissen genügt mir nicht nur, es ist mir sogar noch zuviel"[41]. Ein absolutes Gedächtnis, dem allerdings kein Wissen und kein Anfang (des Schwimmen-Könnens) zu wenig ist, sogar noch zu viel – als wäre es zugleich ein Gedächtnisschwund. Und ein absoluter Verzicht, allerdings ein sinnlicher, mit wie zum Kuss gespitzten Lippen, affirmativer Verzicht. Eine kritische Afformance als unerbittliche Positionierung zwischen Versenkung und Versäumnis. Um nicht ohne weiteres weiterzumachen, weiter zu tun. Als zeitkritischer Apostroph, als retardierender Exzess. Als Ethik der präzisen Unschärfe, der Integrität temporärer Desintegrationen, der Verschwendung, die nur singulär gelingen kann – und wenn schon temporär gelungen für eine Gemeinschaft, dann für eine Gemeinschaft derer, „die keiner Gemeinschaft angehören"[42], oder auch derer, die nicht (mit) tun, z. B. der temporäreren Gemeinschaft der Zuschauer_innen, die an einer Stilllegung, Einstellung des Tuns als ästhetische Einstellung, Positionierung und Kritik teilhaben: „Das in der ‚stanza' der Kritik Eingeschlossene ist nichts, aber dieses Nichts hütet seine Nicht-Aneigenbarkeit als sein kostbarstes Gut."[43] Auch diese doppeldeutige

39 Franz Kafka: Ein Hungerkünstler. In: Ders.: *Drucke zu Lebzeiten*. Frankfurt am Main: Fischer 1994, S. 315–377, hier S. 348–349.

40 Franz Kafka: Der große Schwimmer. In: Ders.: *Nachgelassene Schriften und Fragmente II*, hrsg. v. Jost Schillemeit. Frankfurt am Main: Fischer 1992, S. 334.

41 Ebd.

42 „[L]a communauté de ceux qui n'ont pas de communauté" (Georges Bataille: *Œuvre Complétes V*. Paris: Gallimard 1992, S. 483).

43 Georgio Agamben: *Stanzen. Das Wort und das Phantasma in der abendländischen Kultur*. Berlin: Diaphanes 2005, S. 13.

Einstellung ästhetischer Kritik setzt kostbar das Nützlichkeitsparadigma außer Kraft. Sie entwendet die Effizienzregeln statt sie anzuwenden, keiner Produktivität mehr zugewandt. Denn „wir müssen uns nicht sorgen, dass nichts kreiert wird, die ganze Menschheit kreiert [...] Wir müssen daran arbeiten, keine Kraft zu haben, nichts zu tun, nichts zu produzieren [...] Es ist viel einfacher aktiv zu sein – alle sind aktiv."[44]

Außer Kraft sein, im Zeichen eines unzustellbaren Akts des Hungers, der Erschöpfung, den ein Nichts vom Akt der Schöpfung trennt, mit gespitzten Lippen, unentscheidbar, ob zum Schweigen oder Kuss, werklos: Ein sinnlicher Désœuvrement, um die eigene Fragwürdigkeit nachzuvollziehen – und zu vollziehen. Um sich an einem affirmativen Widerstand entlang zu bewegen. Dem Inhalt des Innehaltens zugewandt, verhalten und haltlos, an einem Ungerufenen und Unzustellbaren entlang, das sich in aller konzeptuellen Strenge entscheidet, reduzibel zu sein, reversibel, rückläufig, ein (See)Krebsgang, auch rückwärts lesbar, ein Palindrom, rückgängig, rückfällig, nachlassend, vielmehr weniger als ein (An)fang.

Dieses Weniger ist ein Konstrukt wie das Mehr, das es dekonstruiert, fügt wohl die Prozedur der Dekonstruktion selbst nichts hinzu, außer mehr Nicht-Aneignung, indem sie Strukturen offenlegt, als würde sie Maschen in ein Gewebe fallen lassen. Das ist ihre Masche, ihr Trick. Fast wie der im Chaos kaum bemerkbare ‚Trick' des Performers in *Bloody Mess*, der lieber einen größeren Lautsprecher verwenden möchte, um die versprochene Stille zu verstärken: Eine kleine, nicht verbalisierte, beiläufige, sogleich unterlassene Geste, die lieber noch weniger ermöglichen, die lieber verunmöglichen möchte – nichtsnutzig, *good for nothing*. Und gerade – wie der Titel einer frühen Arbeit von Philipp Gehmacher (2001) lautet – *good enough*: Zugleich dem Tumult des Nichttuns und dem Sich-Tummeln des Nichtstuns[45] verpflichtet, dem Anfang, der nur als Kurzschluss *gelegentlich* etwas gefangen haben wird.

44 Groys / Hegemann: Metanoia.

45 Dieser Text ist eine erweiterte Fassung meines Aufsatzes Der blinde Seekrebs. Zum Nicht(s)tun im zeitgenössischen Tanz und in Peformance. In: Arno Böhler / Krassimira Kruschkova / Susanne Valérie (Hrsg.): *Wissen wir was ein Körper vermag? Rhizomatische Körper in Religion, Kunst, Philosophie*. Bielefeld: Transcript 2014, S. 121–136.

Tanz – Prolog

José Gil

Im Anfang war die Bewegung.
Es gab keine Ruhe, da es keinen Stillstand der Bewegung gab. Die Ruhe war nur ein zu ausgedehntes Bild dessen, was sich bewegte, ein unendlich erschöpftes Bild, das die Bewegung verlangsamte. Man machte sich groß, um sich auszuruhen, man warf die Karten durcheinander, versammelte den Raum, vereinte die Zeit in einer Gegenwart, die überall zu sein schien, für alle Zeiten, zur selben Zeit. Man seufzte vor Erleichterung, man dachte, die Unbewegtheit erreicht zu haben. Endlich konnte man sich in einem beruhigenden Bild seiner selbst und der Welt betrachten.
Dies bedeutete, die Bewegung zu vergessen, die sich in Stille fortsetzte auf dem Grund der Körper. Mikroskopisch. Denn wie ginge man über von der Ruhe zur Bewegung, wenn es in der Ruhe nicht bereits Bewegung gäbe?
Im Anfang gab es also keinen Anfang.
Im Anfang war die Bewegung, da der Anfang der stehende Mensch war, auf der Erde. Er hatte sich auf seinen zwei Füßen aufgerichtet, wankend dabei, nach Gleichgewicht strebend. Der Körper war nur ein Kräftefeld, durchquert von tausend Strömungen, von Spannungen, von Bewegungen. Er suchte einen Punkt des Halts. Eine Art Brüstung[1] gegen den Aufruhr, der seine Knochen und sein Fleisch erschütterte.

1 Im Französischen *garde-fou*; die deutsche Übersetzung ‚Brüstung' verliert somit die Konnotation eines Schutzes, eines Wächters gegen das Verrücktwerden. (Anm. der Übers.)

Da entstand, in einem blitzhaften Augenblick, die Sprache, die Laute verbanden sich, die Worte reihten sich aneinander, die Sinne brannten, der Gang leitete in Freude seine Schritte ein und zögerte in der Angst zu fallen. Das Leben erhob sich.
Der Tänzer greift seinen Körper in genau dem Moment wieder auf, in dem er sein Gleichgewicht verliert, und in die Leere zu fallen droht. Er kämpft, alles auf eine Karte setzend:[2] Es geht um sein Leben, seine Freiheit als Tänzer, sein Licht. Er ruft die Bewegung an, welche seiner extremen inneren Unruhe Klarheit und Stabilität verschaffen wird. Mit der Bewegung wird er die Bewegung bändigen: Aus einer Geste wird er die Lebendigkeit freilassen, die – eine Form des Raumes zeichnend – seinen Körper tragen wird. Eine Form des ephemeren Körperraums, über dem Abgrund.

* * *

Auf welche Weise konstruiert der Tänzer seine Geste? Wodurch setzt sich diese von einer gewöhnlichen Geste ab?
In einer gewöhnlichen Geste treten die Arme in die Bewegung im Raum ein, weil die Handlung den Körper von Außen zur Versetzung zwingt; dementgegen wird die Geste zur getanzten, wenn die Bewegung, von Innen her kommend, die Arme trägt. Rhythmisierte Bewegung, die den Körper ‚davonträgt', denselben Körper, der ihr Träger ist. Rudolf von Laban sagt, dass die Bewegung getanzt ist, wenn „die äußere Aktion der seelischen Empfindung untergeordnet wird"[3].
Von der getanzten Bewegung sagt Laban zudem, dass diese sich auf eine gewisse Weise niemals ausschöpft, da sie zu einer Körperposition führen muss, die andere Gesten und andere Positionen in Gang setzt. Der Fall, der Bruch der Bewegung, die andere Bewegungen einführen werden, erscheinen schon in ihrem Anfang. Jede Geste setzt sich über sich selbst hinaus fort, in einer vom Rhythmus des Tanzes gewobenen Kontinuität.

2 Im Französischen findet sich hier der Ausdruck *jouer son va-tout*, der neben der oben übernommenen Bedeutung des Risikos im Kartenspiel das Moment der Bewegung (*aller*) in sich eingeschrieben hat. (Anm. der Übers.)

3 Rudolf von Laban: *Kunst der Bewegung*. Wilhelmshaven: Noetzel 1988, S. 11.

Hier ist sie, die entscheidend (er)scheint: Die getanzte Geste öffnet die Dimension des Unendlichen im Raum. Welcher Ort (*lieu*) auch immer es ist, an dem sich der Tänzer (be)findet, die Arabeske, die er beschreibt, trägt seinen Arm davon, dem Unendlichen entgegen. Die Wände der Bühne (*scène*) stellen kein Hindernis dar, alles trägt sich im Raum des Körpers des Tänzers zu. Im Gegensatz zum Akteur des Theaters, dessen Gesten und Rede den Raum und die Welt wiedererschaffen, durchlöchert der Tänzer den gewöhnlichen Raum und öffnet ihn dem Unendlichen. Ein Unendliches, das nicht bedeutet, aber real ist, denn es scheint in der getanzten Bewegung auf. Valery war getroffen von der Tatsache, dass der Tänzer nicht auf den umgebenden Raum achtgibt: Wenn doch, so ist er sich dessen bewusst, seine Gesten jedoch führen hier das Unendliche ein.

Ein Aktuell-Unendliches, nicht ein angedeutetes, nicht ein angezeigtes oder repräsentiertes, sondern hervorgebracht in einem begrenzten Raum. Mary Wigman drückt dies auf folgende Weise aus:

> [E]s ist der Raum der eigentliche Wirkungsbereich des Tänzers, der ihm gehört, weil er ihn gestaltet. Nicht der greifbare, der begrenzte und begrenzende Raum der konkreten Wirklichkeiten, sondern der imaginäre, der irrationale Raum der tänzerischen Expansion, der die Grenzen der Körperlichkeit aufzuheben vermag und der ins Fließen gebrachten Gebärde eine scheinbare Unendlichkeit verleiht, in der sie sich zu verstrahlen, zu verströmen, zu verhauchen scheint.[4]

Die getanzte Bewegung umfasst das Unendliche in allen Momenten. Es genügt, sich eine Bewegung an ihren beiden Enden angehalten, geschlossen in all ihren konstitutiven Momenten – Energie, Lebendigkeit, Qualität –, vollendet vorzustellen, damit sie aufhört, getanzt zu sein.

An ihren beiden Enden angehalten: sie setzt sich nicht nur fort nach ihrem Ende, sie öffnet sich auch diesseits ihres Anfangs. Der Körper des Tänzers wird von der Bewegung getragen, weil er sich in einer vor ihm, vor seiner eigenen Bewegung begonnenen Linie in sie einfügt,

4 Mary Wigman: *Die Sprache des Tanzes*. Stuttgart: Battenberg 1963, S. 13. Jedoch ist anzumerken, dass die von Gil zitierte französische Übersetzung der Worte Wigmans leicht von der deutschen Fassung abweicht. So ist anstelle von ‚tänzerischer Expansion' von *la dimension dansée*, d. h. ‚getanzter Dimension' die Rede. Zudem findet sich abweichend von obiger Formulierung von einem Raum, „der die geflossene Geste in ein Bild eines scheinbaren Unendlichen verwandeln kann", im Originaltext nicht der Ausdruck des Bildes (*image*).

die sich nach ihm weiterführt, nach der körperlichen Handlung, die durch ein Anhalten markiert ist. Wie ist dies möglich? Wo hat der Anfang der Bewegung seinen Ort?

Laban bringt in seiner Theorie der Bewegung einen zentralen Begriff ins Spiel: Antrieb. Diesen definiert er als „inneren Anstoß am Ursprung jeder Bewegung“[5], getanzt oder nicht getanzt. Handelt es sich um den Tanz, enthält der Antrieb in sich ‚Qualitäten‘ – wie Gewicht, Zeit, Raum und Fluss –, die in Quantität und Intensität variieren, sodass man, wenn man das Bild ihrer möglichen Kombinationen zeichnet, unterschiedliche Typen getanzter Bewegung erhält. Es sind diese ‚Konfigurationen‘ oder ‚Kombinationen‘ des Antriebs, die in der Tat die Form der Bewegung stiften. Laban sagt nun aber, dass der Antrieb, der eine Art von Lebenskraft ist, in sich bereits – beinahe im Zustand der Latenz – die Form der Bewegung birgt, die er entwickeln wird. Wenn man ihm eine leicht andere Richtung gibt, könnte man seinen Gedanken so interpretieren: Dieser Antrieb, in dem alle Bewegungsformen sich erst umreißen, bevor sie sich entfalten, stellt die Bewegung vor der Bewegung dar. Aber wie bringt sich in diesem Falle die Bewegung als formales Ensemble hervor? Wie erfindet der Tänzer diese bestimmte ‚Konfiguration‘ des Antriebs, die bestimmte Qualitäten des Raumes, der Zeit und der Energie verknüpft? Von welchem Moment an kann man sagen, dass solch eine getanzte Bewegung beginnt, wenn es wahr ist, dass sie, in bestimmtem Sinne, keinen Anfang beinhaltet, da sie ja schon ganz ist in dem Augenblick, der der Entfaltung der getanzten Gesten vorangeht?

Es handelt sich hier nicht um eine Frage der motorischen Technik oder um ein Problem der Dynamik des Stroms von Nervenenergie. Man suchte hier vergeblich nach einem Anfangspunkt der Bewegung. Es wäre vielmehr eine Frage des Wahrnehmungsmaßstabs: Die Ruhe (oder die erste Bewegung) bieten sich einer Makro-Perzeption dar, während die Mikro-Perzeption nur der Bewegung begegnet. Tiefer noch rührt man selbst an die Grundlagen der Kunst, an diesen Raum, wo sich die künstlerische Form begründet und aus dem sie hervorkommt. Ohne Zweifel hat das etwas mit dem zu tun, was man mit Merce Cunningham Stille nennen kann; oder was die Meister der alten chinesischen Malerei ‚die Leere‘ nannten.

5 Vgl. Laban: *Kunst der Bewegung*.

Bei den chinesischen Malern der taoistischen Schule ist die Leere das, wodurch die Form sich zu sehen gibt. Es gibt eine *M*ittlere *L*eere,[6] die den Raum zwischen den Formen, Farben und Oberflächen skandiert: Sie hat ihren Platz im Bereich des „Seienden [*étant*]“[7], wie Henri Maldiney schreibt. Dies sind die weißen Zwischenräume der Gemälde oder die sichtbare Höhlung eines Tongefäßes der Sung-Dynastie. Es gibt jedoch eine andere Leere, die ‚*G*roße *L*eere‘ oder primordiale Leere, eine unsichtbare Leere, die außerhalb des Bereichs gegebener Formen ihren Ort hat – und die fasziniert, weil sie nichts repräsentiert und nichts sie repräsentiert, und die sich lediglich in der strahlenden Energie manifestiert, die aus ihr hervorbricht. Die *G*roße *L*eere bewohnt auch nicht die Sung-Schale als von Keramik begrenzten Hohlraum, sondern sie trägt sie ganz, durchströmt sie, umhüllt sie und präsentiert sie. Sie bringt Energie hervor und ist eng mit dem Unendlichen verbunden.

Für Cunningham muss der Tänzer in seinem Körper Stille schaffen, er muss jede konkrete sensorische fleischliche Bewegung in ihm aussetzen, um ein Höchstmaß an Intensität einer anderen Bewegung zu kreieren, am Ursprung der weiträumigsten Möglichkeit der Kreation von Formen. Allein die Stille oder die Leere erlauben die extremste Konzentration von Energie, von nicht codierter Energie, und bereiten sie dennoch darauf vor, in die Körperströme einzufließen. Dort hat man ebenfalls eine mittlere Leere und eine primordiale: Die konzentrierte Energie überdehnt sich, um im Schwung die Zwischenräume der Bewegungssegmente zu durchlaufen, wie in einer Topographie der Leeren, die die Bewegung in ihren vielfältigen Formen zusammenzieht und diesen die ganze Kraft ihrer Singularität verschafft. Dort aber, wo die reine Energie die Bewegung des Tanzes kreiert, dort, wo sie als Ausgang ihrer selbst aufleuchtet, (be)findet sich ihre Quelle in der Stille ohne Form, in der großen Stille des Körpers, unsichtbare Kehrseite dieser Topographie der Leeren, welche die Energie auf die sichtbaren Bahnen lenkt.

Folglich gibt es keine ‚Quelle‘: Diesseits der *G*roßen *L*eere gibt es nichts, wenn nicht, außerhalb ihrer Sphäre und wie ihr Fremde, alle Arten von Kräften, von vielfältigen, muskulären, nervlichen,

6 Kursive Majuskel zeigt hier wie im Folgenden Großschreibung im französischen Text an.

7 Henri Maldiney: *Art et Existence*. Paris: Klincksieck 1986, S. 173.

physischen und psychischen Energien. Die *L*eere nimmt sie in sich auf und, um sie zu durchdringen, zu transformieren und zu alterieren, erzeugt sie im Inneren und ringsherum Leere. Im Intervall, vielleicht ein Wirbelsturm, das Chaos. Der Schwindel des Gleichgewichts im Stehen.

Man kann fortschreiten: Die Bewegung beginnt im *I*ntervall (zwischen zwei Typen von Energie). Aber das *I*ntervall (be)findet sich schon, als virtuelle Kraft, in jeder beliebigen Bewegung des Körpers.

Der Antrieb Labans beginnt dort, im Intervall, am Nullpunkt der Bewegung. Kein Punkt der Absenz, des Fehlens oder des Mangels: In gewissem Sinne existiert er nur in genau dem Moment, in dem die getanzte Form sich ohne Anfang begründet, als ob der Ursprung nur sich selbst anzeigte, als dem äußerlich, was er kreiert. Der Nullpunkt gibt sich lediglich in den konkreten Gesten des Tanzes zu sehen, die eine plötzliche Veränderung in der Wahrnehmung des Betrachters hervorrufen. Er zieht keine Grenze ein: Wenn, wie Maldiney sagt, die Ansicht der *G*roßen *L*eere den Halt verlieren lässt, so ist das darin begründet, dass der reale Tanz, diese Choreographie Cunninghams oder jene Martha Grahams, stets in diese Leere zurückgeht und dabei unmittelbar auf die primordiale Gewalt zurückverweist, die die Leere jeder Form repräsentiert.

Aber vielleicht muss man den Begriff des Antriebs anders verstehen. Gewiss, der ‚Antrieb hin zu' einer solchen Bewegungsfolge enthält in sich die kommende (*à venir*) Form. Doch wenn diese sich entwickelt, gibt es keinen Antrieb im eigentlichen Sinne mehr, keinen Widerstand des Körpers gegen die Bewegung, die fließt. Sagen wir also, dass der Antrieb seinen Nullpunkt erreicht, wenn die gewöhnliche Bewegung ihr Ende findet und die getanzte Bewegung beginnt: Der gewöhnliche Antrieb bricht dort ebenfalls ab, er hat keinen Seinsgrund mehr.

Der Nullpunkt des Antriebs begreift eine besondere Situation des Gleichgewichts ein: In dem Moment, in dem der Antrieb vergeht, erhebt sich eine andere Bewegung, die ohne Hindernisse dahinfließt. ‚Zwischen' den beiden hat der Tänzer das Gleichgewicht erlangt, dessen er bedurfte.

Es gibt zwei Arten körperlichen Gleichgewichts: dasjenige eines physischen Systems – rein mechanisch; und ein anderes, das die Bewegung und das Bewusstsein in den Körper einführen. Die getanzte

Bewegung wird aus der Zusammenarbeit dieser zwei Gleichgewichte geboren. Begrenzen wir uns für den Moment darauf, die Wirkungen zu beschreiben, die das Gleichgewicht des Tänzers im Gewicht seines Körpers hervorruft.

Wenn er ‚von der Bewegung davongetragen' wird, hat der Tänzer einen Punkt des Gleichgewichts erreicht, der es ihm erlaubt, ohne die Reibung des Gewichts im Raum zu gleiten. Er muss seinem Körper mikroskopische, schnelle oder unvorhergesehene Impulse geben und sich ihnen folgsam unterwerfen: Er muss sich nicht jedes Mal von Neuem dazu antreiben, ein Gewicht zu überwinden, das seinen Bewegungen hinderlich ist (selbst wenn dies nahezu immer der Fall ist). Ist dieser Punkt oder dieses Plateau einmal errungen, hält er sich in seinem Körper – er erprobt seinen Körper im Raum – wie ein Fisch im Wasser oder ein Vogel in der Luft. Die ideale Situation ist diejenige des Segelflugzeugs: Weit davon entfernt, ein Hemmnis zu bedeuten, hilft das Gewicht nun dem Körper, besser zu gleiten, indem es die Linie des geringsten Widerstands wählt. Das Gewicht setzt in Bewegung, daher hat der Tänzer den Eindruck einer Bewegung, die sich aus sich selbst speist, die nicht von außen kommt, den Eindruck eines *motus continuus*.

Allerdings sind die Dinge nicht so einfach, denn niemals fliegt der Tänzer wie ein Segelflugzeug oder gar wie ein Vogel im Raum umher: Nicht nur, dass er nicht unbewegt verbleibt, auch der Raum ist ihm nicht in einem ‚Milieu' gegeben, wie dem Vogel die Luft und dem Fisch das Wasser. Sein Raum muss kreiert werden, er ist wirklich ganz um seinen Körper herum konstruiert, ohne dass er im objektiven Raum verschwände: Dies ist der Raum des Körpers, ‚Milieu', wo, genau gesagt, sein Körper sich in jedem Augenblick ergießt und ‚dort' sein Gewicht verliert. In der Tat: Man tanzt weder *im* Außenraum noch in einem subjektiven Innenraum. Die Schwerelosigkeit, die Leichtigkeit erlebt der Tänzer zugleich, wie Eigenschaften eines im Raum Beweglichen, als ob er sie im Innern seines Körpers spürte, als ob seine Textur Raum geworden wäre. Raum des Körpers und Raum gewordener Körper.

Andernfalls könnte man die Transformation des Gewichts in Impuls oder in Bewegungskraft nicht verstehen. Denn nur springend erreicht man die Schwerelosigkeit – spektakulärer Effekt eines beständigen Phänomens der getanzten Bewegung. Die Sprünge eines Nijinski schlugen Vorteil aus dem Eindruck der Aufhängung des Körpers, den sie durch die akrobatische Leistung, sehr hoch in die Luft zu springen, verursachten.

Das Nicht-Gewicht des Tänzers ist keine Nicht-Gravitation oder eine Abwesenheit jeder Bindung an die Erde. Seine Leichtigkeit manifestiert sich in jeder Distanz zum Boden, selbst beim Kriechen über den Fußboden. Deswegen ist sein ‚Milieu' seinem Körper nicht äußerlich, sondern schmiegt sich ihm vollständig an und vermischt sich eng mit ihm: Der Tänzer muss sich in seinem Körper wiederfinden, in Abwesenheit jeder Fremdheit; das heißt, dass seine Bewegungen sich mit derselben Intimität und mit derselben Vertrautheit, mit der er seinen Körper bewohnt, in den Raum einfügen. Dieser Körper muss sein Raum werden – dort wird er Schwerelosigkeit und Energie erhalten; dort wird er in jeder Situation Leichtigkeit finden, quer durch den Widerstand des Materials (das Gewicht, die Organe) selbst. Deshalb tanzt, auf eine gewisse Weise, der Tänzer im Innern seines Körpers.

Da der objektive Raum nicht sein natürliches Milieu ist, muss er ihn transformieren. Er muss ihn kontinuierlich transformieren, da sein Körper beständig danach strebt, zu seiner anfänglichen Position eines Objekts *im* Raum zurückzukehren, eines schweren, ungastlichen Objekts. Es ist das erste Ziel des Tänzers, das Gewicht zu überwinden.

Wie den Raum transformieren? Wie das Gewicht überwinden? Wie diesen Zustand des Gleichgewichts erreichen, der das Gewicht in Impuls verwandelt und die Bewegung fließen lässt?

Es geht darum, dem Körper die Schwerkraft zu nehmen und dabei gleichwohl seine Bindung an die Erde zu bewahren; denn kein Tänzer könnte in der Situation der Nicht-Schwere Bewegungen ausführen. Zunächst ist der Tanz nämlich Tat von Wesen, die auf einem Boden gehen und ins Gewicht fallen. Der Astronaut tanzt nicht, wenn er im Raum losgelöst ist oder wenn es ihm in seiner Kabine unmöglich ist, sich *gerichtet* an der Erde festzumachen. Doch bereits die Schwerelosigkeit der Orbitalstationen aus *2001 – Odyssee im Weltraum* erlaubten es ihnen, zum Klang der Walzer von Johann Strauss zu tanzen: Sie hatten den Punkt des Gleichgewichts zwischen der Schwerkraft und der zentrifugalen Bewegung um den Planeten gefunden.

Der Tänzer tut das Gleiche. Die Bewegung, die er dem Körper überträgt, muss sein Gewicht ausbalancieren; sein Antrieb zielt auf einen Zustand instabilen Gleichgewichts zwischen diesen zwei Vektoren. Der Antrieb besteht darin, *sein Gewicht in reine Schwere zu transformieren.* Er stützt sich auf ersteres, um den nötigen Schwung (*élan*) zu schöpfen; und letztere entsteht aus dem Wandel der Schwerkraft in Energie. Der Antrieb stößt den Körper weiter, dem Gewicht entgegenwirkend, und die Bewegung überträgt sich demnach leichter auf dies Bewegliche; je mehr das Bewegliche sich der übertragenen Bewegung gemäß bewegt, desto mehr zieht seine Trägheit den Impuls, der der Schwerkraft entstammt, zu ihm. Ein Moment kommt, wo das Gewicht nur noch als Faktor der Stabilität des instabilen Systems fungiert, ein Faktor, der es dem Tänzer erlaubt, seinen Körper auszurichten, ihn irgendeinem Punkt des Raumes entgegen zu drehen, ihn umzukehren, ohne das Gleichgewicht zu verlieren. Dies ist kein reales Gewicht mehr, da der Tänzer nicht mehr sein wirkliches Gewicht wiegt, sondern so etwas wie ein ‚fiktives' oder ‚virtuelles' Gewicht, das von der entwickelten und verzehrten Energie abhängt.

Gewiss, nie wird das Gewicht ganz in Gravitationsenergie transformiert: Aber dieser Prozess strebt nach der reinen Schwere. Die Eigentümlichkeit des Tanzes ist, dass seine Bewegung *unendlich* nach der reinen Energie streben kann, um die größte Freiheit zu erlangen. Es ist jedoch nötig, dass diese Transformation frei durchgeführt werden kann. Dieses Paradox setzt, als Prinzip der getanzten Bewegung, die theoretische Möglichkeit voraus, die Schwere vollständig in Energie umzuwandeln.

Ausgehend von seinem realen Gewicht strebt der Tänzer danach, sein ‚spezifisches virtuelles Gewicht' zu realisieren. Letzteres markiert den kritischen Punkt des Prozesses: Von nun an besteht die Bewegung selbst im Durchlauf vom Gewicht bis zur Schwere, ohne auf den Antrieb zurückzukommen. Soweit in der Theorie. Denn niemals wird das virtuelle Gewicht tatsächlich erreicht. Der Tänzer wird immer fallen, selbst wenn er tanzend fällt, durch die Einwirkung der reinen Schwere: Ebenso wird er durch die Einwirkung seines Gewichts gefallen sein. Er wird folglich mit diesen zwei Vektoren spielen und dabei ununterbrochen aus dem ‚Rest' des realen Gewichts, der vom Prozess bleibt, den Ansatzpunkt des Impulses der folgenden Bewegung machen. Indem er diesen Rest negiert, holt er Schwung (*élan*).

Die zwei Gewichte des Tänzers stellen daher eine wesentliche Bedingung des Tanzes dar. Sonderbarerweise kann der Rest des realen Gewichts selbst virtuell werden, obschon er dabei nicht aufhört, als Rest zu fungieren: Der Tänzer hat dann seinen Punkt des Gleichgewichts erobert, er tritt ‚in den zweiten Zustand' ein, er wird wahrhaftig davongetragen von der Bewegung, ohne weiter das Gewicht seines Körpers als Hindernis zu empfinden.

Was ist das spezifische virtuelle Gewicht? Jeder Tänzer hat das seinige. Es gibt also so viele spezifische Gewichte wie es Tänzer gibt. Der Wandel des Gewichts in Schwere verändert die Kraft der letzteren. Sie ist nicht mehr von festem Wert, die Dynamik der Kräfte des Tanzes setzt eine andere Physis der Körper voraus. Sobald die Transformation des Gewichts in Energie einmal begonnen hat, konstruiert jeder Tänzer seine eigene Kraft der Verbundenheit mit der Erde: Sie variiert je nach gespendetem Antrieb, nach der Geschwindigkeit des Körpers, der Qualität und Fluidität der Bewegung. Die ‚Leichtigkeit' des Tänzers spiegelt diese Variationen des spezifischen virtuellen Gewichts, das heißt die Variationen des Wertes, die die Schwere als diejenige Kraft erfährt, die jeden Körper an den Boden bindet.

Die Leichtigkeit ist demnach paradox: Sie ist nicht ohne eine Erde zu begreifen, von der sich der Körper löst und die doch nicht mehr der ‚Grund' ist, nicht Zentrum und absolutes Bezugssystem der Bewegung. Weil sie durch eine neue Kraft, die Leichtigkeit, affiziert ist, bezieht sich die Bewegung nur noch auf sich selbst, das heißt auf den Körper, der eine Welt des Raumes schafft, dem er sich anschmiegt. Als ob der Körper des Tänzers sich im Zentrum der Erde situierte, wo alle Vektoren zusammenlaufen und sich, ein unendlich ‚luftiges' Milieu kreierend, auflösen. Denn die Erde bildet nur eine Welt, wenn sie die Kraft hat, den Raum zu separieren.

Auf welche Weise hebt der Tanz jeden absoluten Referenten der Bewegung auf? Erwägen wir nochmals die ‚Leichtigkeit' des Tänzers. Gewiss, sein objektives Gewicht, jenes, das die Wissenschaft misst, hat sich nicht verändert. Aber er erlebt eine Leichtigkeit und ein Gewicht, die auf andere Weise ‚objektiv' sind. Er erlebt seinen sich im Raum bewegenden Körper nicht als subjektiv. Das Erlebte des Körpers stellt für ihn nicht ein einzigartig qualitatives, sinnliches Gegebenes dar, wie beispielsweise eine ‚reine' Empfindung. Sein Körper ist da, mal als Exzess, mal sich mit dem ‚Geist' vermischend.

Es gibt eine Leichtigkeit, die der getanzten Bewegung eigen ist; diese Leichtigkeit misst sich an der Leichtigkeit des lebenden biologischen Körpers (zum Beispiel, wenn der Tänzer unbeweglich steht), denn dieser ist ja ununterbrochen einer Kraft unterworfen, die ihn in die Höhe zieht. Niemals erlebt der Tänzer sein objektives, wissenschaftliches Gewicht, das Gewicht seines Objekt-Körpers, seines Kadavers. Seine gegenwärtige (*actuelle*) Leichtigkeit schätzt er mittels eines Vergleichs mit anderen Leichtigkeiten, die er gerade im spezifischen Rahmen einer bestimmten Bewegungssequenz durchquerte: Jede Sequenz eröffnet vielfältige Möglichkeiten der Schwerelosigkeit, ungleich denen, die von anderen Sequenzen dargereicht werden. Es ist die Modulation, es sind die Wandlungen des Energieflusses, die den mehr oder weniger leichten Körper dem Inneren einer erworbenen Leichtigkeit übergeben (jener des aufrechten Stehens und jener der getanzten Bewegung). Die beiden Schwellen, die von außen die Sphäre der Bewegung begrenzen – das reale Gewicht des trägen Körpers, die maximale, jemals erreichte Leichtigkeit – erlebt der Tänzer niemals als gegenwärtig gegebene; sondern lediglich als Virtualitäten, die, wenn sie sich aktualisierten, seine getanzte Bewegung zerstörten. Das spezifische virtuelle Gewicht ist die Resultante der Summe dieser zwei entgegengesetzten Vektoren.

In seinem Körper spürt der Tänzer die Differenz der Kräfte, die in den Durchlauf von einer Position zur anderen, von einer Geste zur anderen (im Inneren einer Sequenz, zum Beispiel) verwickelt sind. Es ist die Differenz der Energieniveaus, die es ihm erlaubt, die Leichtigkeit seiner Bewegung zu schätzen. Nochmals, es ist, als ob er ständig zwei Körper bei sich hätte: einen, der ihn hinunterzieht, dessen Gewicht er überwinden muss; den anderen, der die Schwerelosigkeit anstrebt. Ersterer erschwert zunehmend seine Bewegungen, wie ein fremder Körper, der seinen Körper bewohnt; während er sich mehr und mehr an den zweiten heftet, der ihm von nun an derart angehört, dass er nicht mehr als Objekt-Körper erscheint.

Kurz, das Gewicht des Tänzers ist nicht das objektive Gewicht, allerdings erlebt er es als mannigfaltige, objektive und differenzierte Gegebenheit.

Finden aber nicht all diese Prozesse der Transformation des Gewichts in eine Schwere, in ein spezifisches Gewicht, in eine Leichtigkeit, auch in jedem beliebigen materiellen Körper statt, der in der Luft in Bewegung ist, bei einem Flugzeug, einem Vogel, einem Drachen? Dies hieße, den Körper des Tänzers als ein einfaches physisches System zu betrachten. Nun ist er aber eine recht andere Sache.

Staunen wir zunächst über diese kleine Versetzung der gewöhnlichen Haltung, die im Tänzer vorgeht. Willentlich verlässt er die stabile Haltung des alltäglichen Menschen, um sich umgehend in eine Schwierigkeit zu versetzen: Er bringt sich aus dem Gleichgewicht, er sucht instabile Situationen, die den Moment der kindlichen Entwicklung an der Schwelle zum aufrechten Stehen zwischen dem Kriechen auf allen Vieren und dem Gang reproduzieren. Er wiederholt die kindliche Situation, nun aber ausgehend vom erlernten Gleichgewicht; und das verändert alles.

Notieren wir, dass diese kleine Verschiebung die Geburt der Kunst markiert; oder zumindest ihrer Möglichkeit. Indem er aufhört, eine natürliche Haltung einzunehmen, gibt der Körper sich einen Kunstgriff, er macht sich künstlich: Er kann von nun an Bild werden, das heißt Materie der Kreation von Formen. Seine Instabilität präjudiziert in keiner Weise, was er werden wird, sie bestimmt keine andere Haltung vorher. Dieser kritische Punkt ist ein Punkt des Chaos – mannigfaltige Formen können daraus hervorgehen. Danach suchend, die natürliche Haltung zu destabilisieren, will der Tänzer Bedingungen schaffen, die es ihm erlauben werden, seinen Körper wie künstlerisches Material zu behandeln.

Es genügt ihm jedoch nicht, ein mechanisches Ungleichgewicht in seinen Objekt-Körper einzuführen, denn ein solcher Körper wüsste nicht zu tanzen. Im Übrigen geht jedes vom Tänzer hervorgerufene mechanische Ungleichgewicht aus einem anderen Typ der Instabilität hervor, die nicht von physikalischen Bedingungen abhängt.

Nehmen wir irgendein Beispiel: jene Grundfigur des klassischen Balletts, das ‚Plié', oder jene Drehung des Oberkörpers in der Technik Cunninghams. Alle beide gehen nicht aus der einfachen mechanischen Kunstfertigkeit des Tänzers hervor, sondern, sagen wir es auf allgemeine Weise, aus seiner Konzentrationsfähigkeit. Das Gleichgewicht hängt nicht vom alleinigen Spiel materieller Kräfte in der Gegenwart ab, sondern von der Weise, wie das Körperbewusstsein diese Kräfte verteilt. Ohne Konzentration wird es der Tänzer nicht fertigbringen, seinen Körper ins Gleichgewicht zu bringen: Dieser bildet kein System, das dem Bewusstsein äußerlich wäre, wie etwa ein Kartenhaus oder eine Waage.

Wenn seine Stabilität an der direkten Einwirkung des Bewusstseins auf den Körper hängt, bedeutet dies, dass ein ‚spirituelles' Moment in die Komposition des Systems eintritt. Das Gleichgewicht des ‚Plié' ist nicht einfach nur mechanisch: Sobald der Tänzer seine Konzentration unterbricht, wird die Figur zusammenbrechen.

Diese banale Erfahrung (mit der jeder Turner vertraut ist) begründet die getanzte Bewegung. In der normalen Position stützt sich das Gleichgewicht des Körpers ebenfalls auf das Bewusstsein, da dessen Entschwinden ja die Stabilität ruiniert – man kann nicht stehend schlafen. Der Tänzer aber beschränkt sich nicht darauf, das gewöhnliche Gleichgewicht zu bewahren, er sucht ein Gleichgewicht im Ungleichgewicht; zuerst muss er eine Instabilität des Körper-Systems erzeugen, es über die natürlichen (oder gewöhnlichen) Möglichkeiten hinaus führen, um ein höheres Gleichgewicht zu konstruieren, nicht statisch, nicht erlernt mit dem Lernen der aufrechten Stellung. Es ist jetzt nicht mehr einfach nur die Tatsache, bewusst zu sein, die den Körper im Gleichgewicht hält, sondern das *Bewusstsein der Bewegung*, das ihn durchläuft. Als Gleichgewicht der Kräfte sowie der Massen in Bewegung ist das Gleichgewicht dynamisch; nun wird das Bewusstsein der Bewegung Bewegung des Bewusstseins (so wie die ‚Konzentration' des Bewusstseins sich im Körper festsetzt), und es ist das Ensemble der Bewegung, welches das Gleichgewicht hervorbringt. Der gewöhnliche Mensch – jedoch auch der Turner, der Sportler, der Seiltänzer – strebt danach, in jeder Haltung zur Stabilität des statischen aufrechten Standes zurückzukehren, die der absolute Referent der Bewegung bleibt, ihr Zentrum, ihr Punkt des Entstehens und des Zustandekommens. Dank der besonderen Natur seiner Bewegung geht der Tänzer vom Ungleichgewicht aus und verlässt es niemals mehr: Er sucht kein referenzielles Zentrum, er kreiert Vielheiten, die seine Gesten besiedeln und ihnen eine fremdartige Konsistenz schenken.

Der Körper, den der Tanz instabil macht, ist kein mechanisches System. Was hat er mehr als ein physischer[8] Körper? Den ‚Geist' und seine ‚Energie'.

8 Das franz. Adjektiv *physique* kann sowohl physisch als auch physikalisch bedeuten. Der so bezeichnete, vom tanzenden Körper unterschiedene Körper changiert somit zwischen dem materiellen, in den Gegensatz zur Psyche gebrachten Körper und dem wissenschaftlich bemessenen Körper. (Anm. d. Übers.)

Der einfache Umstand, dass er von Spannungen besiedelt und von Kräften durchzogen ist, verhindert zunächst, ihn als ein in den Raum gestelltes Objekt zu begreifen. Denn dieses System fasst in sich ein anderes, in einem anderen (inneren) Raum. Offensichtlich befreit von jedem äußeren Einfluss geht sein Gleichgewicht aus dem Spiel dieser Kräfte hervor, die in die eine und die andere Richtung ziehen; hier sein Gewicht vermindernd, dort es erhöhend, zur Trägheit hingleitend oder die Bewegung zerstörend. Da das System von extremer Instabilität ist, geben sich jeder Impuls, jede mikroskopische Veränderung der muskulären Energie, des Blutzuflusses, des Nervenflusses weiter, indem sie sich über den ganzen Körper ausbreiten. Es genügt, dass das Bewusstsein an so einer Stelle (*lieu*) die Muskelspannung lockert, damit ein neues Gleichgewicht sich zu etablieren sucht: Die Verteilung des Körpergewichts hat sich verändert. So besteht die Kunst des Tänzers darin, ein Höchstmaß an Instabilität zu konstruieren, die Artikulation zu desartikulieren, die Bewegungen zu segmentieren, die Glieder und Organe zu trennen, um ein System von unendlich feinem Gleichgewicht zu konstruieren – eine Art Schallkörper oder Verstärker der mikroskopischen Bewegungen des Körpers: im Besonderen der kinästhetischen Bewegungen, über die das Bewusstsein nur Kontrolle auszuüben vermag, indem es sich dort konzentriert.

Dann löst sich der Körper und das Körperbewusstsein wird ein innerlicher Raum, den die Bewegungen durchlaufen und dabei auf makroskopischer Ebene die subtilen Bewegungen widerspiegeln, die die Organe durchströmen. So ‚enthält' das im Gleichgewicht befindliche Körper-System den Geist. Wenn man es als ein Ganzes ansieht, ist man gezwungen, jenem unwägbaren Element Rechnung zu tragen, das – wie das Phlogiston des 18. Jahrhunderts – den Körper weniger schwer macht: dem Bewusstsein. Das Gleichgewicht ist demnach nicht mechanisch, nicht physisch, sondern ‚virtuell', denn es ist der virtuelle Körper, der tanzt (Susanne Langer), nicht der Körper des Fleisches und der Muskeln. Oder vielmehr: Tanzend aktualisiert der Körper des Fleisches den virtuellen, er inkarniert und entmaterialisiert ihn zur selben Zeit.

Man könnte hier keine Trennung zwischen den beiden Systemen, dem des Körpers und dem des Geistes, in Betracht ziehen, denn die vom Bewusstsein hervorgebrachten, verschwindend kleinen körperlichen

Bewegungen werden nur dank ihrer makroskopischen Wirkungen physisch genannt. Am Ende der Skala des unendlich Kleinen erlangen das Sichtbare wie auch das Unsichtbare (mikroskopisch, aber ‚materiell') eine andere ontologische Textur, diejenige der *Bilder* (oder der psychischen Energie). In diesem Sinne beschränkt sich die Differenz zwischen ‚Materie' und ‚Bild' auf eine Frage des Maßstabs: Das Bild-Bewusstsein ‚existiert im' Körper insofern, als es dem Körper-System erscheint, welches von der makroskopischen Ebene zum mikroskopischen Unendlichen reicht.[9] Das erste umfasst den Leib und seine Organe, das letztere das Bewusstsein und die Bilder. Nicht weil es aus der Einwirkung des Bewusstseins auf den Körper stammt, als Wirkung einer physikalischen Ursache, ist das Gleichgewicht des Tänzers virtuell, sondern weil diese Einwirkung der Präsenz des Körpers in genau demselben Moment zugehört, in dem sie sich manifestiert. Die Aktualisierung des Virtuellen ist ein Wirken, ein Handeln.

Was ist ein virtuelles Gleichgewicht? Ein System von Spannungen, in dem die Kräfte sich dank einer Einwirkung des Geistes auf den Körper entsprechen, sodass es keine äußerliche Kraft im muskulären Spiel entfesselt, sondern selbst Kraft und Energie ist. Es gebiert somit ein aus Kräften und Gewicht Zusammengesetztes, zu dem es selbst gehört: Was wir hier sehen, im Gleichgewicht in dieser getanzten Figur, lässt sich nicht eindeutig in Termen physischer Kräfte beschreiben, da ein immaterielles und unwägbares Element in seine Komposition eintritt. Die Bewegung des Tänzers hat seinen Körper innerhalb eines Resonanzsystems der Einwirkung des Bewusstseins transformiert, so wie das Unendliche aktuell geworden ist. Das heißt, dass das unendlich Kleine sich im Bild aktualisiert hat, welches tätig ist und an derselben Bewegung partizipiert; und dieses bleibt dank des Effekts der unendlichen Ausweitung in der Resonanz jeder Bewegung in einem System von instabilem Gleichgewicht erhalten.

Wenn das Bewusstsein in das Körper-System eintritt, wirkt es, auf jenes einwirkend, auf sich selbst ein: Deswegen beeinflusst die getanzte Bewegung das Bewusstsein, sie erregt jenes ‚unbewusste Bewusstsein', das den Bewusstseinszustand des Tänzers charakterisiert. Es geht darum, ‚den Körper zu befreien', indem man ihn

9 Man holt so, auf anderem Wege, eine Idee wieder ein, die Bergson teuer ist, vgl. Henri Bergson: *Materie und Gedächtnis*. Hamburg: Meiner 2015, Kap. 1.

sich selbst ausliefert: weder dem mechanischen Körper noch dem biologischen Körper, sondern dem vom Bewusstsein penetrierten Körper, das heißt dem Unbewussten des Körpers, das Bewusstsein des Körpers geworden ist (und nicht Selbstbewusstsein oder reflexives Bewusstsein eines ‚Ich').

Der Tänzer im Gleichgewicht erprobt eine derartig heftige Spannung des Bewusstseins, das sich vollständig mit dem Körper vermählt, sodass dieser Körper nicht mehr als ein physisches Objekt im Raum empfunden wird. Die geringste Oszillation des Körpers geht einher mit einer Bewegung, die dem Bewusstsein korrespondiert. Tatsächlich verschwimmen die Differenzen nun: Die Bewegung des Bewusstseins gehört der Oszillation des Körpers an und umgekehrt. Zugleich ‚öffnet sich' der Körper, seine Bewegungen resonieren auf einer anderen Ebene im Bewusstsein.

Dieser Moment markiert den Punkt des virtuellen Gleichgewichts, den Nullpunkt des Antriebs. Die *Große Leere* erhebt sich in dem Moment, in dem die physischen Kräfte aufhören, auf autonome Weise zu wirken; der Tänzer verlässt sich nur noch auf dieses Körperbewusstsein, das er nicht kontrolliert, das jedoch all seine Herrschaft über die Bewegung ausmacht. Vor der Leere ist er allein, in einer Einsamkeit, die ihn aus sich selbst herausreißt. Er ist allein und außer sich. Seine Geste geht in Richtung der anderen Körper. Wie diese Geste tanzen? Wie dies machen? „Indem man es macht", sagt Cunningham.

Aus dem Französischen von Sara Ehrentraut

Den nächsten Schritt beginnen

Erin Manning

Beim Gehen kommt es vor allem auf den nächsten Schritt an. Gehen ist nie etwas Einmaliges: Der Impuls der Fortbewegung wird von einem Schritt in den nächsten übertragen. Jeder dieser Schritte wird mit dem Gefühl des Gehens vollzogen. Wir gehen mit dem Gefühl, uns immer schon zu bewegen. Das Gehen ist somit eine gemeinsame Bewegung mit der immanenten Aktivierung des Raumes durch die Sinne. Das bedeutet, dass wir sowohl *mit* als auch *inmitten* der Umwelt gehen, die wir auf relationale Weise wahrnehmen.

Wenn wir den nächsten Schritt beginnen, bewegen wir uns gemeinsam mit einem Intervall, welches durch die Vorbeschleunigung (*preacceleration*) geschaffen wurde. Wir fühlen mit den Formveränderungen der eindringenden Gerüche, wir hören gemeinsam mit der sich annähernden Wand. Dieses gemeinsame Empfinden ist propriozeptiv und unmittelbar mit unserem Balance-Sinn sowie unserer Fähigkeit verbunden, Räume herzustellen. Weder brauchen wir mit unseren Händen die Wand abzutasten, um diese zu fühlen, noch müssen wir den Boden berühren, um zu wissen, wo er ist. Die Berührung – von Sicht und Gehör durchkreuzt – spannt die Umwelt auf und öffnet sie für eine relationale Mannigfaltigkeit von Bewegung, Empfindung und zeit-räumlicher Vermischung. Selbst wenn wir alleine Gehen, ist dieses voller Beziehungen: Wir bewegen uns mit der Empfindung des Bodens, wie er sich vor unserem Becken ausdehnt, wir geben dem Gewicht der Anziehungskraft nach, wir nehmen kinästhetisch an den wechselnden Dynamiken der Beine teil, wie sie den Boden berühren. Wir bewegen uns mit der nahenden Grenze des Raumes oder der schwindenden Linie des Horizonts. Den nächsten Schritt beginnen ist eine Bewegung mit der Welt.

Doch was, wenn wir nicht anfangen können, uns zu bewegen? Diesen Fall beschreibt Oliver Sacks bei den postenzephalitischen Patient_innen in seinem Buch *Awakenings. Zeit des Erwachens*. Diese Patient_innen sind durch die Unfähigkeit charakterisiert, ohne Hilfe ihre Position im Raum zu verändern.[1] In den schlimmsten Phasen ihrer Krankheit wirken diese Patient_innen katatonisch und vollends unfähig, mit der Außenwelt Kontakt aufzunehmen.

Nehmen wir den Fall von Hester Y. Mit 30 begann Hester die Effekte des postenzephalitischen Syndroms zu spüren. Zuerst empfand Hester ein einfaches Verschwinden des Handlungsflusses:

> Eben noch ging oder sprach Mrs. Y. normal und hielt dann plötzlich, ohne Vorwarnung, inne – mitten im Gehen, mitten in der Gebärde oder in der Mitte eines Wortes. Nach einigen Sekunden nahm sie das Sprechen wieder auf, offenbar ohne zu bemerken, daß es eine Unterbrechung gegeben hatte.[2]

Durch den fortschreitenden Verlauf der Krankheit konnte Hester bald den Fluss ihrer Tätigkeiten nicht mehr von sich aus aufnehmen. Mit leerem und ausdruckslosem Gesichtsausdruck war Hester für Jahrzehnte unbeweglich.

Als Oliver Sacks 1965 mit Hester und anderen Patient_innen, die unter postenzephalitischen Symptomen litten am Mount Carmel Krankenhaus zu arbeiten begann, stellte er fest, dass sich die Patient_innen durchaus bewegen konnten. Sie konnten es nur nicht aus sich heraus. Um sich zu bewegen, mussten sie aktiviert werden. Eine von Sacks' Hypothesen war, dass er es mit einer akuten Form von Parkinson zu tun hatte, bei der das gewöhnliche Symptom des Schüttelns in Unbeweglichkeit übergegangen war. Als wäre das Schütteln so stark geworden, dass es zu einer totalen Erstarrung des Körpers geführt hatte. Die Notwendigkeit der Patient_innen mit *encephalitis lethargica*, von einem äußeren Stimulus aktiviert zu werden, führte zu Sacks' Annahme, dass die Selbst-Aktivierung durch neurologische Krankheiten zerstört wurde, wie dies häufig – wenn auch in geringerem Maße – bei Parkinson-Patient_innen zu finden ist.[3]

1 Sacks verabreichte zur Behandlung 1967 das Medikament L-Dopa. Dopamin galt als sehr effektiv bei Patient_innen, die an Parkinson litten, und zeigte auch bei Patient_innen mit *post-encephalitic lethargica* verblüffende Effekte.

2 Oliver Sacks: *Awakenings. Zeit des Erwachens.* Reinbek: Rowohlt 2015, S. 142.

3 Sacks schreibt: Den Patient_innen „fehlte offensichtlich der ‚Wille', irgendeine Aktivität aufzunehmen oder mit einer fortzufahren; obgleich sie sich recht gut hätten

Es ist wichtig, zwischen Bewegung und Selbstaktivierung zu unterscheiden, besonders wenn diese Aktivierung mit der Veränderung der Position in Verbindung steht. Laut ihrer eigenen Aussagen verbinden Sacks' Patient_innen die „katatonische" Phase ihrer Krankheit nicht mit dem totalen Verlust von Bewegung. Was sie empfinden, scheint eher eine absolute Bewegung – ein Nullpunkt der Bewegung – zu sein und weniger ein totaler Stillstand. Absolute Bewegung ist, wie sie es beschreiben, Bewegung ohne Selbstaktivierung. Sie fühlen Bewegung, ohne dieses Gefühl in eine Veränderung ihrer Position übersetzen zu können. In ihrem ‚Stillstand' wird diese Absolutheit zu einer starken Trägheit.

Trägheit ist das Vermögen eines Körpers, aufgrund dessen er im Stillstand oder in gleichförmiger Bewegung verbleibt, solange keine externe Kraft auf ihn einwirkt. Trägheit bedeutet jedoch nicht einfach den absoluten Verlust von Bewegung: Sie suggeriert die Unfähigkeit, eine Veränderung des Zustands zu bewirken. Ein träger Körper bewegt sich, jedoch ist seine Bewegung absolut: Bewegung ohne Interpunktion und graduelle Veränderung. Absolute Bewegung ist die totale Glattheit der Bewegung, sie wird als Verlust der Differenzierung von Raum und Zeit wahrgenommen.

In den frühen Jahren von Hesters postenzephalitischen Symptomen reichte „[e]ine bloße Berührung […] aus, um diese Zustände aufzulösen und die unmittelbare Wiederaufnahme von Bewegung und Sprechen zu ermöglichen"[4]. In dieser Phase ihrer Krankheit war ihre Trägheit eine extreme Form dessen, was die meisten Menschen hin und wieder erfahren. Alle Körper neigen zu einem gewissen Grad

bewegen können, wenn sie mit einem Reiz oder einem Befehl oder einer entsprechenden Bitte einer anderen Person, d.h. *von außen*, konfrontiert worden wären." (Ebd., S. 47.) Ich glaube nicht, dass sich hier – wie Sacks suggeriert – ein Mangel an Willen zeigt. Bewegung ist nicht einfach nur Willenskraft im Sinne von „ich will mich bewegen" oder „ich will mich nicht bewegen". Versteht man Bewegung als Entfaltung, ist sie nicht nur das Langen (*reaching toward*) eines Körpers, sondern das Langen einer Kombination von Körper und Raum-Zeit. Das Welten (*worlding*) schafft Körper, wie auch Körper ein Welten schaffen. Diese Körper unterscheiden sich qualitativ von den Körpern, die sie vor einem Bruchteil einer Sekunde waren – Körper kombinieren, sie fühlen in Richtung (*feeling toward*) einer kontinuierlichen Differenzierung der Welt, wie sie sie kennen. Diese erneuten Kombinationen sind ohne eine Aktivierung der Bewegung nicht möglich. So folgt eine obsessive Umhüllung, die lediglich zu ihrer eigenen zwanghaften Wiederholung führt.

4 Ebd., S. 143.

zur Trägheit: Es ist nicht ungewöhnlich, dass wir durch den Fernsehbildschirm benommen sind. Wir finden es schwierig, aus unseren Tagträumen zu „erwachen“ oder am Morgen aus dem Bett zu kommen.[5] Der Unterschied zwischen Hesters Fall und unserem ist die Fähigkeit, die Bewegung selbst zu aktivieren. Selbstaktivierung – die habitualisierte Fähigkeit, Richtung, Geschwindigkeit und Zustand der Bewegung zu verändern – ist etwas, das wir üblicher Weise als selbstverständlich erachten. Menschen mit gesunden Körpern tendieren dazu, ihre Fähigkeit, den nächsten Schritt zu beginnen, nicht in Frage zu stellen.[6]

Aber für Menschen wie Hester, die durch ihre verschwindende *encephalitis lethargica* an Parkinson-Symptomen leiden, ist Selbstaktivierung nicht mehr selbstverständlich. Aktivierung muss von außen kommen, normalweise durch die Hilfe eines anderen.[7] Dies kann auf

5 „Trägheit ist die Tendenz eines Objekts, der Veränderung ihrer Bewegungsform zu widerstehen. Schwerere Objekte haben eine höhere Trägheit, das heißt eine höhere Tendenz einer Veränderung zu widerstehen. Zum Beispiel hat ein Elefant eine hohe Trägheit. Wenn er still steht, bietet er gegenüber jeder Veränderung dieses Zustands großen Widerstand, und so ist es schwer, den Elefanten zu bewegen. Auf der anderen Seite hat ein Bleistift wenig Trägheit. Es ist leicht, den Bleistift aus seinem Zustand der Ruhe zu bewegen.“ (www.learner.org/exhibits/parkphysics/glossary.html, Zugriff am 10.12.2015, Übers. G. E.)

6 Es ist wichtig, die Rolle der Gewohnheit in der Selbstaktivierung zu unterstreichen. Wenn wir Selbstaktivierung dem Bereich des ‚Willens‘ zuschreiben, suggerieren wir damit zwei Dinge: (1) Die Bewegung-hin-zu (*movement-toward*) ereignet sich in der Aktualisierung der Bewegung und nicht in der Anfänglichkeit; (2) Die Bewegung zu etwas hin ist eine Frage des bewussten Entscheidungsprozesses. Wie in Fußnote 2 beschrieben, glaube ich, dass keines der beiden zutrifft. Selbstaktivierung findet in der Vergangenheit der sich bewegenden Bewegung (dem Pool der Gewohnheit) statt, die die Bewegung überrascht. Unsere Fähigkeit, uns zu bewegen, hängt von der Qualität des Anfangs ab, aus dem heraus sich die gerichtete Bewegung formt. Würden wir über jede Bewegung, die wir machen, nachdenken, wären wir höchstwahrscheinlich in Bewegungslosigkeit gefangen. Sacks' Patient_innen fehlt es nicht an Willen. Ihnen fehlt die verkörperte Beziehung zwischen Vergangenheit und Zukunft, die die Erfahrung der Bewegung mit der sie bewegenden Bewegtheit zusammenbringt.

7 Sacks kommt in seinem neuen Buch *Der einarmige Pianist. Über Musik und das Gehirn*. Reinbek: Rowohlt 2013, auf die Frage der Selbstaktivierung seiner postenzephalitischen Patient_innen der 1960er Jahre zurück und unterstreicht, welche wichtige Rolle Musik in ihrer Erweckung gespielt hat. Für diese Patient_innen – und gewiss auch für zahlreiche andere zeitweise „erstarrte“ Patient_innen, wie jene mit schwerem Parkinson – spielte Musik eine große Rolle, nicht nur für die Produktion von Beziehungen in der erlebten Raum-Zeit, sondern ebenso für die Veränderung ihrer Bewegungsqualitäten. Sacks beschreibt ausführlich, auf welche Weise die Bewegungen der Patient_innen zur Musik fließen und wie ihre Bewegungen mit dem Verschwinden

verschiedene Weise geschehen: Zum Beispiel wird Hester, wenn man ihr einen Ball zuwirft, diesen fangen, obwohl sie scheinbar erstarrt ist. Würde man sie vor eine Treppe oder andere Handlungsangebote stellen, würde es ihr plötzlich möglich werden, diese zu besteigen. Doch in einem offenen Raum wird sie stocksteif dastehen. Aus sich heraus, vor allem dort, wo die erlebte Raum-Zeit „glatt" ist, kann Hester sich nicht bewegen.

Wie bei allen Zuständen der Trägheit ist eine Kraft von woanders notwendig. Bei den meisten von uns muss dieses „Woanders" nicht durch jemand anderen initiiert werden: Es ist in unsere Bewegungsgewohnheiten eingelassen. Es ist wichtig, an dieser Stelle zwischen der Idee einer bewussten Bewegung (z. B., ich möchte mich bewegen) und einer Bewegung aufgrund von Bewegungsgewohnheiten (z. B. dem Bewegen durch eine Zukunfts-Vergangenheit, die aus der Bewegungsfähigkeit hervorquillt) zu unterscheiden. Denken wir an die morgendliche Trägheit. Was treibt uns vom Quasi-Wachzustand aus dem Bett heraus? Wahrscheinlich ist es der Gedanke an Kaffee, der einen in Bewegung setzt. Kaffee treibt einen von der Bewegungslosigkeit in die Selbstaktivierung und stimuliert etwas Ähnliches wie den Geschmack des Wachseins. Man bewegt sich, ohne dabei einen weiteren Gedanken an die Herausforderung des Wachseins zu verlieren. Kaffee ist in unseren Gedanken.

Bei postenzephalitischen Patient_innen ist es anders. Nichts bringt ihre Gedanken dazu, sich einen Weg von der absoluten Bewegung zur Veränderung ihrer Position zu bahnen. Die Wahrnehmung wurde so gestört, dass dieser Gedanke nirgendwohin führt. Rose R. erklärt:

> Egal, was ich mache oder denke, es führt tiefer und tiefer in sich selbst hinein. [...] Alles was ich tue, ist ein Plan von sich selbst, alles was ich tue, ist ein Teil von sich selbst. Jeder Teil führt wieder zu sich selbst, stellt wieder sich selbst dar... Ich hole eine Vorstellung vor mein Bewußtsein, und plötzlich bemerke ich in dieser Vorstellung etwas wie einen Punkt am Horizont. Das Etwas kommt immer näher, und plötzlich sehe ich, was es ist – es ist dieselbe Vorstellung wie eben. Und ich sehe wieder einen Punkt, und noch einen, und so weiter... Oder ich denke an einen Plan, dann an einen Plan von diesem Plan, dann an einen

der Musik ruckartig und angespannt wurden. Dies weist darauf hin, dass Musik eine wesentliche nicht-medikamentöse Methode des Erweckens der Patient_innen aus einem katatonischen Zustand ist und dass sie ihnen einen Bewegungsfluss zurückgibt, der ihnen ansonsten fehlt.

> Plan von diesem Plan dieses Plans. Und jeder dieser Pläne enthält alles, obwohl sie kleiner und kleiner werden... Welten innerhalb von Welten innerhalb von Welten innerhalb von Welten... Wenn das erst einmal anfängt, kann ich damit nicht mehr aufhören. Es ist wie zwischen Spiegeln oder zwischen Echos eingesperrt zu sein. Oder auf einem Karussell, das immer weiter rundum geht.[8]

Gedanken implodieren und hindern das Potential dabei, Bewegung auszulösen. Hier gibt es weder Vergangenheit noch Zukunft. Im konstanten Einfalten der Gedanken, faltet sich die Potentialität des Anderswo in sich selbst und wird zu einer weiteren Falte im Prozess des ewigen Faltens. Am Ende bleibt nicht einmal mehr die Fähigkeit, sich ein „Anderswo“ vorzustellen. Absolute Bewegung: Das Unvermögen, die Transduktion von der Anfänglichkeit in die Aktivierung zu erfahren.

Als Hester mit 36 ins Mount Carmel Krankenhaus kam, fiel sie in einen beinahe anhaltenden Zustand der „Bewegungslosigkeit“. Nachdem Sacks 1966 Hester getroffen hatte, stellte er mit Bestürzung fest, „daß Parkinsonismus und Katatonie einen schier unermeßlichen Schweregrad erreichen konnten“[9]. So beschreibt Sacks, dass er bei seinem Treffen mit Hester die grässlichen Gegebenheiten der „unermesslichen Beschaffenheit“ und der „qualitativen Unermesslichkeit“ des postenzephalitischen Syndroms verstanden habe. Die Begegnung führt Sacks dazu, die Bewegungslosigkeit der *encephalitis lethargica* als eine Art von Schichtung unendlich träger Quasi-Zustände zu konzeptualisieren. Er schreibt:

> Ich begriff, daß der Parkinsonismus eine grenzenlose Bereitschaft oder Neigung darstellt, die weder ein Minimum noch ein Maximum noch endliche Maßeinheiten zuläßt. Man kann ihn nicht in Zahlen fassen. Er kann sich von kleinsten, unmerklichen Anfängen in unendlich vielen Stufen zu einer unendlichen Schwere aufschwingen – und dann noch weiter im Umfang wachsen zu einer noch unendlicheren Last, und dann weiter. Und selbst im kleinsten Schritt, der kleinsten Stufe ist bereits sein volles Wesen und seine niederdrückende Schwere vorhanden.[10]

Aufgrund der Ernsthaftigkeit ihres Zustands ist Hesters „Erwachen“ besonders bemerkenswert. Dies ist nicht zuletzt aufgrund ihrer auffallenden Fähigkeit der Fall, die unvorstellbaren Zustände gegenüber

8 Zit. n. Sacks: *Awakenings*, S. 121.
9 Ebd., S. 144.
10 Ebd., S. 145.

denen zu artikulieren, die keine Probleme haben, sich in Bewegung zu versetzen. Einen Aspekt ihrer Krankheit beschreibt Hester als die Erfahrung einer räumlichen „Glattheit" während ihrer katatonischen Zustände. Die Glattheit ist dabei für Hester jenem Gefühl des Fehlens von „Prozess und Feldkräften"[11] ähnlich. Anstelle der treibenden Kräfte der Aktivierung existiert nur eine Flachheit, ein ununterbrochener Ausblick auf das Nichts, eine unendlich verlangsamte Filmerfahrung, die sie nicht anders als passiv, „wie [...] eine[n] Kinofilm, der zu langsam läuft"[12], anschauen kann. Hester beschreibt sich selbst als untätig-lebendig in ihrer Filmwelt und zugleich unfähig, sich mit einem „Anderswo" in Beziehung zu setzen. Die einzige Option, die ihr bleibt, ist, den Film noch einmal in Zeitlupe und im gleichen sich nach innen faltenden Nirgendwo abzuspielen, immer und immer wieder, bis ins Unendliche.

Empfinden ist eine räumliche Tätigkeit. Wenn wir empfinden, erfahren und schaffen wir Falten in der Raum-Zeit. Wir empfinden ausgehend von Empfindungen, wobei eine Empfindungserfahrung immer in einer anderen enthalten ist: trans-modale Wiederholungen mit einer Differenz. Wenn wir beispielsweise auf eine Wand zulaufen, erfahren wir diese Wand als Begrenzung der potentiellen Veränderung unserer Position. Aber wenn wir sie erreichen, erscheint sie zugleich in ihrer Farbe und Struktur. Wir empfinden ihre Präsenz auf kausale (direkt relationale) und durch Wahrnehmung nuancierte Weise.

Die Trägheit, die Hester in ihrer Starre erfährt, ist eine topologische Implosion der Wahrnehmung ohne jene kausalen Relationen, die ihre Umgebung zu einem „Anderswo" in Beziehung bringen würden. Die Verbindung (mit) der Umwelt ist ein direktes Wahrnehmen der Beziehungen zu unserem bewegten Körper. Wenn eine Implosion auftritt – Trägheit auf einer unendlich kleinen Ebene – wird es unmöglich, gemeinsam zu fühlen (*sense-with*). Es gibt keine Richtung, zu der man eine Beziehung herstellen könnte. Erstarrt befinden sich die Patient_innen mit *encephalitis lethargica* in einem andauernden immanenten Zustand der Empfindungsimplosion.

Hester beschreibt dieses implodierende Universum ähnlich dem Blick durch ein Fenster mit buntem Glas: ein in unendlichen,

11 Zit. n. ebd., S. 161.

12 Ebd.

undurchsichtigen Schichten an den merkwürdigsten Stellen gebrochenes Licht. Was Hester beschreibt, ist die Immanenz der Absolutheit einer sich einfaltenden Bewegung. Hier dominiert die Gegenwärtigkeit der Sinne. Diese werden zu einer regressiven Passivität herabgestuft und bilden ein Erfassen, die Betrachtung der unendlichen Brechung des Lichts. Kausale Bezüge entfernen sich zunehmend. Das relationale Netzwerk wird nun durch eine Art Empfindungsgedächtnis ersetzt, eher durch eine „reine", undifferenzierte Empfindung als ein Empfinden-mit. Man kann nirgendwohin gehen, außer hinein.

In ihrem Prozess des „Erwachens", vor allem als es offensichtlich wird, dass Levodopa (L-dopa) nicht die Wundermedizin ist, die auf unkomplizierte Weise über lange Zeit funktioniert, erfinden viele von Sacks' Patient_innen Techniken, um das Einfalten in Schach zu halten. Sie erfahren in ihren ‚bewegungslosen' Zuständen, wie sie bereits beschrieben wurden, den Raum als glatt. Diese Glattheit schränkt ihre Fähigkeit ein, Orientierungspunkte zu finden und zu schaffen. Um sich der Beeinträchtigung des glatten Raumes zu widersetzen, entwerfen sie Wege, um Erfahrungen der Kerbung zu schaffen, die ihnen helfen, wenn sie die Beeinträchtigung der Trägheit spüren. Diese Techniken sind Weisen, um die Raum-Zeit in Beziehungen zu setzen.

Der Schlüssel zur Selbstaktivierung ist Veränderung. Um uns zu bewegen, muss eine Raum-Zeit erscheinen und sich als solche erfahrbar machen. Die Gefahr unendlicher Glattheit liegt genau darin, dass es keinerlei Erscheinung, nichts ‚Hervorstehendes' gibt. Ohne etwas ‚Hervorstehendes' kann nichts erfahren werden, und das Feld der Wahrnehmung verflacht. In dieser ewigen Glattheit bleibt kaum mehr als das, was Rose als das „Nichts" der „gleiche[n] Vorstellung wie eben" beschreibt: „Welten innerhalb von Welten innerhalb von Welten"[13].

Die Frage ist: Was aktiviert die Wahrnehmung auf eine Weise, dass sie uns dazu animiert, uns zu bewegen? Alfred North Whitehead hat die Antwort. Er glaubt, dass unser Vermögen, eine Welt zu erschaffen, durch *kausale Wirksamkeit* (*causal efficacy*) aktiviert wird. Ein Prozess, der durch das, was er als *symbolische Referenz* (*symbolic reference*)

13 Zit. n. Sacks: *Awakenings*, S. 121.

bezeichnet, abgeschlossen wird.[14] Kausale Wirksamkeit ist die Phase der Wahrnehmung, die sich auf die immanente Relationalität aller Wahrnehmungen bezieht. Wenn Hester über ihr Gefühl spricht, dass es keine Raum-Zeit in ihrem starren Zustand gibt, dann bezieht sie sich auf den Mangel an unmittelbaren Relationen. Der Beweggrund für den nächsten Schritt sind Relationen: Es muss eine gerichtete Kraft zum Anknüpfen geben. Diese Kraft ist keine Entscheidung im Sinne eines Individuums, das sich bewegen will. Es ist eine relationale Begegnung mit der Unmittelbarkeit einer Vergangenheit, die in der Gegenwart wirksam ist. Bewegen ist ein Bewegen mit der Erfahrung einer Sich-bewegenden-Bewegung. Es ist das Fühlen mit der Anfänglichkeit der Vorbeschleunigung (*preacceleration*).

Relationen sind in ihrer Anfänglichkeit ein Kräftefeld. Diese Kräfte wirken kausal auf den empfindenden Körper in Bewegung und vertreiben dessen Trägheit. Beziehung ist kausal in dem Sinne, dass sie der Verbindung zuvorkommt. Hester kann sich nicht im „glatten", offenen Raum bewegen, da es dort nichts gibt, das eine Selbstaktivierung ermöglicht. Doch wenn ein Stein vor ihr liegt, kann sie über diesen steigen. Dies ist möglich, da der Stein den ansonsten offenen und glatten Raum kerbt. Indem er die Raum-Zeit in das Blickfeld rückt, ruft er eine Selbstaktivierung hervor. Der Stein macht die Verfügung, sich zu bewegen, auf eine Weise spürbar, wie es der offene Raum nicht vermag.

Im Zustand der Starrheit sind solche Auslöser für postenzephalitische Patient_innen notwendig. Es scheint, als fehlte die kausale Wirksamkeit inmitten der Aktivierung. Auch wenn sie wissen, wie man sich bewegt, haben sie keine Fähigkeit, die *Bewegung zu beginnen* – ihnen fehlt das relationale Feld, das die Bewegung aktiviert. Sie empfinden, doch ihre Empfindung scheint keine Grenzen zu kennen. In absoluter Bewegung nach innen gekrümmt, faltet sich ihr Erfassen der Sinnesdaten (*prehension of sensa*) in sich selbst. Das „Mit" scheint

14 In Bezug auf die symbolische Referenz schreibt Whitehead: „Wir erfreuen uns am Symbol, aber wir dringen auch zur Bedeutung vor. Die Symbole erzeugen nicht ihre Bedeutung. Die Bedeutung existiert für uns in Form aktual wirksamer Wesen, die auf uns reagieren, in eigenem Recht." (Alfred North Whitehead: *Kulturelle Symbolisierung*. Frankfurt am Main: Suhrkamp 2000, S. 116.) Symbolische Referenz ist nicht die vorherbestimmte Rezeption der Welt. Sie ist die Weise, wie das Welten Erfahrung in Wahrnehmung umwandelt.

neurologisch blockiert. Ohne kausale Wirksamkeit ist ein Bewegen mit dem Welten der Welt unmöglich.

Kausale Wirksamkeit aktiviert das Wie der Erfahrung. Sie ist nichtsinnlich, indem sie auf der Vergangenheit beruht: Sie ist „beladen mit dem Gewicht des Kontakts vergangener Dinge, welche ihren Griff auf unser unmittelbares Selbst legen“[15]. Die Erfahrung der Vergangenheit faltet sich in die relationale Gegenwärtigkeit. Dies gibt der Erfahrung ihre Weite und eröffnet somit die Möglichkeit ihrer Aktivierung. Durch die kausale Wirksamkeit fühlen wir unsere Verbindung mit der Welt in ihrer gegenwärtigen Erscheinung. Dies erklärt, warum für die meisten von uns das Beginnen des nächsten Schritts kein Problem darstellt. Wir wissen, dass der Boden da ist, wir glauben an unsere Fähigkeit, den Raum abschätzen zu können. Wir gehen mit dem impliziten Wissen einer inhärenten Beziehung zwischen Körper, Boden und Raum-Zeit. Wir bewegen uns durch die bewegte Bewegung. Die Vergangenheit der Erfahrung hat uns gelehrt, wie man die Annäherung an eine Wand fühlt und wie man unmittelbar weiß, ob es noch genug Abstand gibt, um uns weiter zu bewegen. Wir müssen nicht darüber nachdenken, wo der Boden ist. Wir fühlen, wie die Klippe erscheint. Intuitiv können wir die Raum-Zeit bewältigen, da diese uns als eine Falte von Relationen erscheint. Für uns ergibt diese Falte Sinn: Wir finden unsere Bewegung durch sie hindurch. Das bedeutet nicht, dass wir keine Fehler machen – manchmal verdreht sich unsere räumliche Orientierung; wir laufen in einen Spiegel, wir treten neben eine Stufe und fallen oder wir stolpern über eine Falte im Teppich. Aber im Allgemeinen bietet uns die kausale Wirksamkeit einen unmittelbaren Sinn dessen, wie die Dinge zueinander stehen.

Wenn die kausale Wirksamkeit fehlt, wie es scheinbar der Fall bei den postenzephalitischen Patient_innen ist, kann man nirgendwohin gehen, nur stillstehen. Es ist unmöglich, die Aktivierung ohne die kausalen Beziehungen, die die Raum-Zeit fühlbar machen, in Gang zu setzen. Sacks' Patient_innen sind überwältigt von einer undifferenzierten Anderweltlichkeit, die die komplexen Qualitäten der Erfahrung aufnimmt, ohne diese jedoch miteinander zu verknüpfen – Anderswelten, weil der Zustand der Starrheit schon das Konzept

15 North Whitehead: *Kulturelle Symbolisierung*, S. 103.

eines Weltens verschließt. Mit L-dopa scheint die sinnliche Erfahrung der kausalen Wirksamkeit plötzlich verfügbar und das Verändern der eigenen Position wird möglich. Neurologisch scheint L-dopa den Patient_innen die verlorene Fähigkeit zurückzugeben, Beziehungen zu verräumlichen. Ohne jedoch „erweckt" zu werden, ist die Fähigkeit, Relationen zu aktivieren, von Sacks' Patient_innen auf die unendlich nuancierte, aber zum Verzweifeln zeitlose Erfahrung dessen beschränkt, was Whitehead *präsentative Unmittelbarkeit* (*presentational immediacy*) nennt: Der Zustand, in dem die Wahrnehmung in der Wahrnehmung von Wahrnehmung verborgen ist.

Präsentative Unmittelbarkeit ist auf der Wahrnehmungsebene der Komplexität und der Feinsinnigkeit wirksam und tastet dort Muster und Kontraste ab. Aus sich heraus *macht* die präsentative Unmittelbarkeit nichts.[16] „Dieser Modus der Erfahrung ist, rein für sich selbst betrachtet, uninteressant, da wir die qualitativen Präsentationen anderer Dinge nicht direkt mit irgendwelchen intrinsischen Charakteristika jener Dinge verbinden können."[17] Um die Ebene der vollen Erfahrung zu erreichen, muss die präsentative Unmittelbarkeit wieder mit kausaler Wirksamkeit verbunden werden:

> [J]edes aktuale Ding [ist] etwas aufgrund seiner Aktivität. Deshalb besteht die Natur des aktualen Dings in seiner Relevanz für andere Dinge, und die Individualität des aktualen Dings besteht in seiner Synthese anderer Dinge, soweit wie diese für es relevant sind.[18]

In der präsentativen Unmittelbarkeit ist Aktivität auf die Selbstreferenz beschränkt.

16 Whitehead schreibt: „Präsentative Unmittelbarkeit ist unsere unmittelbare Wahrnehmung der gleichzeitigen äußeren Welt, die als ein konstitutives Element unserer eigenen Erfahrung erscheint. In dieser Erscheinung zeigt sich die Welt als eine Gemeinschaft aktualer Dinge, die in demselben Sinn aktual sind, wie wir es selbst sind." (Ebd., S. 80–81.) Präsentative Unmittelbarkeit ist in dem Sinne relational, dass sie aus den Relationen die aktuale Welt errichtet. Sie ist aber zugleich nicht sozial in dem Sinne, dass diese Relationen direkt auf die Wahrnehmung als solche verweisen: „Diese Qualitäten sind relational zwischen dem wahrnehmenden Subjekt und den wahrgenommenen Dingen." (Ebd., S. 81.) Die Relationalität der präsentativen Unmittelbarkeit ist wesentlich von der Relationalität der kausalen Wirksamkeit unterschieden, in ihr sind es die Relationen, die der Wahrnehmung ihre Form geben. Symbolische Referenz ist die Vollendung der Kraft durch Form. Symbolische Referenz verleiht der erzeugten Wahrnehmung ihre Nuance auf eine Weise, dass die Nuance der qualitativen Wahrnehmung unmittelbar in das Wie des Weltens eingemischt wird.

17 Ebd., S. 83.

18 Ebd., S. 85.

Symbolische Referenz – die Anhäufung von Wahrnehmung in relationaler Synthese – erscheint, wenn der Modus der kausalen Wirksamkeit und präsentativen Unmittelbarkeit sich überlappen und verflechten. Sie erscheint, wenn die direkte Aktivität der Relation neben jenen Qualitäten erfahren wird, die durch die Gestaltbildung der Wahrnehmung hervorgerufen werden. Das Falten der präsentativen Unmittelbarkeit in die kausale Wirksamkeit und *vice versa* vereinnahmt die Ereignishaftigkeit der Wahrnehmung als die Teilhabe an den Schattierungen des Empfindens und zugleich als Unmittelbarkeit der Beziehungen. Die kausale Wirksamkeit erstellt das Datum für die präsentative Unmittelbarkeit und die präsentative Unmittelbarkeit treibt die unmittelbare Gegebenheit des kausalen Ereignisses hin zur Komplexität der gelebten Erfahrung.

Ohne beides zusammen können wir nicht an der Wahrnehmung teilnehmen. Die Welt glättet sich, wenn die kausale Relationalität zurückgeht, sie wird zu einem „Fenster mit farbigem Glas". Hier ist kein Welten erfahrbar, sondern nur ein unendliches Brechen des Lichts im gefärbten Glas. Es ist wie eine Sinnesüberlastung, unendlich und ohne einen Ort des Einfaltens. Frau T. erklärt:

> Ich kann nichts alleine tun […] Ich kann alles machen mit – mit Musik oder mit Leuten, die mir helfen. Ich kann nicht beginnen, aber ich kann voll und ganz teilhaben […] Aber in dem Augenblick, in dem ihr weggeht, bin ich wieder ein Nichts.[19]

In diesem Fall fehlt die Fähigkeit, das Empfinden mit dem Welten zu verbinden. Die Techniken des erneuten Zusammensetzens gehen nicht über die Einfaltung der sie umgebenden Sinnesdaten hinaus.

Im Zustand des „Wachseins" oder der Aktivität scheint die symbolische Referenz bei Sacks' postenzephalitischen Patient_innen gänzlich zu funktionieren.

> Durch die symbolische Referenz werden die verschiedenen Aktualitäten, die in den zwei Modi auf jeweils verschiedene Weise erschlossen werden, entweder identifiziert oder zumindest als in unserer Umgebung aufeinander bezogene Elemente korreliert.[20]

19 Zit. n. Sacks: *Awakenings*, S. 104.

20 Whitehead: *Kulturelle Symbolisierung*, S. 77–78.

Zentral für die symbolische Referenz ist das Überlappen von Wahrnehmung und Relation. Die Überlappung von Wahrnehmung und Relation kann mit dem Konzept der Kraft der Gewohnheit gefasst werden, solange wir bedenken, dass Gewohnheiten ereignisformend sind. Gewohnheiten sind keine reine Wiederholdung: Sie sind wiederholend mit einer Differenz. Durch Gewohnheit bewegen wir uns erneut durch die Bewegung. Dieses Bewegen durch Bewegung bringt immer eine neue Serie relationaler Netzwerke mit sich. Konjunktives Potential, gemischt mit Sinneserfahrung, macht aus jeder Erfahrung ein Ereignis.

In „wachem" Zustand befinden sich die postenzephalitischen Patient_innen deutlich im komplexen Bereich der symbolischen Referenz. Dies zeigt sich nicht nur durch ihre Fähigkeit, die erstaunlichen Aspekte ihrer verschiedenen Zustände zu beschreiben, sondern auch raffinierte Techniken zu erfinden, um die kausale Wirksamkeit in die präsentative Unmittelbarkeit einzuführen, so dass sie weiterhin von der symbolischen Referenz profitieren können. Frances D. beschreibt solch eine Technik: Sie erklärt, dass sie, sogar wenn sie L-dopa nimmt, in gewissen Räumen, wie dem langen Flur des Krankenhauses, eine Tendenz hat, wieder zu erstarren. Um sich selbst aus der Erstarrung zu lösen,[21] trägt sie einen Vorrat an kleinen Papierkügelchen mit sich. Wenn sie das Gefühl hat, dass sie in die Inaktivität gleitet, lässt sie eines der Bällchen fallen. Das Bällchen hat dabei eine doppelte Funktion: Es kerbt den langen, sonst „glatten" Flur und überführt ihn damit in die Raum-Zeit der Relationen, die es ihr erlauben, den nächsten Schritt zu machen, *und* es erlaubt ihr, im wachen Zustand der wiedergewonnenen symbolischen Referenz in Bewegung zu bleiben. Ein Bällchen kann mehr als nur einen Schritt bewirken.

Glattheit beinhaltet nicht die Möglichkeit für Veränderung. Wenn der Prozess der Wahrnehmung funktioniert, wird der glatte Raum „unaufhörlich in einen gekerbten Raum übertragen und überführt; der gekerbte Raum wird ständig umgekrempelt, in einen glatten

21 Die Geschichten des „Erwachens" treten auf, nachdem Sacks L-dope verabreicht hat und die Patient_innen erste Erfahrungen eines Langens (*reaching-toward*) machen. Als das L-dopa nicht mehr zuverlässig funktioniert, wird ihre „Rückkehr" in den Zustand der Starre für sie unerträglich. Dies führt dazu, dass viele von ihnen selbst Systeme entwickeln, um die Starrheit aufzubrechen.

zurückverwandelt“[22]. Wenn Wahrnehmung – so wie bei Frances D. – nicht funktioniert, bleibt lediglich ein Gefühl der Glattheit. Dieses Gefühl wird mit einem „amorphe[n], informelle[n] Raum“ in Verbindung gebracht, den man „ohne zu zählen“ besetzt, ein Raum ohne Pause oder „Modulo“, „eher ein intensiver als ein extensiver Raum, ein Raum der Entfernungen und nicht der Maßeinheiten“[23].

Die Kerbungshilfen (*space-striators*) von Frances D. erwecken die Patientin für die Komplexität des Raum-Kerbens, indem sie eine kausale Wirksamkeit auslösen: Unmittelbar „spornt sie“ das „winzige Weiß“ an oder es „befiehlt“ ihr, den nächsten Schritt zu beginnen.[24] Aber die Kerbungshilfen selbst versetzen sie nicht in Bewegung. Sie schaffen die Bedingungen, um die Bewegung-Körper-Raum-Beziehung in Aktion zu setzen. Sie treiben die einsetzende Trägheit zur Bewegung, verwandeln die absolute Bewegung in Vorbeschleunigung und zur Veränderung ihrer Position. Raum-Kerbungen sind für jene, die ihre Fähigkeit zu welten verloren haben, Techniken, um sich durch Bewegung zu bewegen. Sie können die Form von Musik, einer laut tickenden Uhr, einer horizontalen Linie auf dem Boden, eines geworfenen Balls, eines Hindernislaufs, eines Steins annehmen. Alles was die scheinbare Leere des glatten Raums unterbricht, kann potentiell funktionieren. Zu erstarren ist Lillian T. zufolge, „in einem leerem Raum“[25] zu erstarren.

Der glatte Raum fühlt sich leer an: Er imitiert die sich einfaltende Raum-Zeit des Parkinsonismus.

> Viele der Symptome und Erscheinungen des Parkinsonismus, insbesondere das ‚Erstarren‘, beruhen darauf, daß die Patienten in einer Parkinson-Welt verhaftet sind, oder besser in einer Parkinsonschen Leere, einem Vakuum, einer Nicht-Welt. […] Zum Teil beruht dieses Verhaftetsein auf einer Lähmung des Aufmerksamkeitsvermögens – darauf, daß es in einer solchen Welt gar kein Objekt für eine Aufmerksamkeit gibt.[26]

Die Abwesenheit separater, wahrnehmbarer Erscheinungen ist der gefühlte Effekt, in der präsentativen Unmittelbarkeit zu verbleiben,

22 Gilles Deleuze / Félix Guattari: *Tausend Plateaus. Kapitalismus und Schizophrenie II*. Berlin: Merve 1992, S. 658.

23 Ebd., S. 661–664.

24 Sacks: *Awakenings*, S. 107.

25 Zit. n. ebd., S. 108.

26 Ebd.

in der man von unendlichen Nuancierungen ergriffen wird, die nirgendwohin führen. Zu fühlen, ohne die Fähigkeit zu haben, etwas zu machen, hält einen inmitten der Sinnesdaten gefangen, ohne dabei die Möglichkeit zu haben, Verbindungen herzustellen. Verbindungen kommen von vergangenen Rekombinationen, die in der Gegenwart aktiviert werden. Diese erneuten Kombinationen sind Relationstechniken. Indem diese selbst etwas hinzufügen, aktivieren sie die Erfahrungen.

Durch die symbolische Referenz findet ein Welten statt. Dieses Welten kann jedoch zu falschen Prämissen führen: Die bloße Tatsache, dass das Welten täuschend sein kann, ist zentral für die symbolische Referenz. Wahrnehmung kann uns in die Irre führen: Die Schwelle auf dem Boden kann sich als Katze herausstellen. Diese Fähigkeit zur Täuschung verleiht der Welt ihre Gestalt. In der Ebenheit des glatten Raums gibt es keine Täuschung. Hier bestimmt die Wiederholung des Selben: eine überwältigende Jetztheit wird zum reinen Nichts. Nichts verändert sich, nichts entwickelt sich. Rose nennt dies die „Ebenheit des Nichts". Dieses Nichts ist der Effekt der präsentativen Unmittelbarkeit, die sich absolut in sich selbst einfaltet und somit in einer affektlosen Schichtung bloßer Sinnesdaten endet. In einem Dialog mit Sacks erklärt Rose:

> *Sacks*: „Und *wie* denken Sie einfach an nichts?"
> *Rose*: „Es ist schrecklich einfach, wenn man erst einmal weiß, wie. [...] Eine Möglichkeit besteht darin, immer wieder und wieder an dieselbe Sache zu denken. Zum Beispiel 2 = 2 = 2 = 2, oder: Ich bin, was ich bin, was ich bin, was ich bin... Es ist genau dasselbe mit meinem Zustand. Er führt immer wieder zu sich selbst zurück. Egal, was ich mache oder denke, es führt tiefer und tiefer in sich selbst hinein."[27]

Ohne symbolische Referenz wird die Erfahrung leer. Es ist nicht nur nichts, es fühlt sich auch an wie nichts.

Wenn die Selbstaktivierung endet, hört die Zeit auf. In die Leere gefaltet fühlt die erstarrte Rose keine Verbindung zur Vergangenheit. Um die Vergangenheit zu fühlen, müsste diese aktiviert werden; sie müsste neue Gedanken denken. Doch genau das kann sie nicht. Sie kann immer wieder nur die Absolutheit ihrer Trägheit denken und fühlen. Die unermessliche Weite der Glattheit umhüllt sie mit einem

27 Ebd., S. 121.

noch tieferen Nichts, in dem die Sinnesdaten zwar gegenwärtig sind, aber nicht direkt erfahren werden. Prozess ohne Ereignis.[28]
In der präsentativen Unmittelbarkeit gibt es keine Vergangenheit und keine Zukunft. Deshalb betont Whitehead die Notwendigkeit eines kontinuierlichen Ineinanderfaltens von kausaler Wirksamkeit und präsentativer Unmittelbarkeit. „Das *Wie* unserer gegenwärtigen Erfahrung muß sich dem *Was* der Vergangenheit in uns anpassen."[29] Durch die Erfahrung stellt die symbolische Referenz Verbindungen her und bildet so ein Feld für Selbstaktivierung. „Ein solcher Symbolismus macht ein zusammenhängendes Denken durch den Ausdruck des Denkens möglich, während er zugleich das Handeln automatisch leitet."[30] Ausgelöst durch eine direkte, symbolisch bedingte Aktion macht die symbolische Referenz eine Relationalität spürbar – gleich wie der Kaffee einen Geschmack des Wachseins bewirkt.

> Symbolisch konditioniertes Handeln ist [...] ein durch die Analyse des Wahrnehmungsmodus der kausalen Wirksamkeit konditioniertes Handeln. Diese Analyse wird durch die symbolische Transferenz ausgehend vom Wahrnehmungsmodus der präsentativen Unmittelbarkeit herbeigeführt.[31]

Wahrnehmen ist nicht einfach, die Welt kennenzulernen, sondern sie in ein und derselben Bewegung anzuregen und zu verräumlichen. Wenn wir lediglich präsentative Unmittelbarkeit besitzen, sind wir in einem Teil der gegenwärtigen Dauer gefangen, mit der man nichts *machen* kann. Wir empfinden, um Empfinden zu empfinden. Wir können nirgendwohin und nichts machen. „Die bewußte Analyse der

28 Dies erklärt auch, warum sich die Patient_innen, wenn sie „erwacht" sind, nicht in der Zeit verorten konnten. Dies wirkt sich vor allem bei Rose besonders schamlos aus: Sie verhält sich weiterhin wie eine 20-Jährige, obwohl sie in Wirklichkeit viel älter ist (in ihren Sechzigern), wenn Sacks ihr L-dopa verabreicht.

29 Whitehead: *Kulturelle Symbolisierung*, S. 117.

30 Ebd., S. 128. Diese Ausführungen sind nicht mit dem Begriff des Instinkts zu verwechseln: „Die in diesen Vorlesungen entwickelte Konzeption der Symbolisierung befähigt uns, zwischen instinktiver Aktion, Reflexhandeln und symbolisch konditioniertem Handeln zu unterscheiden. Rein instinktive Aktion ist dasjenige Funktionieren des Organismus, welches vollständig hinsichtlich jener Bedingungen analysiert werden kann, die seiner Entwicklung durch die abgeschlossenen Tatsachen der äußeren Umgebung auferlegt worden sind, also jener Bedingungen, die ohne jede Beziehung zum Wahrnehmungsmodus der präsentativen Unmittelbarkeit beschreibbar sind. Dieser reine Instinkt ist die Reaktion eines Organismus auf reine kausale Wirksamkeit." (Ebd., S. 136–137.)

31 Ebd., S. 138–139.

Wahrnehmung befaßt sich primär mit der Analyse der symbolischen Beziehungen zwischen den zwei Wahrnehmungsmodi."[32] Wenn nichts Neues gedacht werden kann, tritt negatives Wissen hervor. Rose erklärt:

> Ich denke an einen Gedanken, und weg ist er, wie ein Bild, das aus dem Rahmen fällt. [...] Ich habe eine bestimmte Idee, aber ich kann sie nicht festhalten, und dann entgleitet mir auch die allgemeine Idee, und dann die Idee einer allgemeinen Idee; nach zwei oder drei solcher Sprünge ist mein Geist völlig leer – alle Gedanken sind weg, weggefegt oder ausgelöscht.[33]

Etwas negativ zu wissen, ist der Rückgang von der präsentativen Unmittelbarkeit zur schreckenserregenden Auflösung ins Nichts. Präsentationale Unmittelbarkeit wird hier ohne die Beziehungen der kausalen Wirksamkeit erfahren: In unendlicher Weise wird das Disparate auf das Disparate und das Qualitative auf das Qualitative aufgetragen. Diese unendliche Einfaltung bedeutet, dass es niemals zur „Befriedigung" der realen Vorgänge (*actual occasion*) kommt. Das Ereignis ist nie abgeschlossen. Was erfahren wird, wird als bloßer Sinneseindruck ohne Veränderung der Körper-Welt-Beziehung und somit ohne Begrenzung erfahren. Alle Ereignisse beuteten keine Ereignisse.

Wenn man den nächsten Schritt beginnt, ist etwas geschehen. Die Bewegung hat sich von der Anfänglichkeit zur Veränderung der Position gewandelt. Das Ereignis hat eine Form gewonnen und lässt eine Öffnung für den nächsten realen Vorgang. Der nächste reale Vorgang wird von einigen Aspekten dessen, was gerade geschehen ist, ausgehen, sogar wenn dieses noch seine neue Konfiguration rekomponiert. Die Kausalität der Wahrnehmung bedeutet nicht, dass der nächste reale Vorgang identisch sein wird. Sie bedeutet, dass das Ereignis des letzten Schritts Eingang in die Erfahrung des nächsten Schritts erhält. Dies bedeutet, dass das Gehen durch die Sich-bewegende-Bewegung bewegt wird: Symbolische Referenz. Um den nächsten Schritt zu beginnen, muss man das Neukomponieren der Beziehungen außerhalb der Trägheit des Seins erfahren. Im Beginnen des nächsten Schritts sammeln sich die Kräfte des Werdens.

Aus dem kanadischen Englisch von Gerko Egert

32 Ebd., S. 139.

33 Zit. n. Sacks: *Awakenings*, S. 122.

Starting over. Der Unwahrscheinlichkeitsdrive

Ein Forschungsbericht

Sibylle Peters

Der Anfang

Ich liege auf dem Dach einer schwarzen Stretchlimousine, die sich langsam dreht, und schaue nach oben in den Schnürboden des Hauses der Berliner Festspiele. Ich halte ein Mikrophon in der Hand. Die Musik setzt ein,[1] und ich beginne zu sprechen:

> Wenn ich abends schlafen gehe, dann denke ich: Wahrscheinlich werde ich morgen wieder arbeiten. Und wahrscheinlich klappt das mit dem nächsten Projekt. Meine Miete wird wahrscheinlich steigen. Die Proteste werden daran wahrscheinlich nichts ändern. Und wahrscheinlich wird sich mein ungesunder Lebensstil bald gegen mich wenden. Und dann denke ich: Is that all there is – to life?
>
> Is that all there is, is that all there is
> If that's all there is my friends, then let's keep dancing
> Let's break out the booze and have a ball
> If that's all there is
>
> Morgen gehe ich wahrscheinlich wieder ins Theater. Wahrscheinlich sind auch meine Kolleginnen da. Und nach der Vorstellung reden wir dann darüber, was an dem ganzen Abend leider wieder viel zu wenig unwahrscheinlich war. Und auf dem Weg nach Hause denke ich über Erfolg und Misserfolg nach und darüber, wie ich meine Strategien anpassen kann. Und dann denke ich: Is that all there is – to theatre?
>
> Is that all there is, is that all there is
> If that's all there is my friends, then let's keep dancing

1 Musik: Peggy Lee: *Is That All There Is?*, 1969.

> Let's break out the booze and have a ball
> If that's all there is

> Einmal vor langer Zeit verliebte ich mich in den wundervollsten Mann der Welt. Stundenlang haben wir uns in die Augen gesehen, wir waren so unwahrscheinlich verliebt. Doch als ich 40 Jahre alt wurde, ging er fort zu einer jüngeren Frau. Und das war so wahrscheinlich, dass ich dachte, ich muss sterben. Aber nun sterbe ich wahrscheinlich doch nicht. Und da denke ich bei mir: Is that all there is – to love?

Die andere Stimme ist die meines Kollegen Joshua Sofaer. Er steht ein paar Meter von mir entfernt auf einem roten Teppich ebenfalls auf der Drehbühne. Ich kann ihn nicht sehen, aber ich stelle mir vor, wie er an den rund um die Bühne im Kreis sitzenden Zuschauern vorbeifährt, während er singt.

Der Anfang ist nicht das Problem. Jedenfalls nicht auf der Bühne. Fast jeder Anfang ist ein guter Anfang. Der Anfang ist etwas Besonderes. Denn meistens ist der Anfang ja schon vorbei. Einige Zeit nach dem Anfang sammeln sich genug Daten an, um zu kalkulieren, um Erwartungen und Erwartungsbrüche, Anschlüsse und verpasste Anschlüsse zu errechnen und zu protokollieren.

Zwischen Herbst 2012 und Sommer 2013 habe ich gemeinsam mit der geheimagentur und Joshua Sofaer im Rahmen des Festivals Foreign Affairs ein künstlerisches Forschungsprojekt mit dem Titel *Der Unwahrscheinlichkeitsdrive* durchgeführt, in dem es darum ging, Fluchtwege aus dem Regime der Wahrscheinlichkeit zu finden. Der heutige Vortrag ist ein Forschungsbericht.

Logbuch des Unwahrscheinlichkeitsdrives erster Eintrag: Notizen über Wahrscheinlichkeit

Wahrscheinlichkeit greift im Ungewissen. Sie festzustellen, dient der zeitlichen Orientierung. Wahrscheinlichkeit ist die gegenwärtige Darstellung der Zukunft aus den Daten der Vergangenheit. Sobald sich mehrere Akteure in einem Feld an Wahrscheinlichkeit orientieren, wirkt das stabilisierend auf das Feld, ein Sog zur Normalisierung entsteht: Die Akteure schließen ihre Handlungen konsistent an den Ist-Zustand an und führen die Vergangenheit in die Zukunft hinein weiter. Mit solchen Anschlüssen ist zu rechnen. Die statistische Beschreibung der Gegenwart organisiert die Zukunft. Dieses Regime kennt nur Anschlüsse, keine Anfänge.

Wahrscheinlichkeit ist überall. So ubiquitär, dass sie oft unsichtbar wird, unmerkliches Kleid der Realität. So ermöglicht sie die Kontinuität von Systemen und verbindet die Logik der Affekte mit der Logik des Regierens.

Sie organisiert die empirische Wissensproduktion nach dem Prinzip der Statistik, Sozial- und Gesundheitssysteme nach dem Prinzip der Versicherung, Politik und Finanzwesen nach dem Prinzip der Prognose.
Wahrscheinlichkeit hält zusammen, was wir Gesellschaft zu nennen gelernt haben.
In letzter Zeit berichten Menschen aus aller Welt von einem Umschlagen der Gefühle. Das gleiche Phänomen in New York, Athen, Dubai: Zunächst Existenzangst und Erschöpfung, dann plötzlich – Euphorie. Nichts ist mehr wahrscheinlich.
Was, wenn die Krisen der letzten fünf Jahre Krisen der Wahrscheinlichkeit sind? Keine wahrscheinlichen Krisen also, die das untere Ende der Kurve markieren, sondern eine Krise der Kurve selbst? Was, wenn die Bewegungen der Finanzmärkte an die Oberfläche bringen, was am Wahrscheinlichen immer schon gänzlich unwahrscheinlich war? Was, wenn es weniger darum ginge, dieses Unwahrscheinliche unter Kontrolle zu bringen, als darum die Grenzen des Wahrscheinlichen zu begrüßen?
Das geschieht nicht, denn niemand weiß, wie ohne Wahrscheinlichkeiten regiert werden soll. Ohne Wahrscheinlichkeiten beispielsweise kein Staatskredit. Und ohne Staatskredit kein Staat. Regierungen sind heute vor allem damit befasst, die Bedingungen des Regierens wieder herzustellen. Was das Wahrscheinliche dabei im Einzelnen ist, ist egal, solange es nur wieder Anschlüsse gibt, mit denen zu rechnen ist.

Anfänge stehen häufig im zweiten Futur, sie werden Anfänge gewesen sein, denn wir nehmen sie erst im Nachhinein, im Zuge der Nacherzählung als solche wahr.
Die Bühne, die Performance ermöglicht es uns, Anfänge live zu erleben. Diese Anfänge sind geplant, simuliert, produziert, und zwar durch Rahmungen, die gezielt gesetzt sind, um Berechnungen zu unterbrechen und neu einsetzen zu lassen. Darin liegt die Magie, die in der ersten Minute eines Bühnengeschehens fast immer spürbar ist.
Wäre es denkbar, diese Rahmungen so zu setzen, dass jeder Anfang sich auf einen anderen Anfang hin öffnet? Und wäre das eine mögliche Strategie, ins Unwahrscheinliche zu reisen?

Logbuch des Unwahrscheinlichkeitsdrives – Prolog
Herbst 2008. Morgengrauen. Ein Geschäftsmann sitzt am Steuer einer Stretchlimousine. Mit Vollgas fährt er vom Zentrum Dubais zum Flughafen. Der Zusammenbruch des Immobilienmarktes hat ihn hart getroffen. Er hat nicht geschlafen, hat wieder und wieder Risiken und Chancen kalkuliert. Doch es ist aussichtslos. Er ist bankrott.
Bankrott zu sein, ist ein Verbrechen in Dubai. Die Polizei kommt meist am frühen Morgen. Drei Stunden nach Mitternacht wird ihm klar, er muss außer Landes. Sofort.

> Er packt ein paar Sachen in eine Sporttasche: Es fällt ihm leicht, sich von den Dingen zu trennen, mit denen er sein Apartment gefüllt hat. Er lässt die Tür offen stehen und fährt mit dem Fahrstuhl ganz nach unten.
> In der Tiefgarage steigt er in die gebrauchte Limousine, die er kürzlich gekauft hat, um Kunden zu beeindrucken. Er hat nie zuvor auf dem Fahrersitz Platz genommen. Er startet die Maschine und nimmt die Straße, die raus in die Wüste führt. Es ist ganz einfach.
> Die Skyline von Dubai liegt hinter ihm, die Wüste wechselt die Farbe von blau zu pink. Als der Flughafen in Sicht kommt, stoppt er den Wagen auf dem letzten offenen Sandfeld vor dem Zaun.
> Er öffnet die Tür und stellt fest, er ist nicht allein. Viele andere Limousinen stehen hier kreuz und quer. Zwei andere Männer steigen aus ihren Autos. Sie sehen aus wie er, müde und mit Sporttaschen ausgestattet.
> Salam.
> Zu dritt machen sie sich auf den Weg zum Flughafen. Zu Fuß. Die zurückgelassenen Limousinen glitzern in den ersten Strahlen der Sonne. Die Schlüssel stecken noch.

Auf der Bühne wird es meist erst irgendwann nach dem Anfang schwierig. Irgendwann um Minute 14 herum. Mit anderen Worten: jetzt.
Was wäre das Andere der Wahrscheinlichkeit? Das Unwahrscheinliche?

Im Regime der Wahrscheinlichkeit

Im Regime der Wahrscheinlichkeit ist das Unwahrscheinliche zunächst zum wenig Wahrscheinlichen domestiziert. Auf das wenig Wahrscheinliche zu setzen, ist ein hohes Risiko, verspricht aber auch einen hohen Gewinn. Dies ist die Form des Abenteuers im Regime der Wahrscheinlichkeit.
Ich habe Minute 14 vergangenes Jahr erreicht – biographisch gesehen. Denn auch für die Künstlerbiographie gilt ja, allen Klagen zum Trotz: Der Anfang ist eigentlich nicht das Problem. Fast jeder Anfang ist ein guter Anfang. Erst einige Zeit nach dem Anfang sammeln sich genug Daten an, um zu kalkulieren, um Erwartungen und Erwartungsbrüche, Anschlüsse und verpasste Anschlüsse zu errechnen und zu protokollieren. Der Übergang vom ‚emerging artist' zum ‚mid career artist' ist tricky, vor allem dann, wenn die Geste des Neuanfangs, des Aufbrechens, der Überraschung ein wesentliches Moment der Arbeit ist. Wie verändert sich diese Geste, wenn man sie immer wieder reproduziert, wiederholt, immer wieder neu beginnt? Wann

wird man ein für alle Mal zu dem, was mein Freund und Kollege Armin Chodzinski die ‚Queen of Rahmenprogramm' nennt?

> **Logbuch Unwahrscheinlichkeitsdrive.**
> **E-Mail an Joshua Sofaer, September 2012, Betreff: Starting over**
> Dear Joshua,
> that song you played for me, when we met in London – "Is that all there is" – and our discussion about becoming 'mid career artists' made me think a lot.
> I would like to do a project to reevaluate my performance work during the last decade, mainly those projects I did with geheimagentur collective.
> For ten years geheimagentur worked according to a principle that we called *The Improbability Drive*. We created situations which at first glance seemed fictional, but then surprisingly passed the reality test. To try and realize improbable, yet wishful, scenarios has been a means of action research, a political strategy, that was aimed to recuperate wish production from the circuits of capitalist growth.
> Now, my question:
> Can I go on doing this kind of work, though I am not a youngster anymore, and I know by now, that participatory performance is merely a kind of audience development, that is happening at the fringes of big festivals and in the realm of cultural education? In other words: What happens to the improbability drive when it becomes probable? How to travel further into improbability?
> My intuition is, that to answer these questions *The Improbability Drive* should no longer be merely a working principle. It has to become something real, a thing, a proper machine. And the end of the project should be, that this thing or machine is given away to a new purpose.
> Would you like to work with me on this project?

Was im Logbuch des Unwahrscheinlichkeitsdrives das Regime der Wahrscheinlichkeit genannt wird, ist kein Verblendungszusammenhang, keine falsche Vorstellung von der Welt, von der Kritik uns heilen könnte. Wahrscheinlichkeiten sind nicht nur Aussagen über die Welt, sondern, einer Definition der Propensitätstheorie zufolge, Bestandteile der empirischen Wirklichkeit mit einer besonderen normativen Kraft.[2] Das Wahrscheinlichkeitsregime ist ein sehr reales Kraftfeld, das sich zwischen Zahlen und Affekten, Währungen und Sprechakten, Körpern und Verträgen bildet.
Mit dem Unwahrscheinlichkeitsdrive zu arbeiten und also im Rahmen von künstlerischen Projekten in das gesellschaftliche Reale

2 Vgl. Karl Popper: The Propensity Interpretation of the Calculus of Probability, and the Quantum Theory. In: Stephan Körner (Hrsg): *Observation and Interpretation. Proceedings of the Ninth Symposium of the Colston Research Society*. London: Butterworth 1957, S. 65–70.

zu intervenieren, um dort andere Realitäten auf Probe zu behaupten, stößt zwangsläufig auf Hindernisse. Und in gewisser Weise geht es gerade um diese Hindernisse, denn in ihnen zeigt sich – in aller Zufälligkeit und manchmal sogar in aller Schönheit – eine spezifische Kontur, eine durchaus überraschende Realität des Wahrscheinlichkeitsregimes, jenseits aller Theoreme.

Das Projekt *Der Unwahrscheinlichkeitsdrive* war in der Tat eines der schwierigsten, die ich jemals durchgeführt habe. Die Hindernisse, mit denen wir konfrontiert waren, schienen so unüberwindlich, dass es kaum noch möglich war, sie mit einem neutralen Forschungsinteresse zur Kenntnis zu nehmen und auszuwerten.

Es war mir deshalb besonders wichtig, dem Publikum der Abschlussperformance gleich zu Beginn des Abends von diesen Schwierigkeiten zu berichten. Ich hatte mir diesen Anfang immer wieder vorgestellt:

Das Publikum betritt den Zuschauerraum im großen Haus der Berliner Festspiele und nimmt Platz, den Blick auf den geschlossenen eisernen Vorhang gerichtet. Das Saallicht faded aus. Eine kleine Tür in der Mitte des eisernen Vorhangs öffnet sich. Joshua und ich treten heraus und bilden ein Spalier auf beiden Seiten der geöffneten Tür. Durch die Tür fällt Licht, aus den verschiedenen Perspektiven können die Zuschauer Teile der Stretchlimousine erahnen, die auf der Mitte der Drehbühne steht. Joshua und ich, machen eine einladende Geste in Richtung des sitzenden Publikums und beginnen Dokumente aus dem Logbuch des Unwahrscheinlichkeitsdrives vorzulesen. Die Situation dauert ungefähr zehn Minuten. Im Laufe der Zeit entscheiden sich zunächst einzelne, nach und nach alle Zuschauer. Sie stehen auf, und treten – zögernd – nach vorne und schließlich durch unser Spalier und die Tür in den Bühnenraum. Sie betreten den Unwahrscheinlichkeitsdrive.

Es kam dann anders. Das technische Personal im Haus der Berliner Festspiele hatte Schwierigkeiten, sich vorzustellen, dass das Publikum, einmal im Zuschauerraum untergebracht, den Impuls finden würde, durch die Tür auf die Bühne zu treten. Wir versicherten ihnen, darum ginge es ja gerade, um das Zögern im Durchbrechen der vierten Wand, um das individuelle Eintreten in den Raum des Unwahrscheinlichkeitsdrives. Aus Zeitnot vergaßen wir jedoch, auch das Einlasspersonal persönlich zu briefen. Ein Fehler. Als Joshua und ich durch die Tür im eisernen Vorhang vor das Publikum traten, wurden wir vom Publikum überrannt. Statt der erwarteten Stille sahen wir uns mit verbindlichen und andauernden Durchsagen des Personals konfrontiert: „Treten Sie bitte näher, alle hier entlang bitte, alle durch diese Tür auf die Bühne bitte." Ich wollte sagen: „Stopp, so geht das nicht. Alles noch mal auf Anfang. Alle wieder hinsetzen. Absolute Stille, Vorhang, Tür geht auf. Und bitte:"

Abb. 1: „Stretchlimousine zu verschenken".

Lieber Joshua,
ursprünglich ist der Unwahrscheinlichkeitsdrive ein Begriff aus dem Roman *Per Anhalter durch die Galaxis.*[3] Es ist der Antrieb der Heart of Gold, der Herz aus Gold, des schönsten Raumschiffs im Universum. Man reist damit nicht durch Raum und Zeit, sondern von einer Situation in die andere. Dafür muss man die Wahrscheinlichkeit bzw. die Unwahrscheinlichkeit der Situation, in die man reisen möchte, genau errechnen und in den Bordcomputer eingeben.
Gestern haben wir eines dieser Autos gefunden, die 2008 am Flughafen Dubai stehen gelassen wurden. Es handelt sich um eine Stretchlimousine, gebaut von Krystal Klub in Kalifornien 1997. Sie sieht aus, wie der autogewordene Kapitalismus. Die Soundanlage hat einen USB-Anschluss. Wenn der auch von 1997 ist, dann gehörte das Auto vielleicht jemandem, der in Kalifornien an der Internetblase verdient hat. 2003 wurde das Auto dann nach Dubai verschifft, und jetzt ist es in Deutschland. Und vielleicht verkaufen uns die jetzigen Besitzer die Karre sogar. Mal sehen, ob das vom Budget her passen würde.

3 Douglas Adams: *Per Anhalter durch die Galaxis.* Frankfurt am Main / Berlin: Ullstein 1993.

Joshua:
Wow! What's the use of the car right now?

S:
Ich glaube, es ist ein Bordell.

J:
Oh, how probable. Buy it.

S:
Brief der Hamburger Sparkasse vom 10.5.2013:
Sehr geehrte Kundin,
sicher ist Ihnen entgangen, dass die nötige Deckung für die am 2.5.2013 vollzogene Überweisung nicht gegeben war. Aufgrund der Überziehung ihres Verfügungsrahmens mussten wir Ihre Kreditkarten sperren. Bitte machen Sie baldmöglichst einen Termin mit Ihrem Kundenberater. Gern sprechen wir persönlich mit Ihnen über einen HASPA-Wunschkredit und die Vorzüge eines langfristigen Sparvertrags.

J:
Hello again. I've been thinking a bit about the stretch limousine. One of the things I like about it is that it is somehow a border space between being on and off, like the wings in the theatre. Just like you step 'on stage' from the wings, so you step 'onto' the red carpet (either real or metaphorical) from the limousine. To step out of the limousine is an appearance, every time. The limousine is a private space in the public arena. You can't see in, until the door is open, and then you are 'on'. I think we will need to rehearse getting in and out of the car.

S:
Lieber Joshua,
ich hätte mit der Stretch bei der Bank vorfahren sollen. Im Gespräch wurde mir verdeutlicht, dass sie meine Karten erst wieder frei schalten, wenn ich mich auf einen langfristigen Sparvertrag festlege. Einfach das Konto auszugleichen, scheint nicht das eigentliche Ziel zu sein. Um wieder kreditwürdig zu werden, muss ich einen langfristigen Vertrag abschließen, um so meinen Glauben an den Fortgang des Wahrscheinlichen zu attestieren. Wie könnten wir die Limousine als Fluchtwagen aus dem Regime der Wahrscheinlichkeit nutzen?

J:
Could it be, that what we are looking for with this project is to determine what the future of the car should be? If the car is the symbol of the collapse of capitalism (like those empty factories in Greece or the abandoned building projects along the coast of Spain) then maybe we could focus our attention on what happens next. In other words: If we manage to transform this car, maybe we can

transform the rest, too. We could appeal directly to the citizens of Berlin and ask them what should happen to the car. What kind of future can you imagine for this abandoned limousine? What would you do if you were the owner of a luxury Lincoln, stretched in California and abandoned in Dubai?

S:
Email von Autoversicherung:
Sehr geehrte geheimagentur GbR,
vielen Dank für die Klärung unserer Fragen hinsichtlich Ihres Vorhabens *Der Unwahrscheinlichkeitsdrive*. Wenn wir Sie richtig verstehen, planen sie die Herstellung unwahrscheinlicher Situationen mithilfe des Fahrzeugs. Leider müssen wir Ihnen mitteilen, dass wir Ihr Fahrzeug in diesem Zusammenhang nicht versichern können, da es dafür keine Berechnungsgrundlage gibt.
Mit freundlichen Grüßen

J:
Emails from and phone conversations with Foreign Affairs, Spring 2013 – a digest:
Dear geheimagentur, Dear Joshua,
We have a problem here. your intention to give the stretchlimousine away to the most improbable proposal as a gift will provoke the wrong discussion. It will become a story about the misuse of tax payers money. The press can get quite nasty here in Berlin. Moreover to buy a stretchlimousine out of the project budget and then to give it away to the audience, will probably be forbidden by the Ministry and the Bundesrechnungshof. Don't forget that there are elections in Berlin this summer. We are very sorry but we won't support this version of your concept. For now this means that we are not able to print your call for improbable proposals in our program. Please send an alternative text.

S:
Lieber Joshua,
ich weiß, im Moment ist es unwahrscheinlich, dass wir jemals soweit kommen werden. Aber stell Dir vor, wie das wäre, der Anfang: Die Limousine würde in der Mitte der Bühne stehen, …

J:
… slowly turning. People will enter the stage through the little door in the iron curtain that you liked so much. They will sit around the turning stage in a huge circle and built the assembly that has to decide the future of the car. All the people who made proposals will be there. And then we will climb on top of the car and address the audience.

Der Unwahrscheinlichkeitsdrive

Ein Forschungsprojekt wie *Der Unwahrscheinlichkeitsdrive* hört an einem bestimmten Punkt vorübergehend auf, ‚mein' oder ‚unser' Forschungsprojekt zu sein, und wird stattdessen das Forschungsprojekt vieler Leute. Von diesem Moment an besteht meine bzw. unsere Aufgabe eher darin, diese kollektive Forschung zu ermöglichen, zu begleiten, zu präzisieren, zu dokumentieren.

Auf den Aufruf hin, sich unwahrscheinliche Verwendungsweisen für die Stretchlimousine aus Dubai zu überlegen, sind ungefähr 70 Vorschläge bei der geheimagentur eingegangen. Beispielsweise:

> Richard Senett schlägt vor, die Limousine zu einem Mobil der öffentlichen Rede zu machen, wobei der Redner stehend aus dem Dachfenster ragt. Aktivist_innen finden dafür den Titel ‚Standing-Man-Mobil'. Margarita Tsomou reicht den Vorschlag ein, die Limousine zu einem ‚Demobil' zu machen und damit zur Istanbul-Biennale zu fahren. Wir melden eine Test-Demonstration durch das Zentrum Berlins an. 9 Personen und eine Stretchlimousine nehmen daran teil.

Abb. 2: Videostill.

> Joseph Vogl schlägt vor, die Limousine den Obdachlosen Berlins zur Verfügung zu stellen. Im Café Bankrott lernen wir Dominik kennen. Seit einem Jahr war er nicht beim Jobcenter, um seinen Hartz-4-Satz abzuholen. Mit der Limousine eskortieren wir ihn dorthin. Dominik erhält kein Geld. Er erhält auch keinen Antrag. Er erhält einen Termin zur Abholung eines Antrags. Wir bieten währenddessen einen kostenlosen Schuhputzservice auf dem Dach der Limousine an. Zurück aus dem Jobcenter schlägt Dominik vor, die Limousine zu verkaufen. Wir fahren zu einem Gebrauchtwagenhändler. Der schüttelt immer nur den Kopf.

Per Email erreicht uns der Vorschlag, die Limousine dem Flüchtlingscamp am Oranienplatz zur Verfügung zu stellen. Im Camp findet sich niemand, der als potenzieller Inhaber des Wagens im rechtlichen Sinne in Frage käme. Die Künstlerin Christine Ebeling schlägt vor, Initiativen zu bündeln, den Kotti und die Prinzessinnengärten zu besuchen, um die Limousine als diplomatisches Fahrzeug für Verhandlungen zwischen politischen Initiativen und Vertretern offizieller Politik und Verwaltung zu nutzen.

Abb. 3 & 4: Videostills.

> Per Email erhalten wir den Vorschlag, die Limousine als Brücke einzusetzen, um von der Flut abgeschnittene Ortschaften wieder zugänglich zu machen. Der Choreograph Jochen Roller wohnt in einer solchen Ortschaft im Havelland. Er schlägt vor, die Stretchlimousine seiner Nachbarin, einer Physiotherapeutin zur Verfügung zu stellen, deren Praxis nicht mehr zugänglich ist. Auf diese Weise könnte die Stretchlimousine buchstäblich zur Stretchlimousine werden. Die Physiotherapeutin hat keinen Bedarf nach weiterer Unwahrscheinlichkeit, aber schlägt vor: Vielleicht der Gasthof im Dorf, der durch die Flut von der Pleite bedroht wird? Wie wäre es, Leute aus Berlin dorthin zu eskortieren? Aus Leuten, die mit der Limousine auf den Kilimandscharo, nach Portugal zum Surfen oder auf den Mond fahren wollen, stellen wir eine Reisegruppe zusammen. Die Tour zur Fischerstube Warnau endet mit einer Panne auf der Autobahn.

Neun dieser Vorschläge konnten wir im Rahmen von jeweils mehrstündigen Testdrives ausprobieren. Diese Testdrives wurden dokumentiert und in der Abschlussperformance auf der Bühne der Berliner Festspiele präsentiert. Anschließend hatte das Publikum zu entscheiden, welche der vorgeschlagenen unwahrscheinlichen Zukünfte Wirklichkeit werden sollte, welcher der Beteiligten also am Ende des Abends mit der Limousine von der Bühne fahren sollte.

Im Zuge der Vorbereitung der neun Testdrives galt es, Dutzende von Personen zu kontaktieren, mit ihnen über ihre Vorschläge zu sprechen und gemeinsam zu diesen Vorschlägen zu recherchieren. Dabei entwickelten sich jeweils eigene Komplexitäten und mehr Geschichten, als man am Ende erzählen kann.

Das eigene Forschungsinteresse erscheint in dieser Phase häufig zugleich zu banal und zu komplex.

Ist „Wie können wir aus dem Regime der Wahrscheinlichkeit entkommen?“ wirklich übersetzbar in: „Was könnte eine neue Verwendung für dieses Auto sein?“

Doch das Forschungssetup steht, und nun gilt es, es zu verkörpern und durchzuführen. Die Forschung verlagert sich also in das empirische Feld der Testdrives.

Doch wie genau testet man Vorschläge für unwahrscheinliche Zukünfte? Dies ist keine banale Frage, denn schließlich kann es nicht darum gehen herauszufinden, wie die Realisierungschancen für den jeweiligen Vorschlag stehen. Denn die stehen schlecht, soviel ist klar, darum geht es ja gerade.

Logbuch des Unwahrscheinlichkeitsdrives:
Testdrives SCRIPT (Ausschnitt)
Verabredung über Telefon:

Herzlichen Glückwunsch, Sie sind zu einer Testfahrt im Unwahrscheinlichkeitsdrive eingeladen. Wir würden gern Ihren Vorschlag testen.

Wann und wo? (Ein Testdrive dauert mindestens 4 Stunden)
Wie viele Personen? (Start idealer Weise mit einer oder zwei Personen)
Worum geht es: Der Testdrive testet nicht die Machbarkeit Ihres Vorschlags. Interessant ist vielmehr, was geschieht, wenn wir gemeinsam versuchen, Ihren Vorschlag umzusetzen. Lässt Ihr Vorhaben unwahrscheinliche Dinge geschehen? Ermöglicht es uns Ihr Vorhaben, tiefer ins Unwahrscheinliche hineinzureisen?

Der Anfang des Testdrives:

Die Limousine fährt an der verabredeten Stelle vor. Friedrich/Chauffeur öffnet den Fahrgästen die Tür. Im Salon der Limousine werden die Passagiere von Joshua und mir begrüßt:
Guten Tag wir sind die geheimagentur.
We will try to travel to deep improbability together. And this is why Joshua is here, we invited him to increase the improbability in the car.
(Introduction Joshua)
Was testen wir heute?
Wie ist diese Idee entstanden und was bedeutet sie Ihnen?
Informationen zur Geschichte der Limousine (Dubai, Finanzkrise).
Wir beginnen damit den Unwahrscheinlichkeitsgrad der aktuellen Situation zu bestimmen.

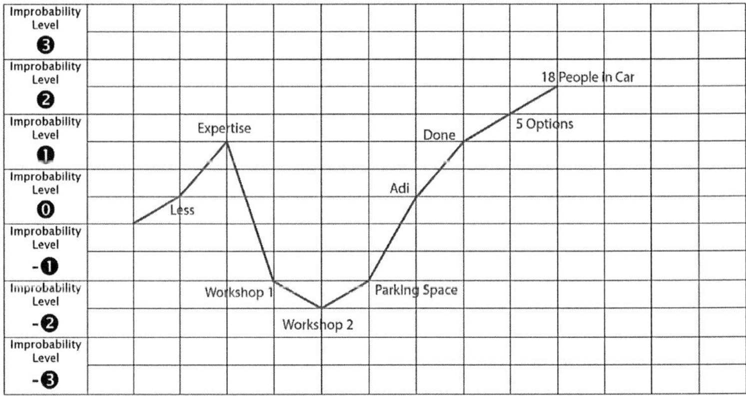

Abb. 5: Navigationstabelle.

> Wie unwahrscheinlich erscheint Ihnen die gegenwärtige Situation auf einer Skala zwischen minus 3 sehr wahrscheinlich und plus drei sehr unwahrscheinlich?
> *Wert markieren.*
> Wir werden nun im Laufe unserer Fahrt versuchen, diesen Wert zu steigern. Und wenn Sie den Eindruck haben, dass die Unwahrscheinlichkeit sinkt, und zwar um mehr als einen Punkt, lösen Sie bitte den Wahrscheinlichkeitsalarm aus.
> Bei Wahrscheinlichkeitsalarm werden wir versuchen, die Situation zu shiften. Sie können dafür aus dem Shifting Menu eine der folgenden Optionen wählen:
>
> New Blood Theory
> Field of Improbability
> Illusion
> Traffic Transfer
> Team Photo
> Probable Break

Im Zuge der Testdrives haben wir in der Tat viel gelernt über das Reisen in die Unwahrscheinlichkeit. Das Hauptproblem dabei ist die ungeheure Flüchtigkeit von Unwahrscheinlichkeit.
Stellen Sie sich beispielsweise vor, Sie sind auf dem Wochenmarkt in Lichtenberg, um Eier zu kaufen. Plötzlich hält eine Stretchlimousine neben ihnen. Das Fenster wird heruntergelassen und eine elegant gekleidete Dame fragt: Wissen Sie vielleicht, wo wir hier Schafe finden könnten? Und stellen Sie sich weiterhin vor, Sie wissen tatsächlich, wo es ganz in der Nähe Schafe gibt, und steigen ein, um die Reisegesellschaft in der Stretchlimousine ans Ziel zu bringen. Das ist alles sehr unwahrscheinlich. Und doch hält sich die Unwahrscheinlichkeit der Situation ungefähr so lange, bis die Reisegesellschaft feststellt, dass man in den Landschaftspark, in dem die Schafe sind, natürlich nicht so ohne weiteres mit der Stretchlimousine einfahren kann. Dann kurvt man ungefähr 50 Minuten herum, um jemanden zu finden, der möglicherweise bereit ist, das Tor aufzuschließen, und ungefähr in Minute 23 hat es sich dann erledigt, mit der Unwahrscheinlichkeit, und Sie beginnen wieder über die Eier nachzudenken, die Sie ja eigentlich kaufen wollten.
Entscheidend für die Reise in die Unwahrscheinlichkeit ist, ein klares Vorhaben zu haben. Hat man nämlich kein Vorhaben, wird schnell alles gleich (un)wahrscheinlich. Ein solches Vorhaben kann beispielsweise darin bestehen, auszuprobieren, ob ein Schaf in die Limousine einsteigen würde. Nicht gut ist dagegen, die Chancen des Vorhabens bereits im Vorfeld allzu genau auszuloten.

Dieses Problem zeigte sich sehr deutlich beim Testdrive mit dem Titel „Shrinklimousine". Die Teilnehmerin hatte den Vorschlag eingereicht, die Stretchlimousine gewissermaßen wieder auf ihren Ursprung, auf ihren Anfang zurückzuführen, also den von der Firma Krystal Klub eingesetzten Mittelteil herausnehmen zu lassen und so wieder eine normale Lincoln Town Car Limousine zu erhalten. Unter all den Vorschlägen, die von Aggression gegen die Limousine geprägt waren und darauf hinausliefen, den Wagen zu zerstören, schien uns dieser Vorschlag am Interessantesten, zumal die Teilnehmerin damit am Beispiel der Limousine eine exemplarische Reduktion der zum Selbstläufer gewordenen kapitalistischen Wachstumslogik vornehmen wollte. Dies war in der Tat auch unsere Frage: Im Wahrscheinlichkeitsregime ist Wahrscheinlichkeit ja insbesondere die Wahrscheinlichkeit von Wachstum. War die gezielte Reduktion also per se die richtige, weil umgekehrte Richtung? Es erschien uns interessant, bei der einen oder anderen Werkstatt in Berlin vorzufahren und eine Expertise und möglicherweise auch einen Kostenvoranschlag für das Vorhaben einzuholen. Was würde uns auf dieser Mission begegnen? Welche Gespräche würden wir führen über Kosten und Nutzen, Sinn und Unsinn von Reduktion und Rückführung an den Anfang? Allerdings stellte sich die Teilnehmerin als eine enorm sorgfältige und engagierte Person heraus. Nachdem wir Ihr per Email mitgeteilt hatten, dass wir den Vorschlag für einen Testdrive in Erwägung ziehen und gern ein Gespräch darüber führen würden, hatte sie selbstständig bereits sämtliche für die Operation in Frage kommende Werkstätten Berlins angerufen und mit an Sicherheit grenzender Wahrscheinlichkeit ermittelt, dass die besagte Rückführung in eine normale Limousine nicht realisierbar, zumindest aber wahnsinnig teuer sei. Was nun? Nachdem bereits so viel Arbeit in den Testdrive geflossen war, fiel es uns schwer zu sagen, der Testdrive sei jetzt unmöglich geworden. Denn statt am Anfang seien wir damit ja bereits am Ende des Unterfangens angekommen. In dieser Situation sahen wir uns als Künstlernavigatoren des Unwahrscheinlichkeitsdrives herausgefordert. Die Strategie des Shiftings, das wir – in der Erfindung des Wahrscheinlichkeitsalarms – bereits als unsere eigentliche Aufgabe erkannt hatten, musste hier bereits vor Beginn des Testdrives zum Einsatz kommen. Hektisch – in einem Zeitfenster von etwa 36 Stunden – suchten wir nach einem Shrink, einem Psychotherapeuten also, der bereit wäre, den

Abb. 6: Foto vom Testdrive.

Testdrive zu begleiten. Und wir fanden einen, nämlich Georg Less. Joshua fiel auf, dass schon der Name in diesem Fall Programm war, denn ging es nicht genau darum, um das Weniger, um das ‚less'? Die Unwahrscheinlichkeit der Begegnung steigerte sich, als sich im Zuge des Testdrives herausstellte, dass Georg Less eine doppelte Expertise hatte: Er war zum einen Psychotherapeut für Menschen, die den Eindruck hatten, mit ihrem Körper stimme etwas nicht, er begleitete also beispielsweise Menschen, die operative Veränderungen an ihrem Körper vornehmen wollten, beispielsweise Reduktionen von Nasen oder Fett oder Amputationen von ganzen Körperteilen. Zum anderen war Georg Less Autor von Gruselgeschichten, in denen nicht selten unheimliche Autos eine Rolle spielten, und so hatte er Zeit, uns zu begleiten, weil der Testdrive zufällig auf seinen wöchentlichen ‚Poesietag' fiel.

Georg Less erklärte uns, der Moment tiefer Unwahrscheinlichkeit, den wir hier gemeinsam erlebten, sei genau der Moment, in dem sich die Biographie der Stretchlimousine und die Biographien ihrer Passagiere kreuzten und jenseits dessen etwas Neues beginnt.

Abb. 7: Foto vom Testdrive.

Für eine andere (Un)Wahrscheinlichkeitstechnik!
Aus dem Bühnenskript der Abschlussperformance:

> Seit 300 Jahren fragen sich die Geschichtenerzähler und Literaten, wie man eine Geschichte erzählt, die unwahrscheinlich und doch plausibel ist. Mit dem Unwahrscheinlichkeitsdrive haben wir uns gefragt, wie man eine Geschichte erzählt, die unwahrscheinlich ist und doch Wirklichkeit wird. Mittlerweile sind viele von Ihnen zu einem Teil dieser Geschichte geworden, haben diese Geschichte miterzählt. Oder mit den Worten von Georg Less: Unser aller Geschichten haben sich in diesem Sommer in dieser Limousine gekreuzt. Nun müssen Sie entscheiden: Wie soll die Geschichte weitergehen?

Aus dem Regime der Wahrscheinlichkeit herauszufahren, war uns auch mit dem Unwahrscheinlichkeitsdrive nicht möglich. Wohl aber schien es möglich, zu lernen, wie man durch die Kraftfelder des Wahrscheinlichen hindurch manövriert.

Abschließend möchte ich vorschlagen, die Blickrichtung umzukehren und – statt aus dem Regime der Wahrscheinlichkeit herauszufahren – zum Anfang zurückzukehren, um die Entwicklung von Wahrscheinlichkeitstechnik neu zu begreifen:

Im historischen Rückblick wird sichtbar, dass die Entwicklung der Wahrscheinlichkeitstechnik auf einer Umkehrung unseres Verhältnisses zum Zufall beruht. Etwas pauschalisierend könnte man sagen,

Abb. 8: Foto vom Testdrive.

dass die Konzepte zeitlicher Orientierung vor der Entwicklung der Wahrscheinlichkeitstechnik nach 1800 den Zufall als ihren natürlichen Feind betrachteten. Dabei ging es darum, den Zufall entweder auszuschließen oder umzudeuten, zum Beispiel als Fügung oder Entwicklung. Demgegenüber macht die Wahrscheinlichkeitstechnik einen entscheidenden Unterschied, denn sie konzediert nicht nur, dass der Zufall, dass Kontingenz unüberwindlich ist, sondern betrachtet ihn – und dies ist der zentrale Punkt – als die einzige Sicherheit, mit der zu rechnen ist. Moderne Wahrscheinlichkeitstechnik beruht deshalb darauf, den Zufall zu garantieren. Von nun an werden Datensammlungen auf Kontingenz hin angelegt, denn erst der garantierte Zufall macht beispielsweise eine Umfrage repräsentativ. In diesem Sinne versteht man Wahrscheinlichkeitstechnik erst, wenn man sie zugleich als Unwahrscheinlichkeitstechnik begreift, denn auf Kontingenz abzustellen, meint ja über das, was im semantischen, im klassischen, ja, in irgendeinem prädeterminierten Sinn ‚wahrscheinlich' ist, gezielt hinauszugehen. Verdeckt wird dabei allerdings, dass auch die Zufallsgarantien, auf denen Wahrscheinlichkeitstechnik beruht, Fiktionen sind. Wie wahrscheinlich etwas ist, hängt entscheidend von der Art ab, wie Kontingenz produziert wird: sozial, medial, kulturell, von der Verdatung und Aufrichtung des Vergleichsrahmens also. Dabei haben wir allerdings mit einer besonderen Art von Fiktionen zu tun, mit Realitätsfiktionen, wenn man so will, die jeweils auf einer ganz bestimmten Zufallstechnik beruhen. Moderne Systeme setzen solche Wahrscheinlichkeitstechniken ein, ohne den Akteuren in den von ihnen generierten Feldern die Zufallstechnik, auf denen die Felder beruhen, offenzulegen. Als Akteure im Datenfeld moderner Gesellschaften sind wir am Source-Code der zugrundeliegenden Kontingenztechnik zunächst nicht beteiligt. Die Form von Control, die Wahrscheinlichkeit entfaltet, indem sie die Akteure im Feld dazu anleitet, ihre Handlungen konsistent an den Ist-Zustand anzuschließen, ist für die Akteure selbst nicht greifbar.

Möglicherweise ändert sich daran gerade etwas: Im Zuge der performativen, also im Handeln selbst mitlaufenden digitalen Verdatung aller Lebensbereiche setzen wir uns selbst immer wieder in neue statistische Vergleichsrahmen. Dies ist nicht zwangsläufig ein emanzipatorisches Geschehen. Dennoch gilt: Statt einfach der Kontrolle eines Wahrscheinlichkeitsfeldes zu unterliegen, beginnen wir Wahrscheinlichkeit als etwas zu erleben, das wir uns erarbeiten müssen. Wir beginnen zu verstehen, dass auf das gesamtgesellschaftlich Unwahrscheinliche zu setzen, sich in einem spezifischen Datenfeld als vergleichsweise sichere Sache darstellen kann. Die Ausdifferenzierung der Gesellschaft und die digitale Verdatung aller Lebensbereiche greifen als stetes Umrechnen des Unwahrscheinlichen in das Wahrscheinliche ineinander. Wer dieses Buch gekauft hat, hat auch jenes Buch gekauft:

> Rüdiger Campe, Das Spiel der Wahrscheinlichkeit[4]
> Jürgen Link, Normale Krisen?[5]
> Elena Esposito, Die Fiktion der wahrscheinlichen Realität[6]
> Joseph Vogl, Das Gespenst des Kapitals[7]
> Latour / Lépinay, Die Ökonomie als Wissenschaft der leidenschaftlichen Interessen[8]

Diese neue Form der Teilhabe an Wahrscheinlichkeitstechnik bewusst wahrzunehmen und einzufordern, heißt, das Wahrscheinliche zugleich

4 Rüdiger Campe: *Das Spiel der Wahrscheinlichkeit. Literatur und Berechnung zwischen Pascal und Kleist.* Göttingen: Wallstein 2002.

5 Jürgen Link: *Normale Krisen? Normalismus und die Krise der Gegenwart.* Konstanz: Konstanz UP 2013.

6 Elena Esposito: *Die Fiktion der wahrscheinlichen Realität.* Frankfurt am Main: Suhrkamp 2007.

7 Joseph Vogl: *Das Gespenst des Kapitals.* Berlin: Diaphanes 2010.

8 Bruno Latour / Vincent Lépinay: *Die Ökonomie als Wissenschaft der leidenschaftlichen Interessen: Eine Einführung in die ökonomische Anthropologie.* Frankfurt am Main: Suhrkamp 2010.

in das Unwahrscheinliche umzurechnen, Wahrscheinlichkeitstechnik als Unwahrscheinlichkeitstechnik zu betreiben.
Vielleicht verstehen wir, was Wahrscheinlichkeitstechnik in diesem Zusammenhang ist und sein wird, wenn wir an ihren Anfang zurückkehren, dorthin wo Wahrscheinlichkeitstechnik noch ein unerhörtes Unternehmen, ein an Betrug grenzendes Projekt, eine Sache der Glücksspieler, der Literaten und der Hochstapler war. Vielleicht gilt es tatsächlich, die Autos zu fahren, die selbst den Investmentbankern gegenwärtig zu schmierig werden.

Starting over

Vorträge wie dieser hier ermöglichen es mir üblicherweise, für ein Forschungsprojekt wie *Der Unwahrscheinlichkeitsdrive* eine Art Forschungsnarration zu entwickeln. Denn wie alle Forschenden wissen, ist es im Eifer des Gefechts nicht selten so, dass einem die Antworten vor den Fragen begegnen und sich unüberwindlich erscheinende Schwierigkeiten erst im Nachhinein als experimentelle Setups erweisen. Irgendwann gilt es Ordnung zu schaffen, die Fragen an den Anfang, die experimentellen Setups in die Mitte und die Antworten ans Ende zu stellen.
Gibt es zu dieser Narration eine Alternative? Erscheint es Ihnen nicht auch, als ob Forschung zuweilen einer ganz anderen Dramaturgie folgt, dass es zumindest eine Art Unterströmung gibt, in der die Forschung sich immer tiefer in ihren ersten Impuls hineinarbeitet, immer tiefer in ihren Anfang hineinverwickelt, bis man dort schließlich den Anfang von etwas ganz anderem vorfindet?
Als Joshua und ich uns im Sommer 2012 in London trafen, um die Möglichkeit einer gemeinsamen Arbeit zu erörtern, sprachen wir über unser Leben. Wir waren beide 40. Wir waren beide Single. Wir kannten beide die Statistiken. Ich hatte Angst. Joshua nicht. Wahrscheinlichkeiten hatten ihn immer schon benachteiligt und so wusste er bereits, dass sie sich durchaus manipulieren lassen. Er erklärte mir, wie das geht, und dafür bin ich ihm dankbar.

> Dear Joshua,
> It is only two weeks ago that we met in Berlin to do the photo session for *The Improbability Drive*. You remember, how we talked about the questions, we would like to address with this project: how to go on doing this work, how to find the energy and the belief to start over and over again?

Actually, I have spent the last 12 days in a state of high improbability. I need to tell you about it. It will sound like a fairytale and a very personal one. I hope you don't mind.
Did you know that 'das Unwahrscheinliche' has to be translated literally as ,not seeming to be true'?
Coming home from Berlin, I put the big banner you painted in the workshop of the Festspiele on the wall of my room. I wondered if this turned my room into a try-out-version of the improbability drive: Could it be, that simply by putting the banner to the wall the improbability level of my life would rise?
I had no time to think about it much, because I quickly had to prepare for an upcoming performance. geheimagentur was about to open a sideshow in a tent on Hamburg fair, and I only had a few days to transform into a hypnotizer named Euforia. I learned how to hypnotize from webmanuals and came up with a performance of nine minutes in which I do this transformation into Euforia and then interact with an audience member trying to hypnotize him or her (this refers to a story in my youth that I tell on stage but that would take too long now).
When we started to perform, the temperature was about minus ten degrees. Water was freezing on stage. I did six shows in the first day, each involving some kind of undressing. I have never experienced something like this before. The next morning my back felt like it was broken. I went to the sauna to try and get myself together for another six shows under the same conditions. I sat in the hottest sauna on the highest level alone, when a young man entered. He sat down next to me on the third level, and I realized that he wore a woolen cap. He covered his face with it, so he couldn't see. I asked him, why he was doing that, and he answered, that he had never been in a mixed sauna before and this was his strategy to cope with that. He didn't try to cover other parts of his body though. He introduced himself as a sailor from St. Petersburg, coming from a containership in the harbour. I introduced myself as a hypnotizer preparing for my workday on the fair. He lifted the cap and looked at me. Faintly, you could hear the sound of the *Heart of Gold*, the sudden humming of the improbability drive that was transporting us right back to the 19th century of famous Hamburg St. Pauli. I invited him to the fair and marked the position of the tent with a cross on the map he gave to me. Three hours later I was on that stage of ice again, asking for a volunteer from the audience, and there he was. He climbed up on stage and the procedure started with us sitting in front of each other concentrating on each other's eyes. I hypnotized him. Everybody could see. But I felt kind of dizzy, too. After the show he waited for me at the stage entrance and kissed me in the lights of the big wheel turning.
Dear Joshua, I know we just recently talked so much about our research and the questions which are linked to the improbability drive. I'm sorry, but at this moment – all my questions are answered. Can we do the project anyway? I'm sure, it will be fun.

Logbuch des Unwahrscheinlichkeitsdrives – Auftaktveranstaltung, Durchsage Anfang:
Der Unwahrscheinlichkeitsdrive steht jetzt startbereit vor dem Eingang zum Haus der Festspiele, das heißt, vom Foyer oder der Bar aus müsste man uns eigentlich sehen können. Unsere Unwahrscheinlichkeitswerte sind im Augenblick absolut katastrophal. Sie sind auf dem bisherigen Tiefstand, denn seit Wochen steht fest, dass wir genau in diesem Moment den Start des Unwahrscheinlichkeitsdrives ankündigen werden. Dadurch ist unser Unwahrscheinlichkeitsfeld natürlich vollends kollabiert.
Mit anderen Worten – wir sind ganz am Anfang. Heute Abend soll der erste Testdrive ins Unwahrscheinliche beginnen. Wir planen, das Festivalgelände zu verlassen und erst in dreizehn Tagen wiederzukommen, wenn wir genug Unwahrscheinlichkeit akkumuliert haben, um uns hier auf die Bühne zu trauen.
Doch wie gesagt, aus eigener Kraft können wir uns im Moment überhaupt nicht mehr bewegen. Wir versuchen gerade, unser Unwahrscheinlichkeitsfeld hier zu re-seten. Deshalb wurde das Audioinput von der Technik freundlicher Weise auf alle Lautsprecher durchgepatcht. Danke an die Technik. Wir haben die Bühnenplattform aufs Dach gelegt, Joshua trägt schon seinen goldenen Schlips und klettert gerade aufs Dach. Und auf diese Weise versuchen wir, hier eine halbwegs unwahrscheinliche Ansammlung von Leuten anzulocken, die für etwas Kontingenz sorgt, so dass wir Anschubsenergie akkumulieren können. Bitte am Unwahrscheinlichkeitsdrive sammeln!

Der vorliegende Text ist das Skript der gleichnamigen Lecture Performance, die ich im Jahr 2013 für die Tagung *Dramaturgien des Anfangens* entwickelt und anschließend auch im Tanzquartier Wien, an der ZHdK Zürich und der Universität Hamburg gezeigt habe.

Abbildungsverzeichnis